中国民俗学会大事记

（1983—2018）

中国民俗学会秘书处　组织编写

施爱东　执笔

学苑出版社

图书在版编目（CIP）数据

中国民俗学会大事记：1983－2018/中国民俗学会秘书处组织编写；施爱东执笔．—北京：学苑出版社，2018.10

ISBN 978－7－5077－5565－7

Ⅰ.①中…　Ⅱ.①中…②施…　Ⅲ.①民俗学－学会－大事记－中国－1983－2018　Ⅳ.①K892－262

中国版本图书馆 CIP 数据核字（2018）第 229944 号

| 出 版 人：孟　白
| 责任编辑：徐志琴
| 出版发行：学苑出版社
| 社　　　址：北京市丰台区南方庄 2 号院 1 号楼
| 邮政编码：100079
| 网　　　址：www.book001.com
| 电子信箱：xueyuanpress@163.com
| 联系电话：010－67601101（营销部）、010－67603091（总编室）
| 经　　　销：全国新华书店
| 印　刷　厂：保定市彩虹艺雅印刷有限公司
| 开本尺寸：710×1000　1/16
| 印　　　张：20.75
| 字　　　数：300 千字
| 版　　　次：2018 年 10 月第 1 版
| 印　　　次：2018 年 10 月第 1 次印刷
| 定　　　价：88.00 元

学术纪事。

2. 以 1983 年中国民俗学会的正式成立为界，筹备时期的纪事兼及地方民俗学会的工作，以及各地民俗学工作者的学术倡议。学会正式成立之后，只收录中国民俗学会的会务工作，以及以学会名义开展的学术工作，不再收录兄弟学会和地方民俗学会的工作成绩。

3. 出版方面，只收录以学会名义出版的著作，不收录学会会员的个人著作。

4. 许多学会会员都在自己的工作岗位上做出了卓有成效的成绩，但如果这些成绩不是以中国民俗学会的名义所发布的，均不录入大事记。

5. 纪事所据，均为公开发表的各种学术信息，执笔人尽量做到无一字无来历，但在资料取舍问题上难免带有个人倾向，恳恳恻厘，挂一漏万。

6. 执笔人只收录历史事件，对事件不做价值评判，大事记中的评价性话语均为原材料所固有。

7. 顺带说明：纪事所涉事件情节及当事人，多以新闻报道或公开发表的综述为据，因此难免遗漏部分事件情节及重要当事人，在此先向遗珠当事人致歉。

中国民俗学会2017年年会合影

2017年10月28日贵阳

目 录

恢复民俗学科及有关研究机构的倡议时期 ………………………………… 1
中国民俗学会的筹备时期 ……………………………………………………… 9
1983 年 ……………………………………………………………………………… 19
1984 年 ……………………………………………………………………………… 28
1985 年 ……………………………………………………………………………… 29
1986 年 ……………………………………………………………………………… 34
1987 年 ……………………………………………………………………………… 37
1988 年 ……………………………………………………………………………… 42
1989 年 ……………………………………………………………………………… 46
1990 年 ……………………………………………………………………………… 49
1991 年 ……………………………………………………………………………… 50
1992 年 ……………………………………………………………………………… 51
1993 年 ……………………………………………………………………………… 54
1994 年 ……………………………………………………………………………… 57
1995 年 ……………………………………………………………………………… 61
1996 年 ……………………………………………………………………………… 62
1997 年 ……………………………………………………………………………… 65
1998 年 ……………………………………………………………………………… 67
1999 年 ……………………………………………………………………………… 70
2000 年 ……………………………………………………………………………… 78

2001 年	80
2002 年	84
2003 年	90
2004 年	95
2005 年	100
2006 年	105
2007 年	109
2008 年	113
2009 年	122
2010 年	130
2011 年	139
2012 年	151
2013 年	166
2014 年	190
2015 年	222
2016 年	241
2017 年	267
2018 年	294

恢复民俗学科及有关
研究机构的倡议时期

● 1978年5月11日，钟敬文先生拜访顾颉刚先生，**商议上书中国社会科学院筹建民俗学研究所。**

● 1978年5月26日，中国社会科学院向中央宣传部呈报了《**中国社会科学院党组关于重建和新建一些学会的请示报告**》，6月初获得中央批准之后，马上于6月7—10日召开了各省市自治区哲学社会科学研究机构负责人座谈会，就制定全国哲学社会科学规划工作及如何开好全国哲学社会科学规划预备会议、规划会议听取意见。胡乔木同志参加会议并强调特别需要有拓荒者的勇气，有敢于坚持真理、攀登高峰，不怕艰险、不怕困难的精神，强调社会科学工作者要靠自己做出的成果的社会应用价值和学术价值，获得社会、人民的重视。

钟敬文先生敏锐地抓住时机，随后负责起草了《建立民俗学及有关研究机构的倡议书》，并且联合顾颉刚（中国社会科学院历史研究所研究员）、白寿彝（北京师范大学历史系教授）、容肇祖（中国社会科学院哲学研究所研究员）、杨堃（中国社会科学院民族研究所研究员）、杨成志（中央民族学院，现中央民族大学教授）、罗致平（中国社会科学院民族研究所研究员）诸先生共同签名，致函时任中国社会科学院院长的胡乔木同志，**俗称"七教授上书"。**

"倡议书"着重论述了民俗学作为一门独立学科的重要性和可行性，认为民俗学对内可以为"移风易俗"提供历史依据和理论支持，对外可以增加各国人民对中国的理解，还可以赢得更多的同情。"倡议书"认为当前亟须解决的是研究机构的问题和研究人员的问题。关于研究机构，"在规模和名称上，最好能够成立一个民俗学研究所。但是，从目前各方面的条件看，似可以先成立一个研究组——民俗学研究组。这小组，暂时可以附设在社会科学院的某些研究所（例如社会学研究所、民族研究所、历史研究所）。或者成立一个独立的学会。有了机构，搜集、编纂、研究等工作，就可以有计划地顺利进行。这是关键步骤"。关于研究人员，可以老新结合，"挑选一些对人文科学有一定兴趣和基础知识的人员，在学习和实践工作过程中给以锻炼、培养"。

"倡议书"很快得到中国社会科学院主要领导胡乔木、周扬、于光远等同志一致的支持。**胡乔木同志在调阅倡议书之后，提议把民俗学列入社会科学院的长期科研规划之中。**

● 1978年9月11—27日，中国社会科学院和教育部在北京联合召开"全国哲学社会科学规划会议预备会"。院长胡乔木同志做了《在全国哲学社会科学规划会议预备会上的讲话》（9月13日）的报告，副院长周扬做了《哲学社会科学的发展规划和百花齐放、百家争鸣的方针——在全国哲学社会科学规划会议预备会上的讲话》（9月19日）的报告。会议通过的《全国哲学社会科学八年（1978—1985）发展规划的初步设想》中，共提出了25个重大项目作为全国哲学社会科学工作的重点。

中国社会科学院副院长于光远《在全国哲学社会科学规划会议预备会上的总结》的第三个部分"关于学科规划"中，一开篇就列出了具体的学科分类：

> 在制定规划时，我们对哲学社会科学的学科暂做这样的划分：①马列主义、毛泽东思想，②哲学，③经济学，④政治学，⑤军事学，⑥法学，⑦教育学，⑧历史学，⑨民族学，⑩宗教学，⑪文学，⑫艺术学，⑬科学学，⑭语言学，⑮**民俗学**，⑯考古学，⑰社会学和社会问题研究，⑱世界政治经济文化与社会问题研究，⑲新闻学，⑳档案学，㉑图书馆学，㉒博物馆学。

9. 一般来说，与学会相关系数大的重要事件记录得更详细一些，比如，由中国民俗学会主导申报"二十四节气——中国人通过观察太阳周年运动而形成的时间知识体系及其实践"列入联合国教科文组织人类非物质文化遗产代表作名录的相关事务叙述就比较丰富。但是，囿于史料缺乏，有些事件虽然重要，但是叙事较简略，比如中国民俗学会的筹备事宜就有许多缺失，其重要性并不与纪事篇幅成正比。

10. 为了方便读者快速阅读和查找信息，所有学术会议的名称均用黑体字进行标识，会议名称过长的，则标识会议名称中的关键信息。部分重要信息，如对学会发展具有重要意义的外部信息、内部决定等，也用黑体字进行标识。

大事记主要资料来源：

1. 叶涛保存的第 1—15 期《中国民俗学会会刊》，贺学君保存的中国民俗学会筹委会《会刊》。

2. 巴莫曲布嫫主持的"中国民俗学网"，其中的学会信息多为叶涛等秘书处同仁执笔的"学会秘书处供稿"。

3. 陶立璠教授编写的《中国民俗学会大事记》。

4. 中国社会科学院机要档案。

5. 《民俗研究》与《民间文化论坛》的学界信息。

6. 各新闻媒体及会议承办单位的会议报道。

7. 部分早期民俗学会资料照片，由王文宝搜集保存（中国民间文艺家协会刘晓路提供）。

8. 从其他著述中零散收集到的学会信息。

9. 2013—2018 年信息主要由张建军协助搜集。

10. 由于部分活动报道的文字信息不全，部分信息（如与会人员名单）系由执笔人根据公开发布的活动照片补充到大事记中。

大事记纪事边界：

1. 大事记为中国民俗学会的学会纪事，而不是中国民俗学的学科纪事或

编者按

大事记体例说明：

1. 纪事以事件为中心，以时间先后为序，基本保持一事一记。

2. 事件主要指中国民俗学会主办或参与，以及中国民俗学会下属二级机构主办的公开活动。

3. 时间上，凡能具体到日的条目，具体到日；具体日期失考的条目，放置于该月份的最后。

4. 连续多天的活动，以第一天（或开幕式）的日期为标志进行排序。部分事件的官方报道只报道了第一天的活动，后续几天的活动没有信息报道，这种情况下，只能以既有信息为据，只记录第一天的活动。

5. 两件事同在一天发生的，如果能区分时间先后则按时间先后排序，若无法区分时间先后，则以会议重要性为序编排序列。一般来说，以学会名义组织的活动排在前面，以学会二级机构名义组织的活动排在后面；同一级别的会议，参加人数多的排在前面，参加人数少的排在后面。

6. 分散多次发生的关联性事件，若每一次都有具体时间和作为独立条目的有效信息，则分头纪事。若是内容过于分散，则在确定日期、关键事件的条目中进行追述或进行提前交代。如在1996年的"首届中国民间文化高级研讨班"条目后面，提前交代"1998年12月，钟敬文主编的《中国首届民间文化高级研讨班民间文化讲演集》由广西民族出版社正式出版"。

7. 事件参与者名单，以公开的文字报道为主要依据，部分名单辅以公开发布的活动照片，但是只能记录执笔人能够辨识的民俗学者。

8. 个人信息方面，只记录学会主要负责人的卒年信息。

总结报告列举的 22 个规划学科中,"民俗学"位列第 15 位。报告指出,这些学科原则上都要分别制定发展规划,有了一个比较好的规划之后,就积极去实施这样的规划。在学会的问题上,报告最后指出:"学会、社联是群众性的科学团体,**全国性的学会和社联以在各省市自治区有了学会、社联之后自下而上民主地建立比较适合**。省市自治区的学会和社联不要等全国性的学会和社联成立后再去恢复或建立起来。"

> 三、关于学科规划
>
> 在制定规划时,我们对哲学社会科学的学科暂作这样的划分:
>
> ①马列主义、毛泽东思想,②哲学(暂时包括逻辑学、伦理学、美学、自然辩证法),③经济学,④政治学,⑤军事学,⑥法学,⑦教育学(包括教育心理学),⑧历史学(包括世界历史研究),⑨民族学,⑩宗教学(包括世界宗教研究),⑪文学(包括外国文学研究),⑫艺术学(包括外国艺术研究),⑬科学学,⑭语言学(包括少数民族语言研究、外国语言研究、文字学),⑮民俗学,⑯考古学,⑰社会学和社会问题研究(包括人口问题、妇女问题、婚姻问题、犯罪问题、环境问题等等),⑱世界

1978 年 9 月 27 日,于光远《在全国哲学社会科学规划会议预备会上的总结》文件部分截图

这次会议使民俗学者大受鼓舞,钟敬文先生在随后的历次民俗学吹风会上,都力求努力宣传和贯彻落实本次会议精神,一再指出民俗学已经被列入国家哲学社会科学的学科规划。

● 1978 年 12 月 30 日,辽宁大学乌丙安、刘航舵以《**重建中国民俗学的新课题**》为题,向中国社会科学院党委提交建言。建议成立全国性学会、办

全国性刊物，各省设立分会，办民俗馆、博物馆，编写地方风俗志，开办民俗学讲习班，建立函授站，成立专业出版社，加强国际民俗学的学术交流等。建言受到了中国社会科学院领导的重视和支持，并通过中国民研会筹备组领导贾芝同志通知作者，将呼吁书发表于中国社会科学院规划局刊物《情况与建议》（第96期，1979年4月20日）。

● 1979年5月4日，中国民间文艺研究会召开纪念五四运动60周年座谈会。顾颉刚夫妇、钟敬文、容肇祖、杨成志、常惠、常任侠、马学良、贾芝、朱素甫·玛玛依、于道泉等人参加了座谈，大家谈到了五四运动与民俗学的发生和发展的关系，再次强调建立民俗学及有关研究机构的重要意义。

1979年5月4日，"纪念五四运动60周年座谈会"与会代表合影。前排左起：杨成志、顾颉刚夫妇、朱素甫·玛玛依、于道泉、容肇祖、钟敬文、常惠

● 1979年11月1日，"中国文学艺术工作者第四次代表大会"及"中国民间文学工作者第二次代表大会"期间，文联主席周扬主持会议并发表讲话，强调了民俗学研究对我国社会主义四化建设的重要意义："我们国家的民俗学工作，还没得到应有的重视，应该建立专门研究机构，开展这方面的工

作……在专业机构未建立前，先设立一个民俗学部，由中国民研会领导，尽快地把工作做起来。"另经顾颉刚、钟敬文诸先生提议，**会议印发了《建立民俗学及有关研究机构的倡议书》**。

"倡议书"共分两个部分，前半部分为七教授给胡乔木同志的建议，后半部分为七教授向中国民间文学工作者发出的倡议，倡议内容为："民俗学不但是我们必须建立的一种人文学科，而且我们也具备了建立它的一定条件。去年秋间，社会科学院领导同志宣布的我国今后社会科学研究规划的草案里，已经把这门学科郑重地列为研究对象之一。这是一个福音！关于这门学科的必须建立和专门机构的创设问题，去年夏间，我们曾经向社会科学院领导同志上过建议书，并蒙予以赞许。但是这门学问专门机构的建立和科学研究的计划、推进，需要广大学艺界同志的赞成和实际帮助。因此我们今天诚恳地向大家呼吁，希望得到大家的热烈响应。使我国中断了多年的这门科学，能够在新的社会基础上发荣滋长，为今后提高民族科学文化的庄严任务，做出应有的贡献。"

● 1979年底，中国民间文艺研究会落实周扬的讲话精神，设立"**民俗学研究部**"。

● 1980年6月，在杭州举行的中国民间文艺研究会浙江分会第二次会员代表大会期间，为响应七教授的倡议，于彤、陈玮君、莫高同志提出了《开展浙江民俗学研究工作的三点建议》。11月23日，中国民间文艺研究会浙江分会设立"民俗学研究组"，叶大兵担任组长，于彤、莫高任副组长。1981年1月，该组始发不定期内部刊物《浙江民俗》。

● 1980年12月，中国民间文艺研究会陕西分会召开会员大会，商定成立"民俗学筹备组"。

● 1980年12月，上海复旦大学成立"民俗学社"。

● 1981年3月，辽宁大学中文系增设了高年级选修课"民俗学"，选修本科学生达到168名，同时，在学生中成立了"民俗学社"。

● 1981年5月15日,叶大兵、穆烜、蒋风、王文宝在北京举行座谈会,发出"为建立我国社会主义的新民俗学而努力"的呼吁。

● 1981年8月20—26日,辽宁民俗学工作者在省委宣传部、省民委的支持下,在丹东市召开"辽宁省首届民俗学学术讨论会",钟敬文先生到会做了题为《关于民俗学工作的几点意见》的报告,杨堃先生做了题为《民俗学与民族学》的报告,关德栋先生做了题为《民俗学与俗文学》的报告。来自全国12个省市自治区的67位同志参加会议(本省41人,省外26人),共提交论文40余篇,其中18篇在大会上进行了宣读。

本次会议宣布成立"辽宁省民俗学会",这是中华人民共和国成立后的第一个地方性民俗学会。钟敬文先生称赞说:"这是我国民俗学诞生以来六十年间,这门科学的第一次学术会议。我们过去建立过民俗学会,出版过许多专门性书刊,也办过民俗学传习班、讲习班等,但是没有举行过这种学术讨论会,这个会议在这方面是一个创举!"

会议期间,钟敬文先生召集部分会议代表,就当时民俗学活动的大好形势和进一步开展民俗学工作的问题进行了座谈,随后发表《十二省市民俗学

1981年8月25日,参加"辽宁省首届民俗学学术讨论会"的部分嘉宾在鸭绿江上坐船并留影。左起:王文宝、钟敬文、王汝澜、柯杨、张振犁

等工作者座谈会纪要》。参加座谈会的代表有杨堃、关德栋、乌丙安、刘魁立、王文宝、王汝澜、叶大兵、柯杨、张振犁、汪玢玲、宋德胤、田小杭等。

座谈会一致同意向有关领导部门、学术界和全国各地的文联、社联等有关机构提出如下建议：一、进一步争取各级有关领导对民俗学工作的关心和支持；二、积极筹备组建研究民俗学的专门机构；三、积极培训民俗学方面的专门人才；四、大力搜集各种民俗资料，积极创造条件，建立各地的民俗资料馆和民俗博物馆；五、开辟民俗学研究的园地。

● 1981年下半年，黑龙江省牡丹江师范学院开设民俗学课程，后于1981年11月成立了牡丹江师范学院民俗学社。

● 1981年12月30日，钟敬文先生借中国民间文艺研究会在北京召开常务理事扩大会议之机，主持召开了**民俗学座谈会**，并发表了座谈纪要。出席座谈会的有中国民研会领导贾芝、马学良、王平凡，民俗学家杨成志、杨堃，中国民间文艺研究会各部门的负责同志，以及来自辽宁等23个省市自治区民研机构的代表共40余人。

钟敬文先生指出："这一门学科虽然兴起于资本主义社会，但我们有责任运用马列主义的观点和方法来研究民俗问题，建立和发展我们的社会主义的民俗学。这是历史的要求，是时代的需要，也是我们不可推诿的光荣职责。"贾芝同志强调："为了发展中国民俗事业，中国民研会现在就可以办内部通讯，以加强民俗学工作情况的交流，还应该考虑举办培训班，搞好队伍建设。我们要向有关部门呼吁，积极创造条件，早日建立全国性的民俗学群众团体和研究机构。"

座谈会上，各地代表热烈发言，纷纷强调民俗学工作在社会主义文化建设当中的重要性，一致提出了当前必须着重解决的五个问题：一、抓紧建立和扩充民俗学机构或组织；二、创办民俗学刊物，开辟民俗学园地；三、积极、大力加强民俗学队伍的建设；四、加强民俗学的研究与宣传；五、广泛开展民俗调查，搜集民俗资料，积极为建立民俗资料馆创造条件。

● 1982年1月18日，中国民间文艺研究会吉林分会和吉林省群众艺术馆编辑的《民俗》小报创刊，春节前后共印发了 3 期。2 月 8 日元宵节期间，**吉林省民俗学会**召开成立大会并通过《吉林省民俗学会章程》，杨堃先生参加了会议。

- 1982 年 4 月 8 日，黑龙江省宁安县成立"民俗研究小组"。

- 1982 年 6 月 5 日，苏州大学政治系建立"民俗学小组"。

- 1982 年，中央民族大学汉语言文学系部分民俗学爱好者在陶立璠等老师指导下成立"民俗学社"，自办刊物《民族风》，冰心和钟敬文先生均为该刊题写刊名。后来，该社还组织社员手抄散见于各报章杂志上的民俗资料，编辑印刷了五辑将近 300 万字的《中国少数民族民俗资料》。

中国民俗学会的筹备时期

● 1982年6月5日，杨成志先生邀请钟敬文、杨堃、罗致平等一起到家座谈，还特地邀请中国社会科学院科研办领导高德同志到家，向高德同志陈述成立中国民俗学会的重要意义。座谈之后，杨成志在友谊餐厅宴请客人，并在餐厅门外留影，与宴者有高德、罗致平、钟敬文、杨成志、杨堃、梁木森。

1982年6月5日，高德、罗致平、钟敬文、杨成志、杨堃、梁木森（从左至右）在友谊餐厅聚餐后留影

● **1982年6月12日，中国民俗学会筹备组在中国社会科学院民族研究所举行第一次会议**。会议由钟敬文先生主持，参加会议的学者有白寿彝、杨堃、杨成志、马学良、罗致平、刘魁立、张紫晨、刘淑娟、王汝澜、梁木森、王文宝、彭燕郊等。中国社会科学院副院长兼秘书长梅益同志对中国民俗学会筹备会议表示了极大的关切，并委派高德同志参加了会议。

会议决定由钟敬文教授担任筹备组主任委员，白寿彝教授担任副主任委员，容肇祖、杨成志、杨堃、马学良、罗致平五教授担任筹备委员。在筹备会的领导下设立临时办事组，具体负责起草章程草案、制定活动规则、联系会员以及其他有关筹备事宜。会议决定由刘魁立等同志负责中国民俗学会章程起草等工作。

1982年6月12日，中国民俗学会筹备组在中国社会科学院民族研究所举行第一次会议

会议指出，民俗学是一门研究人民群众的生活和文化的社会科学。其任务在于用科学的实地调查的方法，搜集、记述人民群众在历史过程中长期传

承的生活、习俗及文化活动现象,对这些现象进行深入的研究,从而认识和阐明人民群众的生活和文化的特点及其规律。开展民俗学研究对于发扬民族文化优良传统、移风易俗、建设社会主义精神文明,具有十分重要的意义。同时,还将对历史学、民族学、社会学、文艺学、宗教学等社会科学的发展,起到积极促进作用。

与会人员一致认为,成立中国民俗学会的条件已经基本成熟,我们应当积极做好筹备工作,以促成其早日实现,尽快成立民俗学会不仅是广大民俗学工作者的期望,也是四化建设的需要。会议还就中国民俗学会的宗旨、任务、会员等项问题,初步交换了意见,决定在1983年春季的适当时间,召开会议,正式成立中国民俗学会。

1982年6月12日,"中国民俗学会筹备组第一次会议"与会代表合影

● 1982年7月30日,中国民间文艺研究会在北京召开"全国培训民间文学工作骨干经验交流会"期间,钟敬文先生以"民俗学研究部"的名义,再次举行了**民俗学情况座谈会**,参加会议的有杨堃、马学良,以及中国社会

科学院文学研究所、民族研究所，北京师范大学，中央民族学院，以及来自辽宁、山西等13个省市自治区的民间文学工作者共30余人。

在座谈中，代表们分别汇报了民俗学在各省市的发展情况，以及地方民俗学会的成立和活动情况，谈到了民俗学研究的重要意义，认为研究民间文学不能离开民俗学，只有加强民俗的研究，才能加强和巩固民族间的团结。马学良先生认为："不调查民俗，对民间文学就不能有深刻的了解，而民俗学没有民间文学也就成为无源之水，这两者是相辅相成的。"钟敬文先生特别指出："我国民俗学在近几年来之所以得到迅速的恢复和发展是有其社会原因的。我们是在客观形势的要求下被推着走的。目前得到中国社会科学院领导的支持，正积极筹备成立中央的民俗学会。"

各地代表提出了实际工作中存在的许多问题及建议：一、由于民俗学荒芜多年，社会上不甚了解，急需要向社会普及这方面的知识；二、应建立中央的民俗学机构，创办大型民俗学刊物；三、地方兴办民俗学会，在人力物力上还有许多困难，希望中央及有关部门能有文件下达，以进一步引起地方领导重视；四、建立民俗学会要有务实精神，切切实实开展工作，不能只务虚名；五、民俗学会归属哪个部门，需要加以解决，许多地方民俗学会找不到挂靠单位，很影响工作。钟敬文先生在总结中说，准备明年暑假在北京师范大学举办民俗学讲习班，并着手翻译编印民俗学入门书及各种民俗资料，热切希望各地能在现有条件下，积极努力，打开局面，坚持下去。

● 1982年夏，吉林省民俗学会举办民俗学培训班。

● 1982年8月，**中国民俗学会筹备组致函中国社会科学院副院长兼秘书长梅益同志，希望批准成立中国民俗学会**。信中着重论述了成立中国民俗学会的必要性，然后说道："一九七八年胡乔木同志曾经审阅过顾颉刚等七位教授所提出的关于发展民俗学、建立民俗学机构的建议书并予以赞许。民俗学被列入到社会科学院所起草的长期研究科目的规划中。周扬同志也曾多次强调民俗学研究的重要性和必要性。这都是对这门学科在新的社会条件下重建并发展的有力推动。""前不久，钟敬文、白寿彝、容肇祖、杨成志、杨堃、马学良、罗致平等几位老民俗学者在您的积极支持下开会，商讨成立中国民俗学会问题。会上一致认为：建立全国性的民俗学研究组织是十分必要的，是迫不及待的。经过多次磋商，成立了中国民俗学会筹备组，并且初步拟定了学会的章程、成立时期、活动规划和年度活动经费预算等。现将有关材料送您审阅，希望您对中国民俗学会的成立予以支持，并对学会的活动，在经费等方面予以大力资助。"

随信的三份附件是《中国民俗学会筹备会第一、二次会议纪要》《中国民俗学会章程（草案）》《中国民俗学会筹备组1982年经费预算》。其中申请经费项目为：一、中国民俗学会成立及首次学术讨论会，4000元；二、编辑出版民俗学会会刊一期，2500元；三、组织民俗学专题调查活动两项，2000元；四、其他经费（包括录音机1台，录音带50盒），1000元，各项合计9500元。

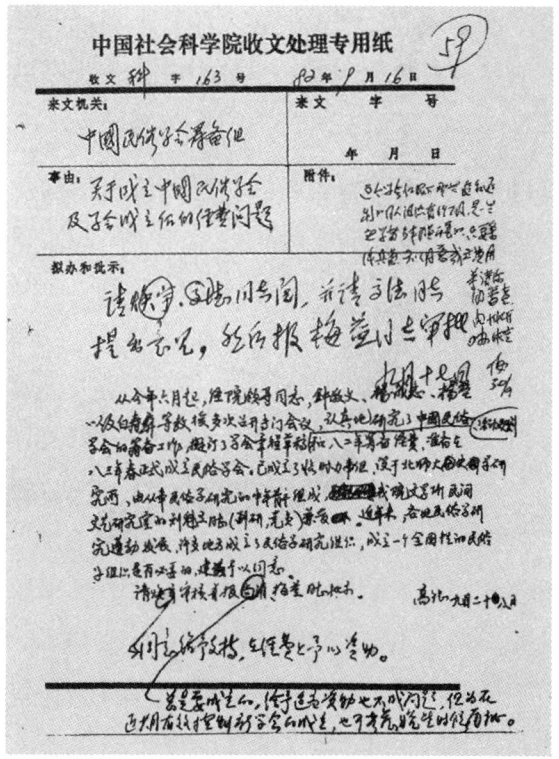

1982年9月16日，中国社会科学院领导对中国民俗学会筹备组《关于成立中国民俗学会及学会成立后的经费问题》的拟办和批示意见

中国社会科学院的收函日期是1982年9月16日。中国社会科学院各部门领导均做了批示，其中高德同志9月28日的批示意见是："从今年六月起，经院领导同志、钟敬文、杨成志、杨堃以及白寿彝等教授多次召开专门会议，认真地研究了中国民俗学会的筹备工作，拟订了学会章程草稿、活动规划和八二年筹备经费，准备在八三年春正式成立民俗学会。已成立了临时办事组，设于北师大史学研究所，由从事民俗学研究的中年骨干组成，我院文学所民间文艺研究室的刘魁立同志（副研，党员）兼管。近年来，各地民俗学研究蓬勃发展，许多地方成立了民俗学研究组织，成立一个全国性的民俗学组织是有必要的，建议予以同意。"焕宇同志的批示意见是："同意给予支持，在经费上予以资助。"尚涛同志的意见是："总是要成立的，给予适当资助也不成问题，但为在近期有效控制新学会的成立，也可考虑晚些时候再批。"9月30日，梅益同志做了最后批示："这个学会和眼下那些追名逐利的同人组织有所不同，是一些老学者多年酝酿的，只要条件具备，可以同意成立。费用等请你们审查，由科研办决定。"

● 1982年10月初，**学会筹备组得到中国社会科学院批准成立中国民俗学会的正式通知**，迅速邀请了一批早期的民俗学者撰写贺词贺信。常惠先生撰写《贺中国民俗学会》（10月），容肇祖先生撰写《中国民俗学会成立贺词》（10月30日），杨堃先生撰写《祝贺与希望》（10月9日），罗致平先生撰写《民俗学是"人民之学"》（10月14日），钱小柏先生撰写《祝中国民俗学会成立》（10月29日），杨荫深先生撰写《祝贺中国民俗学会的成立》（10月23日）。

常惠在贺词中提到："近几年各地民俗学工作者，有的建立了地方性的研究机构，开展研究工作，发表了民俗学方面的论文，还出版了不少刊物。如《枫叶》《乡土》等，我都看过，编得不错。三中全会以来，随着四化建设的大好形势，民俗学作为一门学科在某些高等院校里设立了讨论，民俗学研究队伍将会日益壮大，研究工作也将普遍展开。"

容肇祖在贺词中说："中国民俗学会的成立，标志着中国民俗学运动已进入一个新阶段。我们民俗学者，可以交换研究心得，各尽所能，各献所长，使民俗学从此发扬光大，进入一个新时代，这是我们所希望的。"

钱小柏在贺词中说，希望中国民俗学会能一起来做好以下几项工作：一、发掘旧文献；二、抢救活资料；三、做深入研究；四、专设博物馆；五、编印资料本；六、培养接班人。

● 1982年10月11日，中国民间文艺研究会上海分会民俗学组成立。

● 1982年10月25日，浙江省第三次民间文学年会在宁波举行，其间，**浙江省民俗学会**召开成立大会，钟敬文先生到会并做题为《民俗学及其作用》的报告，来自北京、辽宁、江苏、上海、陕西、安徽等省的部分学者应邀到会祝贺。

10月27日晚，中国民俗学会筹委会与浙江省民俗学会联合召开了**民俗学座谈会**，钟敬文与浙江省民俗学会负责人于彤共同主持了会议。到会人员有北京的张紫晨、贺学君、梁木森，以及辽宁、上海、江苏等地代表共计50余人。

钟敬文代表中国民俗学会筹委会听取了各地民俗学者的汇报。座谈会就民俗学工作如何进一步开展交换了意见：一、希望民俗学会有专职人员、有经费、有业务活动，现在的地方民俗机构有的只有牌子，没有人、没有经费；二、民俗学会一方面要开展学术研究，一方面也要为现实服务，否则得不到领导支持；三、民俗学要加强理论宣传工作，要使群众了解，特别是要使领导了解我们工作的位置和重要性；四、希望中国民研会能积极争取呈请中央文化部下达文件，有了文件，各级干部有所遵循，就能一竿子插到底；五、民俗学会的工作，要实地调查、搞资料、抓成果、讲实效；六、有的同志还提出要建立民俗博物馆。

● 1982年12月，北京大学举办"纪念《歌谣周刊》创刊60周年"座谈会，参加会议的有吴组湘、杨成志、常惠、钟敬文、常任侠、王力、阎云翔、林庚、杨堃、马学良、贾芝、季羡林、罗致平、王文宝、段宝林等。

● 1982年12月24日，北京大学民俗学会成立。

● 1982年12月，中国民俗学会筹委会编印《会刊》，宣告筹委会成立，公布《中国民俗学会章程（草案）》。

1982年12月，北京大学"纪念《歌谣周刊》创刊60周年"座谈会嘉宾合影

中国民俗学会章程（草案）

第一章 总则

第1条 本会是在中国共产党领导下的中国民俗学工作者群众性的学术团体，其宗旨是：以马列主义毛泽东思想为指导思想，贯彻党"百花齐放，百家争鸣"的方针，团结全国广大民俗学工作者，积极对我国各民族的民俗进行调查、搜集、整理、研究；评介国外有关民俗学的论著，为推动我国民俗学的学术研究、建立具有中国特点的马列主义新民俗学、移风易俗，促进我国物质文明与社会主义精神文明建设、加强对外文化交流和丰富世界文化宝库，做出贡献。

第二章 任务

第2条 组织会员学习革命理论、党的方针政策和民俗学等有关理论，不断提高政治思想和民俗学理论水平，重视学术道德，培养正派学风。

第 3 条　搜集整理我国文献上的和现今仍然传承着的民俗资料。

第 4 条　组织民俗调查。

第 5 条　编辑出版民俗资料、刊物和书籍；翻译、评介国外民俗学著作。

第 6 条　通过举办培训班及进行实地调查等方式，培养民俗学人才。

第 7 条　组织学术讨论，繁荣学术研究，逐步建立起我们自己的民俗学体系。

第 8 条　建立民俗资料馆；举办民俗展览。

第 9 条　进行对外学术交流，参加世界民俗学活动。

第三章　会员

第 10 条　凡具有下列条件之一者，经本人申请，由本会会员二人介绍，填写入会登记表，经本会批准，可为本会会员：

1. 在民俗学的调查、搜集、整理或研究方面有较大成绩者；

2. 在民俗学的编辑、教学、评论或翻译方面有较大成绩者；

3. 在民俗学资料的提供或保存方面有较大成绩者。

第 11 条　本会会员的权利：

1. 有选举权和被选举权；

2. 会员对本会工作有权监督、批评和提出建议；

3. 有权参加本会组织的调查、采集、学术研究等活动；

4. 有权开展当地民俗学工作。

第 12 条　本会会员的义务：

1. 对民俗学工作不断做出贡献；

2. 遵守本会章程，执行本会决议；

3. 按期缴纳会费。

第 13 条　有退会自由，凡长期不从事民俗学工作的会员，即被视为自动退会。

第四章　组织

第 14 条　由有关会议选举产生理事若干人（为台湾省保留名额），组成理事会领导本会工作，其任务是：

1. 听取、审查工作报告；

2. 制定工作规划；

3. 修改本会章程。

第15条 由理事会选举：主席1人、副主席若干人、秘书长1人、副秘书长若干人；聘请顾问若干人。

第16条 理事会每四年改选一次；理事会闭会期间，由主席、副主席负责会内事务。

第17条 理事会下设秘书处，处理日常具体工作。

第18条 本会在业务上与地方的民俗学组织建立联系，互相交流和协作，但无隶属关系。

第五章 经费

第19条 本会经费来源如下：

1. 国家资助；

2. 会员缴纳会费；

3. 其他收入。

1982年12月，中国民俗学会筹委会编印的《会刊》

1983 年

● 4月25日，中国民俗学会筹委会秘书长刘魁立向中国社会科学院科研组递交了《关于召开民俗学学术会议正式成立中国民俗学会的申请报告》，报告中提到："经过筹委会近十月的努力，一切准备工作均已完成：了解了全国

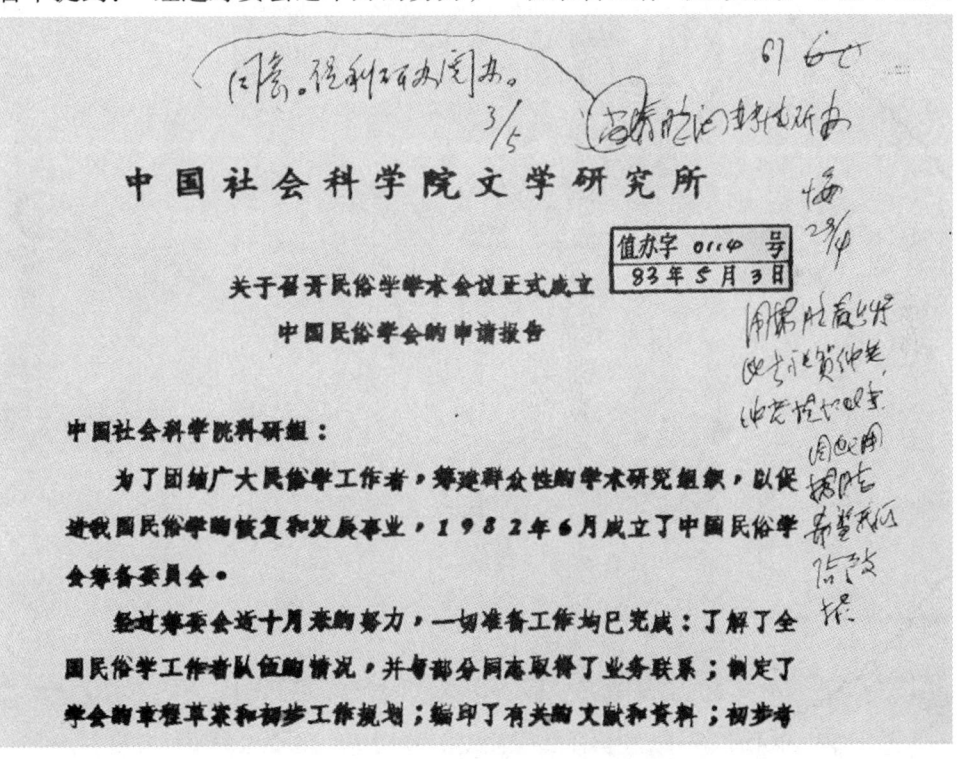

1983年4月25日，中国民俗学会筹委会向中国社会科学院科研组递交的《关于召开民俗学学术会议正式成立中国民俗学会的申请报告》

民俗学工作者队伍的情况,并与部分同志取得了业务联系;制定了学会的章程草案和初步工作规划;编印了有关的文献和资料;初步考虑了办事机构的人选方案。目前,成立学会的条件已经齐备。经筹备委员会四月廿五日全体会议研究决定于五月下旬召开学术会议,研究今后我国马克思主义民俗学建设问题,并通过章程、选举理事会,正式宣告学会成立。"该报告同时附了一份致中国社会科学院副院长梅益同志的信。

高德同志4月28日对该报告的批复为:"拟同意召开学术会议,并正式成立民俗学会,经费问题请欣荣同志提出意见后,请焕宇、王笑同志审批。(给梅益同志的信已另外转送)"焕宇同志4月29日的批复为:"这个会议是应该召开的(还要等梅益同志批),经费问题请王笑、欣荣同志考虑。"由于该"报告"一式两份,梅益同志已于4月29日在另一份"报告"上做了批示:"**周扬同志**

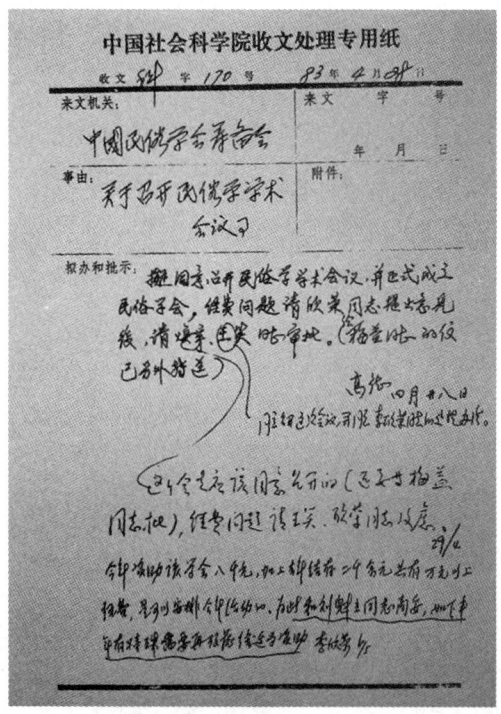

1983年4月28日,中国社会科学院领导对中国民俗学会筹委会"申请报告"的拟办和批示意见

最近特地去祝贺钟老，钟老提到此事，因此周扬同志希望我们给予支持。"

李欣荣同志5月6日的批复是："今年资助该学会八千元，加上去年结存二千余元，共有万元以上经费，是可以安排今年活动的，为此和刘魁立同志商妥，如下半年有特殊需要再考虑给适当资助。"

● 5月20日晚，钟敬文召集"中国民俗学会成立大会预备会议"，容肇祖、杨成志、罗致平、刘魁立、张紫晨、王汝澜、梁木森、田小杭、王文宝等参加了会议，讨论了学会机构的参考名单等事项。

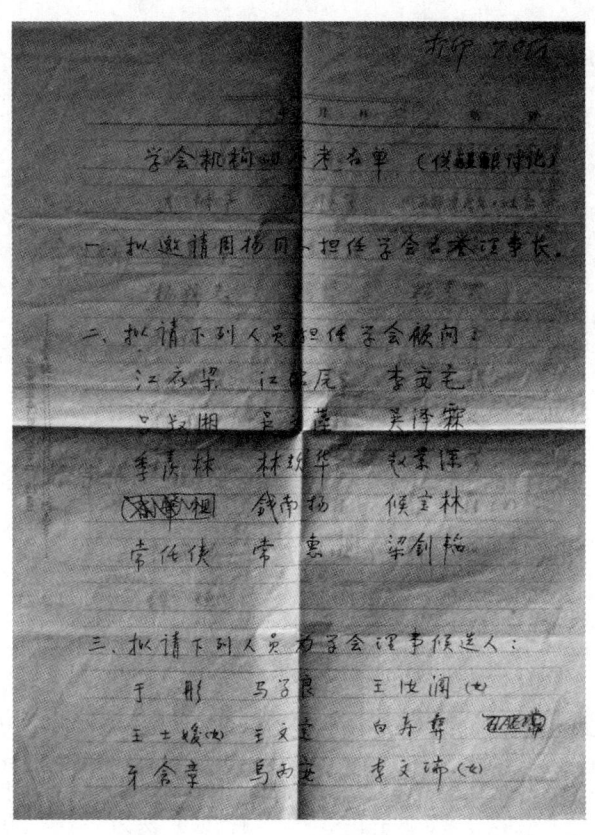

1983年5月20日，由王汝澜手书的供酝酿讨论的"学会机构的参考名单"

● 5月21—24日，中国民俗学会在北京东直门外左家庄国防科工委招待所隆重召开成立大会，正式宣告成立。到会祝贺的单位有国家民委、中国社会科学院、中国文联等，邀请出席的新闻媒体有新华社、中国新闻社、北京电视台以及多家报纸杂志社，日本学者伊藤清司、饭仓照平、加藤千代等应邀出席了会议，伊藤清司代表日本学者致辞。

1983 年 5 月 21 日，"中国民俗学会成立大会"在北京东直门外左家庄国防科工委招待所举行

21 日，大会开幕式由白寿彝主持，钟敬文先生致开幕词，刘魁立同志做了筹备经过的报告。下午，分三组讨论，各地代表介绍活动情况，交流工作经验。

22 日上午，大会由容肇祖主持，钟敬文做了题为《民俗学的历史、问题和今后的工作》的报告。下午，分组讨论《中国民俗学会章程（草案）》。

23 日上午，大会由罗致平主持，白寿彝做了题为《民俗学与历史学》的报告，容肇祖做了题为《对当前我国民俗学运动的一些看法》的报告，杨成志做了题为《民俗学的起源、发展和动态》的报告。下午，常任侠做了题为《中国古代民俗与艺术》的报告、马学良做了题为《民俗学与语言学》的报告。晚上，在礼堂观看民族科教片《卡瓦人》等。

1983年5月"中国民俗学会成立大会"期间的民俗学成果展览

24日上午,大会由钟敬文主持,大会选出了由44位民俗学者组成的中国民俗学会第一届理事会。随后的第一届理事会第一次会议上,推举出理事长和副理事长,并聘请了14位顾问。理事会决定创办不定期的内部信息交流刊物《中国民俗学会会刊》。最后,马学良致闭幕词。陶立璠带领中央民族大学"民俗学社"的同学担任了会务工作,中国民间文艺出版社等出版和学术机构在会场一角设立了民俗学成果展览区,兼向会员售卖图书。

本次大会共有84名正式代表(这也是中国民俗学会的第一批会员),大会讨论并通过了《中国民俗学会章程》(简称《章程》):第一章"总则"1条,第二章"任务"8条,第三章"会员"4条,第四章"组织"5条,第五章"经费"1条,共计19条。《章程》明确中国民俗学会为全国性的学术研究组织,其宗旨是:"以马克思列宁主义毛泽东思想为指导思想,贯彻党'百花齐放,百家争鸣'的方针,团结全国广大民俗学工作者,调查、搜集、整理、研究我国各民族的民俗,为建立具有中国特点的马克思列宁主义新民俗学,为移风易俗、促进社会主义物质文明和精神文明建设,为加强对外文化交流和丰富世界文化宝库,做出贡献。"

中国民俗学会成立大会正式代表(中国民俗学会第一批会员):于彤、马学良、王树村、王守木、王汝澜、王士媛、王文宝、韦廉舟、白寿彝、包世轩、牙含章、龙海清、田晓岫、田小杭、乌丙安、江应梁、江绍原、许钰、李岳南、李安宅、李文瑞、李惠芳、刘淑娟、刘魁立、刘孝瑜、任嘉禾、过伟、吕叔湘、连树声、苏德富、严汝娴、宋兆麟、孟皋卿、宋德胤、阿不都秀库尔·吐尔迪、宋恩常、萧兵、陈国强、吴文藻、吴泽霖、岭光电、范玉梅、杨成志、杨堃、杨景震、杨怀中、杨荫深、杨公骥、季羡林、罗致平、林耀华、屈育德、张紫晨、张寿祺、张振犁、钟敬文、钟爱山、段宝林、胥树人、柯杨、赵景深、柳升祺、秋浦、容肇祖、郭子升、顾道馨、陶立璠、钱小柏、钱南扬、顾希佳、秦家华、高德、黄永年、常任侠、常惠、梁钊韬、梁木森、程迅、彭燕郊、程德祺、曾昭璇、詹承绪、薛汕、穆烜。(以上名单中,部分代表未参加会议,另外,部分参加会议的工作人员如贺学君、程薔、刘铁梁等,以及部分民俗学研究生如张铭远、苑利、闫云翔等未列入名单。)

第一届理事会理事(1983年5月24日通过):于彤、马学良、王士媛、王文宝、王汝澜、乌丙安、田小杭、牙含章、白寿彝、过伟、刘淑娟、刘魁立、任嘉禾、李文瑞、连树声、苏德富、宋兆麟、宋恩常、陈国强、杨公骥、杨怀中、杨堃、杨成志、杨景震、阿不都秀库尔·吐尔迪、张寿祺、张振犁、张紫晨、岭光电、罗致平、柯杨、段宝林、胥树人、钟敬文、郭子升、钱小柏、陶立璠、顾道馨、容肇祖、梁木森、曾昭璇、彭燕郊、薛汕、穆烜。

第一届理事会名誉理事长:周扬。

第一届理事会理事长:钟敬文。

第一届理事会副理事长:马学良、白寿彝、杨成志、杨堃、罗致平、容肇祖。

第一届理事会秘书长:刘魁立;**副秘书长**:张紫晨、刘淑娟;**秘书处成员**:王汝澜、梁木森、田小杭、王文宝。

第一届理事会顾问:江应梁、江绍原、李安宅、吕叔湘、吴文藻、吴泽霖、季羡林、林耀华、赵景深、钱南扬、侯宝林、常任侠、常惠、梁钊韬。

1983年

● 5月24日，中国民俗学会第一届理事会成立，到会理事会成员合影留念。参与合影的理事会成员有胥树人、于彤、马学良、杨成志、钟敬文、罗致平、钱小柏、薛汕、张紫晨、王士媛、李文瑞、王汝澜、陶立璠、宋恩常、王文宝、过伟、杨景震、张寿祺、苏德富、田小杭、刘魁立、宋兆麟、乌丙安、段宝林、郭子升、顾道馨、连树声、任嘉禾、梁木森等。

1983年5月24日，中国民俗学会第一届理事会成立，到会理事合影

● 5月24日，学会秘书处成立之后，全体秘书处工作人员与钟敬文、杨成志、马学良、罗致平等学会领导合影。参与合影的秘书处工作人员有张紫晨、徐纪民、王汝澜、王文宝、刘魁立、陶立璠、李德芳、田小杭、梁木森、贺学君、程蔷等。

● 5月26日，中国民俗学会理事会向中国社会科学院科研办提交的工作汇报中，提到"**学会成立后，拟先做下列几项急切的工作**"：

一、组织联系会员，继续发展会员，扩大民俗学队伍。
二、编印、抽查报告、研究文集和民俗学丛书。
三、计划并组织力量编译国外民俗学重要著作。

1983年5月24日,中国民俗学会秘书处成立,全体秘书处工作人员与钟敬文、杨成志、马学良、罗致平(前排左起)合影

四、制定研究规划,赞助有条件的会员进行民俗专题研究、专题调查及文献整理等事项。

五、今年7月—8月在北京举办民俗学讲习班,培训有一定业务基础、热心从事民俗学工作的人员。

六、积极创造条件,创办《民俗学研究》丛刊,开辟理论园地,促进学科的发展。

● 8月间,由中国民俗学会和少数民族文学学会联合举办的"**首届全国民俗学与少数民族文学讲习班**"在中央民族学院开班。讲习班历时1个月,"它是建国三十多年来的第一次,也是**中国民俗学会成立后的第一次大的活动**。是在中央和中国社会科学院关怀下举办的,是在我国老一辈民俗学家的积极倡导和具体指导下实现的。这次讲习班既是中国民俗学会的工作之一，也是社会科学院科学规划中的一部分"。据张紫晨介绍，两年之后，讲习班的学员大多已成为全国各地民俗学工作的骨干力量。

讲习班共讲授38课时，授课教师多达28人，其中有海内外知名学者如费孝通、钟敬文、杨成志、杨堃、马学良、白寿彝、罗致平、常任侠、容肇祖、牙含章等，还有日本学者伊藤清司，以及部分有影响的中青年学者如刘魁立、张紫晨、柯杨、陶立璠等。讲习班主要讲授民俗学的基本概念、学科体系、理论和方法等基本问题，先后有近150名学员参加学习。讲习班教务工作主要由张紫晨、陶立璠、杨亮才负责，事后由张紫晨选编出版了《民俗学讲演集》(书目文献出版社，1986年)。

1984 年

● 11月20日，中国民俗学会在"中国民间文学工作者第四次代表大会"期间，趁便在石家庄召开**民俗学工作座谈会**，辽宁、吉林、浙江、广东、江苏等地计有40余人参加座谈会。

座谈会由钟敬文先生主持，他在讲话中指出："近年来，我国民俗学事业发展较快。除辽宁、吉林等外，浙江、广东、江苏等地也相继成立了民俗学会。北大、辽大、复旦、牡丹江师院都陆续开了民俗学课，中山大学、中央民院也即将开设此课。云南在两三年前就已经刊印了民族风俗志。最近，各省、区还编了许多地方志。许多刊物，也刊载了不少资料。这门科学已经在舞台上活跃起来了。"

广西的过伟，浙江的吕洪年，江苏的周正良、王骧，云南的秦家华，湖南的彭燕郊，广东的徐洗尘、陈摩人，新疆的阿不都秀库尔、阿布都克里木，甘肃的柯杨，河南的张振犁，辽宁的胥树人、乌丙安，吉林的李文瑞，黑龙江的马名超等分别汇报了所在地民俗学活动的开展情况及今后的计划。

● 1984年全国发展会员35名，印发了申请入会人员调查表、征求会员意见书，建立了会员档案，印发了会员证。

联系与促进各省区民俗学会工作，积极支持并赞助地方民俗学机构的组织与建立。1984年，有江苏、广东两省成立民俗学会，钟敬文先生还亲自到广东祝贺学会的成立，并做报告。

与民间工艺美术学会、杨柳青年画研究会及其他有关单位合作，联合举办有关民俗活动，如杨柳青年画展等。

1985 年

● 2月13日上午，**中国民俗学会在北京师范大学举行春节茶话会**，并扩大理事会。会议由钟敬文先生主持，马学良、杨成志、杨堃，以及学会在京顾问、理事、会员40余人出席了茶话会。

据学会秘书长刘魁立的工作汇报，1984年的主要工作有：一、秘书组经常召开办公会议，春天召开理事扩大会，确定了全年工作，编辑了《会刊》和《民俗学工作通讯》，并筹划新的民俗学刊物；二、**会员已经发展到120余人**；三、推进了全国的民俗调查和研究工作，这方面工作比较多，如支持和赞助地方民俗学机构的成立，联合举办有关民俗活动等。主要的困难有：一、**中国社会科学院给的经费太少**，几千元钱，办一两期《会刊》就用完了；二、秘书组没有专职人员；三、没有固定的办公和活动场所。1985年的工作计划主要有：一、召开理事会；二、会员工作侧重抓研究；三、下半年召开一次民俗学学术讨论会；四、继续编辑《会刊》，筹划民俗学丛书的出版。

会议通过了70名新会员的名单，会后，民俗学会会员已接近200名。

● 3月12日，中国民俗学会副秘书长张紫晨应日本国立民俗博物馆之邀，前往日本大阪参加"第六届民间传承文化源流国际学术会议"，宣读论文《中日继母故事的比较研究》。5月5日，乌丙安应日本学术振兴会之邀，赴日进行为期3个月的学术交流。

● 4月1日上午，钟敬文先生以及北师大中文系主任李修生分别代表中国民俗学会和北京师范大学，会见了应邀到访的**日本国立历史民俗博物馆福**

田亚细男教授，参与会见的有刘魁立、张紫晨、许钰、王汝澜、梁木森、田小杭等，座谈会由何彬担任翻译。

交谈中，福田亚细男说，日本学界对"五四"到1949年前的民俗学发展有所了解，现主要想了解1949年后的新情况。钟敬文先生不仅介绍了中国现代民俗学的发展，也介绍了全国各地的民俗学发展状况，以及大学及科研机构的民俗学研究现状。福田先生向钟先生赠送了自己的三本专著，同时向中国同行介绍了日本民俗学研究的历史和现状。福田先生认为，民俗学可以分为三类：一是地域民俗学，二是比较民俗学，三是都市民俗学。福田先生说，日本关于民俗学的研究，仍然是一门民间的学问，民俗学会会员大多是中小学教员，目前日本国立历史民俗博物馆已有7位专职民俗学者，拟进一步扩大规模，并向研究性机构转向，加大国际交流，使之成为日本民俗学的一个新起点。

● 5月1日晚上，在"中国民间文艺研究会第三次学术讨论会"期间，中国民俗学会在北京国谊宾馆召开**民俗学座谈会**，出席会议的有来自江苏、安徽、陕西、上海、湖南、云南、四川、吉林、黑龙江、河北、天津、北京等地代表近30人。

会议由钟敬文先生主持，马学良先生也参加了会议。钟敬文在总结形势之后指出："今天，社会急剧转变，有些风俗会消失或变化，新的风俗也在陆续产生，正是我们搜集和研究的大好时机。"大家交流了情况和经验，提出了今后工作的几个设想：一、地方志的编写工作是促进民俗调查的很好机会，有条件的地区应该专门撰写民俗志；二、要重视民俗调查与民俗物品的征集；三、有条件的地区应建立民俗博物馆；四、继续建立民俗学机构，扩大民俗学队伍；五、高校要积极开设民俗学课程。钟敬文在总结中提到，将在学会学术年会的基础上，创办《民俗学研究》刊物。

● 6月27日晚上，**中国民俗学会在北京国谊宾馆召开民俗学工作座谈会**，钟敬文、马学良、陶立璠等人出席会议，会议代表来自江苏等13省市近20人。会议由学会副秘书长张紫晨主持，大家分头汇报了各省民俗学的工作情况，钟敬文先生做了总结发言，鼓励大家克服困难，逐渐前进。

● 6月28日，由虎尾俊哉、田中稔率领的日本国立历史民俗博物馆访华团一行30人抵达北京。6月29日，**由福田亚细男率领的民俗研究部10人访问了中国民俗学会**。参与座谈的中方人员有钟敬文、刘魁立、张紫晨、田小杭、郎樱等，日方人员有宫田登、山折哲雄、仓石忠彦、茂木荣、林淳、高桑守史、上野和男、松崎宪三、坂苗子，以及正在北京访学的佐野贤治，座谈会由何彬担任翻译。座谈会上，主要由钟敬文先生介绍中国民俗学的研究状况及各级民俗学机构、工作情况。双方互赠了礼品、著作，并合影留念。

● 10月底，山东大学社会学系主办的《民俗研究》杂志成功试刊，中国民俗学会主要负责人钟敬文、容肇祖、罗致平、杨成志等题词表示祝贺。该刊虽然只是两个青年学者叶涛和简涛具体负责，但从一开始就定位为一份全国性的学术期刊，山东大学社会学系主任徐经泽在"发刊词"中说："我国民俗学的教学和研究工作经历过一个漫长而曲折的道路，近年呈现出复兴之势，全国和地方性的民俗学会相继成立，不少民俗报刊先后出版，民俗学科研工作也不断取得新的成果，但是至今全国还没有一份专门的民俗学理论刊物，以作为全国民俗学工作者的理论阵地和联络全国民俗学界的桥梁。为此，我们办起这个刊物，愿它能够担负起这个重要而光荣的任务。"

● 11月18—22日，**"中国民俗学会首届学术讨论会"** 在北京师范大学举行，秘书长刘魁立致开幕词，全国政协副主席、国家民委主任杨静仁到会祝贺并讲话。中央政治局委员**胡乔木在给钟敬文的亲笔贺信中说道，"这次会议是中国民俗学会成立以来的第一次，也是民俗学在我国传播六十多年来的第一次**，希望这次学术会议"能作为我国民俗学发展的一个新的起点而载入这门科学的史册"。钟敬文、杨成志、容肇祖、杨堃、马学良、罗致平、侯宝林等出席大会并讲话。

本次大会共征集到论文100余篇，到会的正式代表74人，论文60余篇，有58位代表在大会和分组会上宣读了论文。会议论文大致可分为三个方面：一、民俗学在四个现代化建设中的作用及民俗学基本理论；二、民俗学史的回顾与总结；三、具体民俗事象的考察和研究。大会后半段为专题学术报告，钟敬文做了题为《关于当前民俗学的几个问题》的报告，马学良做了题为《建立有中国特色的民俗学体系》的报告，杨成志做了题为《民俗学三大流派的异同解释》的报告。

副秘书长张紫晨在闭幕式上总结认为：这次会议是我国民俗学恢复之后的重要成果检阅，标志着我国民俗学工作正处于一个具有历史意义的转折时期，**标志着中国民俗学的发展已经由思想、理论的准备阶段，开始跨入广泛的调查和研究阶段**。会议论文呈现出四个特点：一、实际调查的论文数量多，比重大；二、涉及的民俗事象比较宽泛，时间、空间、民族的涵盖面比较广；三、对民俗学总体理论、基础理论的研究有明显进展；四、作者的成分构成比较广泛。会议的不足之处主要体现在会议组织和会议论文两方面。从会议组织上来说，由于人力不足，论文选编和资料装订都未能实现，会务出现忙乱现象；由于经费限制，食宿和会场条件都比较差；其他如观摩资料录像和电影方面也不尽人意。从会议论文上来说，调查性文章多为现象描述，理论性不强；论述性的文章则往往题目过大，面面俱到，论述不够深透，显得比较空泛。在学科分支上面，大家提出的支学有都市民俗学、文艺民俗学、社会民俗学、语言民俗学、方志民俗学、地理民俗学、法律民俗学、民族民俗学等等，张紫晨认为当前应着重建设总体民俗学，"大目标是建立具有中国特色的马克思主义的民俗学"。在研究方法上面，各学科间方法论的互相运用和

1985年11月21日，"中国民俗学会首届学术讨论会"全体代表合影

借鉴，应该越来越加强，这是近代科学发展的一个特点。在国际学术交流方面，要注意批判地吸收，不能照搬照套。

新华社对这次学术讨论发布了消息，《人民日报》（11月23日）、《光明日报》（11月24日）、《北京晚报》（11月23日）、北京电视台以及部分地方报纸和学术期刊也做了及时的报道。大会论文由张紫晨负责选编出版（《民俗调查与研究》，河北人民出版社，1988年）。

1986 年

● 2月3日，钟敬文在北京师范大学主持召开了**中国民俗学会理事长及秘书组成员会议**。参加会议的还有杨堃、刘魁立、张紫晨、田小杭、刘淑娟、王汝澜、梁木森、陶立璠、李德芳、刘铁梁等。钟敬文肯定了学会在过去一年中的成绩，对于大家义务兼职在学会"打杂"的辛勤劳动给予了肯定和鼓励。

会议听取了张紫晨的工作报告，报告内容包括1985年工作总结、1986年度工作计划、学会经费决算三项。1985**年共支出7782.05元，超支1782.05元**。举办学术讨论会一项支出5181.59元，其他主要用于印刷会刊，购买录像资料、书籍、磁带，开理事会议、接待外国学者来访和办公费用。田小杭就发展第三批会员问题做了说明。

会议讨论通过了准备聘请的新的学会顾问名单：于光远、吕骥、杨宪益、金克木。会议讨论增补陶立璠、李德芳、刘铁梁三人进入秘书组。

● 3月5日，中国民俗学会填报中国社会科学院《一九八五年学会、研究会资助费决算表》。决算收支账目如下：**中国社会科学院本年拨入6000元**。学会实际支出办公费（印刷费、办公杂品等）211.03元、学术会议费（首届学术讨论会、理事会、外事活动）5766.02元、资料费（编印会刊、购置图书资料等）1805元。全年超支1782.05元。表格备注称："85年11月因我会召开首届学术讨论会，特向贵院提出追加经费2000元，并得到批准，但由于一些误差，我们没有收到经费收据通知，而转年无效。希望能在今年的经费审批中，把这笔经费补加进去，以补85年的超支部分。"学会负责人：钟敬文；财务负责人：梁木森。

同日，中国民俗学会填报中国社会科学院《一九八六年学会、研究会申请资助费预算表》。申请项目及经费如下：资料费（1. 编辑首届年会学术论文集，2. 编辑《民俗》，3. 编印《会刊》）7000元；会议费（1. 举办中青年民俗学工作者学术讨论会，2. 学界二次小型学术讨论会，3. 与国外学者进行学术交流）5000元；办公费500元；举办中国民俗摄影展览5000元；资助2—3项民俗调查研究500元，合计申请1.8万元。学会负责人：钟敬文。

与预算表同时递交的，还有张紫晨填报的《一九八五年学会工作小结》：

1985年，是中国民俗学会成立后的第三个年度。学会工作逐渐走向正规。这一年度的指导思想，是通过学会工作，积极促进与推动全国各地民俗学工作的开展，大力推进民俗学的调查与研究，并加强国际学术交流。为此，举行了三次有全国各地代表参加的民俗学工作座谈会，促进继续发展各省民俗学组织建立有关机构，扩大民俗学调查研究队伍。在京召开了首届全国性的民俗学学术讨论会。并与日本民俗学界及美、苏等国家的专家进行了四次座谈与交流。编辑了会刊第三期，发展了第三批全国会员。

上述这些变化，使我国民俗学的形势，出现一个转折性的变化，开始进入比较正规的调查研究，出现许多可喜的成果，对各地民俗学工作，产生了积极的影响。

缺点是学术活动的开展还不够多，会刊编辑不够及时，会务日常工作，由于人手少、无稳定的办公地点，还存在乱的现象，学会资料建设及有些活动，亦因经费等条件，未能有大的开展。尚未有发表成果的学术园地。

● 6月，张紫晨负责编辑的**中国民俗学会第一本学术论文集《民俗学讲演集》**由书目文献出版社出版。该书主要收录了1983年"首届全国民俗学与少数民族文学讲习班"的授课内容。

● 8月20日，张紫晨代表民俗学会，以钟敬文、刘魁立、张紫晨三人的名义，向中国社会科学院科研局（张紫晨的呈送对象是"中国社会科学院科研处"，院方的回函落款公章是"中国社会科学院科研局"）递交了《**筹办"全国民俗摄影展"经费补助申请书**》，主要内容为：

中国民俗学会今年（86）工作计划已于第一季度呈报，其中有两项大的活动：1. 召开全国中青年民俗学学术讨论会；2. 在民族文化宫举办全国民俗摄影展览。今年批给我们的年度经费为柒千元，目前已收到。估计这笔经费用于会刊印刷及学术讨论会等不会有多少盈余。现在全国民俗摄影正在筹备，租用场地，扩印摄影展品，印说明书、请柬及评审、评奖等，还需一笔费用。我们尽量争取与一些单位合作，集资筹办，但仍有一定困难。今特申请补批经费伍千元，敬请核准为感。

随申请书一同递交的，还有《全国民俗摄影展览宗旨》及《征稿通知》。

1987 年

● 春节期间，中国民俗学会秘书处接待日本东京都立大学加藤千代一行4人，在通州、门头沟等地区进行了为期18天的春节习俗考查。

● 2月24日，中国民俗学会与中国民间文艺家协会共同拟定《**筹建中国各民族民间文化博物馆的构想**》，于2月27日全国政协文化组就筹建"中国各民族民间文化博物馆"在北京召开的文化界人士座谈会上，正式提交给全国政协，呼吁全国政协和全国人大采取步骤，并促成国务院具体实施。

该"构想"主要陈述了建馆的意义、目的、作用、内容范围，以及步骤设想。"构想"认为建馆的作用主要有三：一、收藏和保存我国各民族的各种民间文化艺术，分类建档，使之成为一个资料中心和研究基地；二、向年轻一代和广大群众进行民族传统和爱国主义教育；三、在国际文化交流中，发挥宣传作用。博物馆的内容范围包括：各种民间文艺、民族风俗及有关史料，包括记录手稿、录像、图片、实物收藏和展览，文献资料、图书等。在这份"构想"中，第一次提出了"**组建民俗文化基金会，进行筹款事宜**"的工作计划。

● 3月，中国民俗学会召开理事长及秘书组成员会议，就继续举办全国第二届民俗学讲习班等工作事宜进行了部署。

● 3月24日—4月2日，"**全国中青年民俗学工作者学术讨论会**"在贵阳市成都军区贵州招待所召开。钟敬文先生亲自到会，时任贵州省委第一书记的**胡锦涛同志会见了钟敬文先生**，参与会见的还有贵州省委副书记、宣传部部长、省民委领导、省文联领导等。来自全国20多个省市自治区的代表60余人,贵州省代表20余人,日本方面应邀参会的学者4人(金丸良子、田畑久夫、曾士才、中原律子),合计共89名正式代表,提交论文63篇。《贵州日报》《贵州民族报》对本次会议进行了报道。

1987年3月"全国中青年民俗学工作者学术讨论会"期间,钟敬文先生(中)与叶涛(右二)、王惕(左二)等青年民俗学者合影

　　本次会议贵州省文联出资8000元,中国民俗学会出资4000元,双方工作人员各5人。张紫晨代表中国民俗学会致开幕词。会议活动分两个阶段举行,第一阶段(3月23—29日)为会议阶段,钟敬文做了题为《民俗学漫谈》的报告,乌丙安做了题为《迎接中国民俗学的黄金时代——关于观念、方法的思考》的报告,青年学者们宣读论文和学术讨论,其间还到安顺县龙宫和镇宁县黄果树等地参观,会议结束时罗讯河代表中国民研会贵州分会致闭幕词;第二阶段是考察阶段,全体与会人员到黔东南镇远县的报京与侗族同胞一起欢度"三月三"。

1987年

1987年3月24日,"全国中青年民俗学工作者学术讨论会"与会代表合影

● 5月,应北京师范大学及中国民俗学会的邀请,联邦德国68岁的著名民俗学家、**班贝格大学家乡与民俗学系主任伊丽莎白·罗特教授来访**,其间拜访了钟敬文先生,并在北师大和北大分别做了题为《民俗学教学理论与实际》的学术报告。

罗特教授的学生、华裔德籍女学者梁雅贞博士曾在此前先期来华,与中国民俗学者座谈中德民间文化交流的问题,并应北师大和北大的邀请为民俗学专业研究生开设了"德国民俗学"课程,受到好评。梁雅贞的博士论文是有关中国翻译研究格林童话的内容。

● 7月,应中国民俗学会与北京师范大学中文系邀请,**日本国立历史民俗博物馆民俗学家坪井洋文教授、福田亚细男教授来华进行学术交流**,并分别与中国民间文艺家协会、中国社会科学院少数民族文学研究所、北京师范大学等单位进行学术交流。钟敬文先生出席了北师大的学术交流座谈会,在讲话中对日本学者表示欢迎,同时指出当代中日民俗学交流主要是研究方向与方法问题,近年来日本学者对中国少数民族文化感兴趣,但对汉民族民间文学相对忽视,这是要改进的。会后,双方学者互赠了学术著作并合影留念。

● 9月25日—10月24日,中国民俗学会在北京门头沟西峰寺门头沟民俗博物馆举办了**"第二届全国民俗学讲习班"**,历时一个月。讲习班主任张紫晨,副主任陶立璠、宋德胤、安久亮、郭子升。授课教师多达27人,其中教授、研究员9人，副教授8人，讲师1人，其他专家4人，民俗学专业研究生5人。学员来自全国17个省区，26个单位，共26人（男21，女5），学员结构为文博系统9人，科研系统5人，地方、大专院校3人，文化干部5人，年龄最小23岁，最大56岁。

讲习课程多达42讲，主要课程有罗致平的"法律民俗学"，张紫晨的"中国民俗学史"，钟敬文的"民俗学的基本理论"，马学良的"建立有中国特色的民俗学体系"，杨堃的"民俗学与民族学"，杨成志的"民俗学运动的回顾与展望"，林耀华的"普通民族学"，李春秋的"伦理学"，沈培芹的"马克思主义宗教学"，宣兆凯的"社会学""文化与社会"，李寸松的"民俗与民间工艺美术"，王富仁的"中国传统文化"，陶思炎的"中国的求子习俗"，李稚田的"民俗与大文化"，陶立璠的"民俗学概论"，常任侠的"民俗中的崇拜与禁忌"，宋兆麟的"巫教与早期文明"，宋德胤的"文艺民俗学""民俗与美学"，段宝林的"关于民俗特征的思考"，郭子升的"民俗与博物馆"，黄秀根的"汉代民俗"，尹成奎的"韩国民俗学"，王汝澜的"略谈日本的民具研究"，梁木森的"近年来中国民俗学研究概况"，连树声的"欧洲民俗学"，钟敬文、董晓萍的"民俗学的基本理论"，许钰的"民俗与民间文艺学"，等等。此外，讲习班还发放资料19种近500万字，其中含民俗学专著和论文集6种，民俗资料3种，人类学、文化学著作3种，其他资料7种。

本次讲习内容涉及民俗学的基本理论、民俗学史、民间文艺学、比较民俗学、文艺民俗学、方志民俗学和民俗学的方法论等。与民俗学有关的一些专题讲座，则有民族学、宗教学、伦理学、社会学、博物馆学等。此外，对日本、朝鲜和欧洲诸国之民俗学的介绍，也在课程设置中占据了重要地位。学习期间进行了3次参观考察、2次讨论、5次民俗资料片观摩。

课程结束时，每位学员提交结业作业1篇（最终成果含民俗调查1份、论文7篇、民俗事项研究6篇、应用民俗学探讨4篇、学习心得8篇）。张紫晨在总结报告中指出，本次讲习还存在许多不足之处，由于宣传工作做得不够，学员人数不多，导致经费紧张，加之讲习地点偏僻，交通费过多，伙食不好，课程过紧。

● 11月30日上午，中国民俗学会、中国民间文艺家协会在北京什刹海的文艺之家会堂联合举办"**中山大学民俗学会成立六十周年纪念会**"，参加会议的有50多位学者。会议由中国民间文艺家协会副主席刘锡诚主持，中国民俗学会副秘书长张紫晨做了《纪念〈民俗〉周刊六十周年》的讲话。钟敬文、容肇祖、杨成志、杨堃、贾芝出席会议并发言，会议同时还为中山大学民俗学会首任主席容肇祖先生九十诞辰举行了庆贺活动，赠送了祝寿字画。

与会学者一致认为，民俗学运动经历了无数坎坷，但经过顾颉刚等老一辈开创者和中、青年民俗学者的不断努力，终于在中国走向现代化的今天迎来学科发展的新局面，这次纪念中山大学民俗学会成立60周年，正是民俗学家团结一致、继往开来的一个标志。

● 12月20日下午，**苏联著名汉学家李福清教授访问中国民俗学会**，在北京师范大学专家楼举行了学术座谈，钟敬文、杨堃教授参加了座谈会。出席座谈会的还有张紫晨、许珏、连树声、陈子艾、李德芳、刘铁梁、田小杭，还有部分访问学者、硕博士研究生，以及正在北师大学习的印度、日本留学生等20余人。李福清介绍了近年来苏联学术界研究民间文学特别是神话和故事的情况，杨堃就女娲神话的问题与李福清进行了讨论。

1988 年

● 10月24日，中国民俗学会向中国社会科学院递交《关于召开中国民俗学会第二届全国代表大会暨学术讨论会的请示报告》以及《经费补助申请书》。"申请书"全文如下：

中国社会科学院科研局：

我中国民俗学会在您院热情关怀和领导下，已经五年，今年10月底拟召开全国第二届全国代表大会及学术讨论会。1988年度已批经费7000元，第五期学会《会刊》及会员表、证等印刷费已用去3000元，目前只余4000元。在当前的物价情况下，召开这样的全国性会议，4000元实难维持，颇感困难。因此，特再次申请，敬请再批给5000元为感。我们一定本着节约办事业的精神开好这次会议。

致礼

中国民俗学会
1988年10月24日

● 10月27日，中国社会科学院科研局针对中国民俗学会关于召开第二届全国代表大会的《经费补助申请书》批复意见如下：

中国民俗学会最初是经梅益同志批示同意成立的，因参加发起的许多老专家都是搞民族学的，所以一直由民族社会片过问这个学会的事，**但该学会实际的工作过去主要是由少数民族文学所承担的**，今年审批学术会议时，少文所和民族所都未将此次会议上报。目前会议通知已发，会期在即，建议作为特殊情况同意民俗学会召开这次年会。会议经费应由学会自行解决。

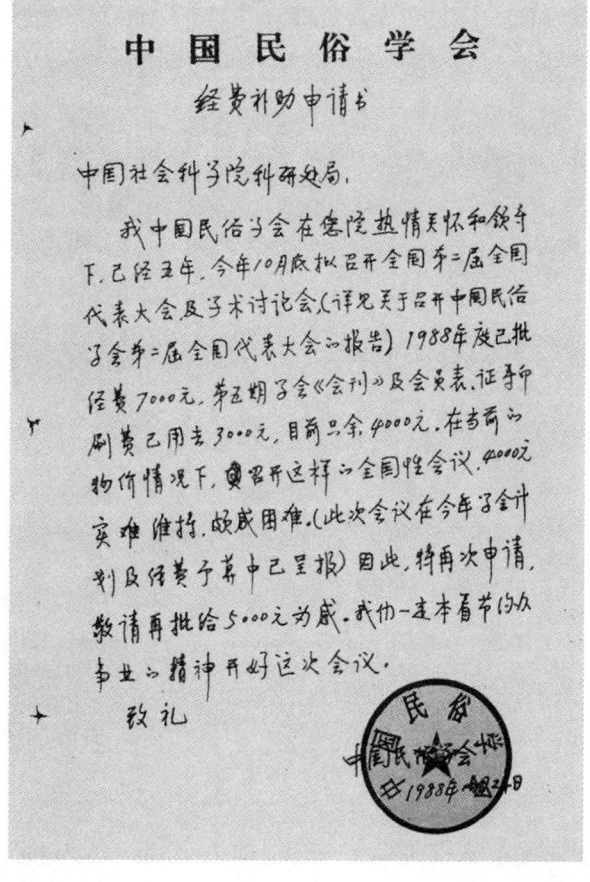

1988年10月24日，中国民俗学会向中国社会科学院递交的《经费补助申请书》

● 10月28—31日，"中国民俗学会第二届全国代表大会暨学术讨论会"在北京师范大学召开，钟敬文等80多人出席大会（正式代表62人，特邀代表10人，另有列席会议的国内外访问学者及硕博士研究生等）。会议的主要任务是总结学会5年来的工作，选举第二届领导班子，讨论今后的发展以及如何加强学科建设等问题。

本次会议共收到论文105篇，大会宣读44篇。所涉内容反映出研究领域

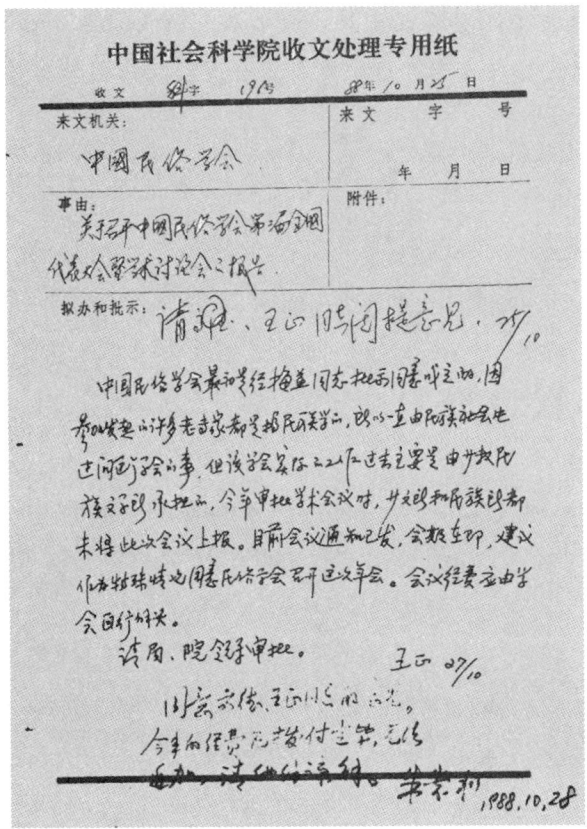

1988年10月27日，中国社会科学院科研局对中国民俗学会《经费补助申请书》的批复意见

不断扩充、众多分支学科逐渐兴起的新趋势，仅在会上提出了分支学科建设纲要的就有饮食民俗学、民俗语言学、群众文化民俗学、民俗社会学等，此外，还有旅游民俗学、政治民俗学、法律民俗学等提议。会上，田野调查的方法论得到一步强调，另有许多代表强调，民俗学研究要注意克服脱离社会实际、只追求学术研究的倾向，要积极参与社会现实的变革，研究改革开放中出现的各种新问题。

学术讨论会共进行三天，最后一天是会员代表大会。钟敬文主持了大会，张紫晨代表第一届理事会做了《开发民俗资源，加强学科建设，为开创我国民俗学事业新局面而努力奋斗》的工作报告，提出了"筹建民俗文化基金会，筹建民俗学博物馆"等工作计划。王文宝做《关于〈中国民俗学会章程〉修改的说明》的报告,梁木森做了关于学会财务工作的报告。**大会通过了新的《中国民俗学会章程》**,选举产生了第二届理事会,共选出理事会成员75人,由理事会选出常务理事17人。

第二届理事会常务理事(1988年10月31日通过):马学良、王文宝、乌丙安、白寿彝、刘魁立、宋兆麟、宋恩常、李德芳、杨成志、杨堃、张紫晨、罗致平、柯杨、段宝林、钟敬文、容肇祖、陶立璠。

第二届理事会理事长:钟敬文。

第二届理事会副理事长:马学良、杨堃、白寿彝、杨成志、容肇祖、罗致平、刘魁立、张紫晨、乌丙安。

第二届理事会秘书长:张紫晨;**副秘书长**:陶立璠、王文宝、李德芳。

第二届理事会顾问:于光远、吕叔湘、吕骥、杨宪益、吴泽霖、肖崇素、林耀华、季羡林、金克木、侯宝林、贾芝、常任侠。

1988年10月28日,"中国民俗学会第二届全国代表大会暨学术讨论会"与会代表合影

● 10月,张紫晨负责选编的**《民俗调查与研究》**由河北人民出版社出版。该书主要内容为1985年"中国民俗学会首届学术讨论会"论文选编。

1989 年

● 2月20日下午，中国民俗学会在北京师范大学召开"**中国民俗学会第二届代表大会第一次常务理事会议**"。钟敬文主持了会议，主要讨论了学会的人事增补工作，以及1989年学会工作计划。

会议表决通过增补郭子升、梁木森为中国民俗学会常务理事，通过理事长钟敬文先生的提议，增补郭子升、贺学君为学会副秘书长，通过增补丹壁扎拉僧、那顺（内蒙古）为中国民俗学会第二届理事会理事，并由下一次代表大会正式追认。会议通过了部分地方企业和科研机构与学会进行联合办会的申请，大家认为民俗学研究与有关企业等实业部门的合作是值得提倡的，有利于积极开展应用民俗学的研究，促进地方民俗学事业的发展。

● 10月18—24日，中国民俗学会、江西民俗研究会、豫章民俗博物馆联合在南昌召开"**全国第四次民俗学学术讨论会**"。来自全国20个省市自治区的75名代表参加了这次以"中南区域民俗研究"为主题的学术研讨会，他们分别来自汉、蒙古、回、苗、彝、白、土家、哈尼、锡伯、维吾尔、达斡尔等10多个民族。大会共收到论文120余篇，遴选出会议论文73篇。

钟敬文先生在贺信中总结了10年来的成绩："全国三十多个省、直辖市，已经有一半以上成立了省、市级的民俗学机构，有的省、市的地县也建立了这种机构。在高校方面有不少的大学的文科院系民俗学社。民俗博物馆也在乘时兴起。"同时指出："无论如何，**我们必须在今后的民俗学工作中尽可能加强计划性**，加强合作的共同商讨。这绝不是一种等闲的设想。"张紫晨在开幕词中说："这次全国民俗学学术讨论会的中心议题是关于中南地区民俗文化的研究，兼及民间信仰方面的探讨，明年还将准备召开以北方民俗文化为主的学术讨论会。**今后将逐步走上范围更为具体的区域民俗文化的研究，这是我国民俗学在恢复十年之后的一个新的发展趋势**。这次学术讨论会算是这个转折的第一步。民俗学的研究除基础理论研究和比较民俗学研究之外，总是对一个地区、一个民族或一个文化带的民俗事项的具体研究。"

宋兆麟、陶立璠、李德芳、郭子升等参加了讨论会，会议期间还组织代表前往豫章民俗博物馆以及庐山参观考察。《江西日报》和《南昌晚报》均在头版位置做了会议报道。

1989 年 10 月 19 日，"全国第四次民俗学学术讨论会"与会代表合影

● 10 月，经学会常务理事会讨论决定成立"**中国民俗文化基金会**"。启功先生题签"中国民俗文化基金会"。中国民俗学会发布《中国民俗文化基金会章程（草案）》，明确基金会的宗旨为："弘扬和发展中华民族优秀的民俗文化传统，推动中国民俗学事业的发展。通过'基金会'资金资助，促进中国民俗文化的调查、搜集、保存、研究；学术著作的出版；民俗文化事业的建设；加强国际学术交流与合作。"

钟敬文先生以"中国民俗学会理事长"的名义发布了《**为建立中国民俗文化基金会致全体会员的公开信**》，信中提道："由于经费困扰，使民俗的有计划发掘、搜集、保存工作无法进行，许多有价值的研究课题无法开展，已完成的学术著作、研究成果不能问世，民俗文化的开发应用，国际的学术交流与合作受到影响。"因此决定集社会之财力，汇涓流于大海，向全体会员和社会贤达发出呼吁，开展募捐活动。民俗文化基金会总部及办事机构暂设北京师范大学中文系，具体责任人为陶立璠。

● 11月6日，经中国民俗学会秘书处研究，中国民俗学会复函首届中国民族民间剪纸大赛筹备委员会，就关于申请成立中国民俗学会民间剪纸家联谊会的报告做出答复，同意将联谊会挂靠中国民俗学会，同意会名为"**中国民俗学会民间剪纸家联谊会**"，同意刻制并使用"中国民俗学会民间剪纸家联谊会"图章，联谊会日常工作由陶立璠、贺丰主持。

1990 年

● 3月1—20日，中国民俗学会与日本国立历史民俗博物馆合作组成的"中日江南农耕民俗文化联合考察"进行第一阶段考察。考察团日方团长福田亚细男，团员有岩井宏实、小林忠雄、福原敏男、桥本裕之、矢放昭文、佐野贤治、小熊诚；中方团长张紫晨，副团长陶立璠，团员有刘铁梁、周星、白庚胜、何彬、巴莫曲布嫫、尹成奎、周正良、朱秋枫等。20多位中日民俗学者一起在中国江苏常熟市白茆乡、浙江兰溪市殿山乡、丽水市龙江乡畲族村落等地进行农耕民俗调查，调查内容包括四个部分：一、村落社会与生活空间；二、人生仪礼与他界观；三、民间信仰与农耕仪礼；四、语言传承与艺能。

该活动源于1987年，由日本历史民俗博物馆坪井洋文、福田亚细男访问北京时提出，得到钟敬文先生支持。考察活动计划进行为期3年的江南稻作农耕民俗文化考察与研究，以1992年3月出版调查论文集《中国江南的民俗文化》作为结束。后因坪井洋文先生去世，由福田亚细男先生负责具体落实该计划。

● 12月1—15日，"中日江南农耕民俗文化联合考察"中方考察人员第一次赴日考察，参与民俗实地调查作业，以期进行中日民俗的比较研究。其间受到了日本国立历史民俗博物馆、筑波大学、冲绳县读谷村等部门的大力协助。

1991 年

● 3月10—28日，中国民俗学会与日本国立历史民俗博物馆合作组成的"**中日江南农耕民俗文化联合考察**"进行第二阶段考察。考察团先往浙江金华兰溪姚村，19日转往丽水县山根村考察。

● 4月，由中国民俗学会、温州市民俗学会联合主办的"**中国首届渔岛民俗专题学术讨论会**"在浙江省玉环县坎门镇召开，来自全国各地的40余名代表参加了会议。中国民俗学会秘书长张紫晨、温州民俗学会会长叶大兵分别主持了会议。

这是我国民俗学研讨中一次有意义的尝试和创举。多数论文围绕渔岛民俗展开讨论，对渔民民俗活动中诸如信仰、祭祀、禁忌、服饰、饮食、婚嫁、丧葬、娱乐，以及生产民俗做了全方位的展示，提出了许多新的学术见解和有价值的思考。大会期间还安排了考察活动，访问了渔村渔民。

● 5月30日，中国民俗学会副理事长、中央民族学院教授**杨成志先生逝世**，享年91岁。

● 10月，中国民俗学会举办了"**杨堃先生诞辰90周年庆祝活动**"，对杨堃先生的道德文章、科学贡献多所称颂，参与活动的同仁一致表示应该学习杨先生的严谨学风和为祖国民俗学事业献身的精神。

● 12月1—15日，"**中日江南农耕民俗文化联合考察**"中方考察人员第二次赴日考察。考查地点主要为佐仓市饭塚地区、茨城县牛久市农村、冲绳县读谷村。

1992 年

● 3月5日，中国民俗学会副理事长兼秘书长、北京师范大学教授**张紫晨先生逝世**，享年63岁。

● 3月20日，中国民间文艺家协会、中国民俗学会联合举行座谈会，**庆贺钟敬文先生从事学术活动70周年**。

● 3月，由福田亚细男教授主编的《**中国江南的民俗文化——日中农耕文化的比较**》（日文，日本国立历史民俗博物馆）如期出版。这是1990—1992年中日联合民俗考察的学术成果。

该计划得到了中国社会科学院、北京师范大学、江苏省社会科学院、浙江省文联等单位的大力支持。双方学者在共同目标和统一计划之下，混合编组、同吃同住、共同考察、互帮互学、如切如磋，最终以考察成果结集出版的方式结束活动。**这是一次成功的国际学术合作范例。**

● 5月12日，由中国民俗学会协办，国家文物局主办的"**全国民族、民俗博物馆专业培训班**"在山东泰安国家文物局泰安培训中心开学，培训时长1个月，6月12日结业。培训目的是使民族、民俗博物馆工作人员能比较系统地学习民俗学和民族学基础知识，提高业务理论水平。

53名学员分别来自24个省市自治区的14个民族，年龄悬殊较大，文化水平不一，加大了讲课难度。培训课程和教师均由民俗学会推荐，共设5门课程，"民俗学概论"由陶立璠主讲，"民俗学与民间文学、历史学"由段宝林主讲，"民族学通论"由陈克进主讲，"文化人类学方法论"由李稚田主讲,"日本民俗学和民俗博物馆"由王汝澜主讲,"博物馆和博物馆学"由郭子升主讲。授课之余,培训班还组织学员在泰安附近采风,到曲阜等地参观访问,召开经验交流会等。结业时要求学员提交学习心得或学术论文。

● 6月3—7日,端午节期间,由中国民俗学会和四川民俗学会共同主办的**"巴蜀民俗文化学术研讨会"**在四川省德阳市举行。与会代表100余人,分别来自6个省市,提交会议论文近40篇,四川民俗学会名誉会长、中国民间文艺家协会主席冯元蔚以及四川省政协主席、四川民俗学会会长廖伯康等人参加了会议。中国民俗学会副秘书长王文宝代表中国民俗学会参加了会议。

● 9月16日,钟敬文主持召开中国民俗学会秘书处会议,出席会议的有副理事长刘魁立,副秘书长陶立璠、王文宝、郭子升,以及秘书处成员刘铁梁等7人。

会议讨论了六个议题:一、1993年5月学会成立10周年的庆祝活动;二、学会在民政部办理登记手续问题;三、新会员的审批问题;四、以学会名义出版书刊的问题;五、学会与北京师范大学联合举办祝贺钟先生从事学术活动70周年大会的筹备问题;六、秘书处工作班子的问题。

鉴于学会秘书长张紫晨先生去世,钟敬文先生宣布增加宋兆麟、刘铁梁二同志为副秘书长,同时任命李德芳、陶立璠、刘铁梁三位同志为常务副秘书长,考虑到李、陶二人事务工作较多,**由刘铁梁作为秘书处召集人,负责学会日常工作**。

郭子升汇报了新会员的情况,既有会员约900人,另有200余人新申请入会。陶立璠对"中国民俗文化基金会"的情况做了说明,陶立璠收到31位捐款人款项共4485元,赵淑兰收到39位捐款人款项共3320元。

● 9月26日,由中国民俗学会与北京师范大学共同主办的"**庆祝钟敬文教授从事教学与学术活动七十周年暨九十寿辰**"大型学术座谈会在北京师范大学英东楼学术会堂隆重举行,钟先生好友夏衍、谢冰心、启功、孙大光、林默涵、张岱年、季羡林、廖辅叔、臧克家、马学良、张庚、缪钺、程千帆、林林、尹廋石、阮章竞、金开诚等纷纷写来贺词，社会各界以及美国学者欧达伟教授、日本学者佐野贤治教授、韩国学者崔仁鹤教授等国际友人近300人参加了学术座谈，大会共收到相关学术论文近100篇，刘魁立做大会主题报告。

参加会议的文化界领导和社会知名人士有周巍峙、周之良、方福康、甘英、启功、杨国昌、马学良、杨堃、林耀华、林林、金开诚、刘乃和等，会议由北京师范大学副校长许嘉璐与中国民俗学会副理事长刘魁立共同主持。

1993 年

● 1993年初公布的《中国民俗文化基金会第一批捐款人名单》中,共有75名捐赠者,其中**中国民俗学会会员、著名喜剧演员陈佩斯捐赠**3000元,中央民族学院汉语言文学系捐赠1000元,钟敬文和启功两位先生各捐赠500元,其余69位中国民俗学者和2位日本学者分别捐赠5元至300元不等。

● 1月18日上午,刘铁梁主持召开了秘书处工作会议。秘书处检查了前一阶段的工作,如学会向民政部重新登记的工作、会刊进度、发展新会员工作、筹款事项等。主要讨论了筹备第三次全国代表大会的工作,准备成立前期筹备小组,小组成员有贺学君、吴宝良、朱雄全、董晓萍等,暂拟会议主题为"民俗文化传统与当代生活"。

● 3月,**民政部准予中国民俗学会注册登记**,颁发了登记证书,中国民俗学会作为全国性的具有法人地位的学术团体,得到了政府主管部门的确认。此前,中国民俗学会根据《中华人民共和国社会团体登记的有关规定》,经过一段认真的准备之后,于1992年正式向民政部提交了申请登记的报告并履行了有关手续。

● 10月26—29日,"中国民俗学会第三届全国代表大会暨第五次学术讨论会"在中央民族学院正式开幕,**大会主题是"民俗文化传统与当代生活"**。26日上午,罗致平主持开幕式,钟敬文先生致开幕词。中央民族学院副院长梁庭望和北京师范大学副校长杨国昌分别致辞,高度评价了中国民俗学会在促进社会主义两个文明建设和培养高层次民俗学人才、增进各民族团结、开展国际文化交流等方面的贡献。来自全国各地的民俗学会代表以及中国民间文艺家协会、中国民族学会等单位的代表近百人出席了开幕式。

学术讨论会于 26 日下午开始，到会代表计有 103 人，钟敬文先生做了题为《民俗学研究的现状与发展方向》的报告，乌丙安做了题为《关于访问日、德、韩等国家及台湾等地区的简要汇报》的报告，日本东京都立大学渡边欣雄教授介绍了日本民俗学研究与北海道民俗研究的情况，他认为日本民俗研究有一个"北海道视角"的问题。

学术讨论在基础理论、田野调查和应用研究诸方面均有可喜成绩，学术讨论有三个特点：一、强调利用地方历史、地理、社会环境和人文资源，研究地方民俗文化；二、强调民族文化传统，注意中国民俗学自身理论的特点，不生搬硬套国外理论与方法；三、献计献策，鼓励民俗学团体组织建设的多元一体学术发展。

28 日主要是听取报告和讨论学会工作。刘魁立受理事会委托做了题为《深入开展民俗的调查与研究，为建设有中国特色的民俗学而继续努力奋斗》的工作报告，王文宝做了《关于〈中国民俗学会章程〉修改的说明》的报告，田小杭做了《中国民俗学会第二届理事会工作期间的财务工作》的报告。

刘魁立报告分三个部分：五年来的学会工作、五年来我国民俗学发展的形势、对学会今后工作的建议。报告中提到，五年来共吸收新会员 500 余人，使会员总数达到 1259 人。学会的国际交往与合作取得了喜人的进展，先后接待了来自苏联、新加坡、美国、日本、韩国、蒙古国、俄罗斯、澳大利亚等国来访的民俗学、民间文学代表团和民俗学家，其中有李福清、邓迪斯、福田亚细男、任东权、崔仁鹤、戈察尔、戈姆扎多夫、贺大卫等著名学者，学会为他们举办了学术报告会或座谈会；受国外民俗学界的邀请，中国民俗学会也有几十名会员出席了域外的一些重要国际学术会议，或出国研修、讲学和访问。"中国民俗文化基金"的捐赠额已达 80 人计 12,495 元。

多数代表认为，民俗学者应该加强对各民族各地区民俗的专题研究，加强建设中国特色民俗学理论体系的意识；民俗学会应该加大宏观指导的力度，依托有关科研机构进行联合攻关，做出一些切实可行的学术规划；应该力争建立国家级民俗博物馆；应该更好地与国际学术机构进行联系与合作。还有些同志指出，民俗研究要进一步走上正轨，一个关键问题是要把研究建立在充分、可靠的田野作业基础之上，现在是强调这个问题的时候了。

29日上午召开全体大会，**大会通过了新的《中国民俗学会章程》**，进行了理事会换届选举。大会选出了99人组成的中国民俗学会第三届理事会（此外还为海南、台湾等地保留3—5名理事名额），新的理事会随即召开第一次会议，选出30位常务理事，再由常务理事推举理事长和副理事长。换届选举结束之后，钟敬文先生致闭幕词。

第三届理事会常务理事（1993年10月29日通过）：马学良、王文宝、乌丙安、叶大兵、叶春生、叶涛、田小杭、刘铁梁、刘魁立、杨知勇、杨堃、李晖、李惠芳、吴景春、宋兆麟、宋德胤、张振犁、阿不都秀库尔·吐尔迪、陈勤建、周星、柯杨、钟敬文、段宝林、贺学君、郭子升、徐华龙、陶立璠、曹振武、塔娜、董晓萍。

第三届理事会理事长：钟敬文。

第三届理事会副理事长：杨堃、马学良、刘魁立、乌丙安、宋兆麟、张振犁、柯杨、段宝林、陶立璠、王文宝。

第三届理事会秘书长：刘铁梁；**副秘书长**：贺学君、周星、董晓萍、田小杭。

第三届理事会顾问：于光远、王平凡、白寿彝、吕叔湘、吕骥、杨宪益、肖崇素、林耀华、罗致平、季羡林、金克木、姜彬、费孝通、贾芝、容肇祖、常任侠。

1993年10月26日，"中国民俗学会第三届全国代表大会暨第五次学术讨论会"与会代表合影

1994 年

● 1月23日，中国民俗学会顾问、中国社会科学院研究员**容肇祖先生逝世**，享年98岁。

● 2月2日，钟敬文先生主持在京常务理事会议，讨论学会工作的建议和分工。到会理事有马学良、刘魁立、宋兆麟、段宝林、陶立璠、王文宝、刘铁梁、贺学君、周星、董晓萍、郭子升、田小杭、王增勇、赵淑兰。议决事项有：一、与山东省民俗学会联合召开中国民俗学会1994年年会；二、出版不定期集刊《中国民俗学研究》，第一辑主要收选学会第三次代表大会论文；三、通过《中国民俗学会关于设立专业委员会或研究委员会的若干规定》；四、常务理事工作分工，会刊和集刊编辑由钟敬文、王文宝、董晓萍、乔继堂负责，学术研究活动由刘魁立、段宝林、宋兆麟、周星负责，基金会由陶立璠、田小杭、王增勇、叶大兵、叶春生、吴宝良负责，联络协调由刘铁梁、郭子升、贺学君、赵淑兰、高丙中、尹成奎负责；五、可考虑在适当时机进行学术成果评奖活动。

● 3月3日，学会拟定《**中国民俗学会关于设立专业委员会或研究委员会的若干规定**》，规定专业委员会的准入条件为：一、该研究领域或分支学科应具有明确的民俗学性质；二、学术队伍和群众基础不少于100人；三、有确定的主管单位；四、有经费来源。

● 5月11日，学会秘书处向在京常务理事汇报工作，与会人员有宋兆麟、段宝林、陶立璠、王文宝、刘铁梁、郭子升、周星、董晓萍、田小杭、王增勇、刘志九。主要议题有：一、审定《中国民俗学会关于设立专业委员会或研究委员会的若干规定》；二、汇报年会筹备情况；三、汇报会员登记表整理情况；四、审议学会向民政部递交的1993年年检报告；五、审议学会拍摄民俗文化系列专题电视片事宜；六、审议学会办《中华民俗报》事宜。

● 9月18—24日，经中国民俗学会批准，"**中国民俗学会民俗博物馆专业委员会成立大会暨全国民俗（民族）博物馆工作学术研讨会**"在山西省河边镇阎锡山故居隆重举行。宋兆麟、刘铁梁、张建新、郭子升、田小杭、曹振武、顾道馨、刘晓蓉，以及来自全国21个省市自治区的民俗（民族）博物馆领导、专家共50多人出席了会议。

1994年9月18日，"中国民俗学会民俗博物馆专业委员会成立大会暨全国民俗博物馆工作学术研讨会"在山西省河边镇阎锡山故居举行

大会由张建新主持，宋兆麟致开幕词，刘铁梁代表中国民俗学会致辞，郭子升致闭幕词。会后到定襄县城观看了富有当地特色的中秋之夜民间歌舞晚会，22—23日专程前往东峪山区和五台山进行了民间采风。当地报纸、电视台等新闻媒体对大会开幕式进行了报道。

与会代表选出了由35人组成的中国民俗学会第一届民俗博物馆专业委员会，**委员会选出专业委员会主任为宋兆麟**，副主任为安廷山、吴正光、张建新（常务）、郭子升、黄炳元。委员会聘任王维东担任秘书处秘书长。

自此以后,以山西河边民俗博物馆为常设机构的专业委员会,负责联系各兄弟单位,分别在黔东南民族博物馆(1995)、黑龙江省民族博物馆(1996)、云南省民族博物馆(1997)连续召开研讨会,有力地促进了民俗博物馆事业的巩固和发展。

● 9月,由中国民俗学会编辑(陶立璠执行)的**《中国民俗学研究》(第一辑)** 由中央民族大学出版社出版发行。该书为1993年"中国民俗学会第三届全国代表大会暨第五次学术讨论会"论文选编。

● 11月8—11日,由中国民俗学会、山东省民俗学会、山东大学和山东省乳山市电大联合举办的"**中国民俗学1994年学术研讨会**"在乳山市召开,会议主题是"民俗学田野作业的理论认识和科学方法"。会议由学会副理事长张振犁致开幕词,陶立璠在闭幕式上做总结报告。柯杨、李万鹏、西敬亭、刘铁梁、叶涛、王增勇、李晖、宋德胤、曲金良等参加了会议。

1994年11月8日,"中国民俗学1994年学术研讨会"在山东省乳山市举行

来自全国 18 个省市的 80 名代表共宣读了 50 篇论文，内容大致涉及五个方面：一、田野作业方法的重要性、理论认识、经验总结，计 29 篇；二、地方民俗调查报告和资料综述，计 8 篇；三、古代民俗资料整理和古代民俗调查史，计 3 篇；四、民俗文物资料搜集和利用，计 3 篇；五、民俗发展新趋势，计 7 篇。会后安排代表们在背山面海的到根见村进行了现场调查。

● 11 月 10 日，张振犁主持召开了乳山会议到会理事会议，与会理事有柯杨、陶立璠、刘铁梁、叶大兵、李万鹏、叶涛、宋德胤、李晖、刘兆元、刘志文、张建新、顾希佳。会议听取了刘铁梁代表秘书处所做的工作汇报，陶立璠对《中国民俗学研究》（第一辑）的编辑出版做了说明，会议协商了从乳山会议论文中选编第二辑的办法。理事们建议配合 1995 年"民俗风情旅游年"召开一次"民俗与旅游——民俗旅游资源的开发与论证"学术研讨会。

● 12 月 1 日，中国民俗学会秘书处在清理会员会费情况时发现，不少会员从未交纳过会费或欠交年度会费，这是造成学会经费紧缺的重要原因，因而发布**《关于交纳会费的通知》**，通知会员每年应向学会交纳 5 元会费，交纳 100 元以上可作永久性会费。

1995 年

● 年初，由中国民俗学会民俗博物馆专业委员会主办的不定期内部刊物《民俗博物馆学刊》创刊。该刊由宋兆麟担任主编，张建新担任执行主编，秘书处负责编辑工作。该刊为大16开，每期120页，总容量10余万字。该刊前后共出版8期，刊载论文数百篇。

● 6月19—23日，"**中国民俗学会民俗博物馆专业委员会第二届年会**"在贵州省凯里市黔东南苗族侗族自治州民族博物馆举行。民博委副主任张建新、安廷山，贵州省黔东南苗族侗族自治州州委书记杨光林、政协主席姚学礼、民委主任杨昌才，以及全国40余位代表出席了年会。会议期间，代表们考察了黔东南民族博物馆和施洞苗族龙舟节。

● 11月6—11日，由中国民俗学会、江西省社会科学院、江西省中国民俗文化研究中心、上饶市城乡建设委员会主办的"**首届民俗文化与民俗旅游国际学术研讨会**"在江西省上饶市举行。乌丙安、柯杨、刘锡诚、余悦等来自包括台湾在内的15个省市自治区以及日本、美国、韩国的100多位专家学者参加了会议，共提交论文80余篇。中国民俗学会理事长钟敬文先生以及台湾"中国民俗学会"名誉会长娄子匡先生分别发来贺词，江西省委宣传部、江西省社会科学院以及上饶地区行署均有主要领导出席会议。

与会学者围绕走向21世纪的民俗文化、民俗旅游的研究与开发、区域民俗文化与周边文化关系等话题进行了讨论。对当代中国民俗文化的剧变和未来走向、民俗旅游的价值取向和创意、民间信仰的传承与嬗变、区域民俗文化的特质与异变、中外民俗文化比较等方面的问题，提出了一些建设性的意见。

1996 年

● 3月19—22日，中国民俗学会、中国旅游文化学会、河北省民俗学会组织了35位学者联合**考察河北赵县范庄"二月二龙牌会"**，并与范庄镇政府和村民代表进行了座谈。范庄镇镇长刘风昌希望与会专家能坦诚地提出看法与建议，以求通过对龙牌会的考察研究，把整个范庄镇的发展，再推上一个新的台阶。

龙牌会会头代表刘拴皂介绍了龙牌会的历史和现状。学会秘书长刘铁梁认为，范庄龙牌会蕴含着丰富的文化内涵，学者们对龙牌会的组织状况、关系协调、操作运行、政府行为的影响及群众愿望等问题，还需要长期、深入的调查。宋兆麟认为，范庄龙牌会具有饮食、经济、娱乐、教育等多种功能，但也不能否认包含迷信成分。陶立璠从范庄龙牌会是正月二十五，而不是通常的二月二这点出发，认为龙牌会可能与村庄的形成有关。董梦知、罗汉田、郭子升，以及美国学者林思安、韩国留学生洪熹也分别在会上发了言，称赞龙牌会的盛况。

● 5月20—24日，中国民俗学会、中国俗文学学会、辽宁省社会科学院、东北大学在辽宁省新民市联合举办了"**首届'语言与民俗'国际学术研讨会**"，来自国内外的专家学者40余人共提交了30余篇论文参会。中国民俗学会副理事长乌丙安、王文宝等参加了会议。

会议主要议题为：一、语言与民俗；二、民俗语言与社会生活；三、跨文化交流中的民俗语言问题；四、隐语行话与社会文化、社会犯罪；五、民俗语言学基础理论与分支领域；六、汉语民俗字问题；七、体态语、非言语符号、副语言习俗；八、传统招幌、市声民俗与现代民俗语言广告艺术；九、其他有关的跨学科交叉研究。大会期间还邀请著名书画家、艺术家进行了民间绝艺、杂技表演。

大会专家组对参会的民俗语言学著作和论文，以及十余年来的民俗语言学著述进行了评奖。评出著作类一等奖：《民俗语言学》（曲彦斌）、《中国民俗学史》（王文宝）、《中国民间隐语行话》（曲彦斌）、《中国民间信仰》（乌丙安）；辞书类一等奖：《北京土语辞典》（徐世荣）、《中国隐语行话大辞典》（曲彦斌）；丛书类一等奖：《中国民俗语言文化丛书》（曲彦斌）；论文类一等奖：《金瓶梅难解隐语析疑》（傅憎享）、《民俗语言学的创建与拓荒》（乌丙安）、《民俗语言在俗文学作品中的重要地位》（王文宝）、《山西理发社群行话的研究报告》（侯精一）、《民俗学、民间文学离不开语言学》（马学良）、《民俗语言学新论》《口彩略论》（曲彦斌）、《满语中动物词语的文化含义》（赵阿平）、《当代犯罪隐语的特点及识别》（阎贵臣）、《中国东北的婚丧习俗与民俗隐语》（戴昭铭）、《流行习俗与新词语》（邱广君）、《中国民俗语言学研究概况》（李铁根）等。其中辽宁省社会科学院曲彦斌独得所有四个项目五个一等奖。

● 8月25—29日，"中国民俗学会民俗博物馆专业委员会第三届年会"在哈尔滨市黑龙江省民族博物馆举行。民博委副主任郭子升、张建新、吴正光、黄炳元，以及来自全国各地的60多位代表出席了会议。会议期间，代表们还考察了黑龙江省博物馆、黑龙江省民族博物馆和"七三一"纪念馆，观赏了东北大秧歌和二人转。

会后，民博委组成了以宋兆麟主任为组长的9人评奖委员会，对前三届年会的150多篇论文进行评奖。11月，由张建新副主任主持在武汉中南民族学院召开评奖会议，评出36篇获奖论文。1998年11月，作为纪念中国民俗学运动80周年，迎接中国民俗学会第四届全国代表大会召开的献礼，将论文汇编成《中国民俗学会民俗博物馆专业委员会学术年会获奖论文集》内部发行。

● 9月9—20日，北京师范大学中国民间文化研究所承办了由国家教委师资培训中心委托的"**首届中国民间文化（民俗学）高级研讨班**"。来自全国22个省市自治区的33名学员（男25，女8）参加了高研班学习，另外，先后有北京地区的高校教师、硕博士研究生30余人参加旁听或工作。该班共有13位学者开设了17次讲座，组织了5次讨论和6次录像教学。钟敬文先生亲自向学员们颁发了"高级研讨班合格证书"，并赠送了《钟敬文学术论著自选集》等学术著作。

研讨班主要讲座有：钟敬文《对中国当代一些问题的看法》、季羡林《中印民间文学的关系》、崔仁鹤（韩国）《民俗学与比较民俗学》、欧达伟（美国）《西方史学界的下层文化研究》、乔健《关于研究中国下层社会阶级的理论与实际》、洪长泰（美国）《通俗文化与抗战——从漫画看历史》、宋兆麟《积极开展民俗文物的研究》、王铭铭《在日常生活中发现史诗——中国民间文化研究与多元史观的建构》、伊藤清司（日本）《民间故事的传播与其变异》及《巫术与习惯法》、许钰《作为民俗学对象的民间故事》、刘魁立《历史比较研究法和历史类型学研究》、陈子艾《当代民间宗教信仰的特点与功能》、刘铁梁《走向村落的田野作业》等。

1998年12月，钟敬文主编的《中国首届民间文化高级研讨班民间文化讲演集》由广西民族出版社正式出版。

● 10月，由中国民俗学会编辑（陶立璠执行）的《**中国民俗学研究**》（**第二辑**）由中央民族大学出版社出版。该书为"中国民俗学1994年学术研讨会"论文选编，主题为"民俗学田野作业的理论认识和科学方法"。

1997 年

● 4月28—29日，中国民俗学会与北京师范大学在北师大英东学术会堂隆重举行"**钟敬文教授 95 寿辰及学术思想座谈会**"。座谈会由北师大副校长郑师渠主持，校长陆善镇、校党委副书记范国英出席会议致贺。中国民俗学会副理事长，中国民间文艺家协会副主席刘魁立代表民俗学与民间文艺学界做了发言。

出席会议的校内外知名专家学者还有季羡林、张岱年、启功、王梓坤、尹瘦石、林林、陈原、贾芝、林默涵、冯亦代、林耀华、马学良、黄苗子、王蒙、萧璋、何兹全、刘乃和、龚书铎、廖辅叔、姜德明、陈毓罴、许觉民、乐黛云、金开诚、郭预衡、王平凡、欧达伟（美国）等。张振犁、乌丙安、李惠芳、高有鹏等专程从外地赶来，并在第二天的座谈会上发了言。来自各大高校及科研机构的师生代表共 100 余人参加了会议。会议推出了"钟敬文研究"的高质量学术论文多篇，会后分别发表于不同的学术刊物。

● 7月26日，中国民俗学会副理事长、中国社会科学院研究员**杨堃先生逝世**，享年 97 岁。

● 8月23—24日，中国民俗学会应邀组团出席了由韩国民俗学会在果川市召开的"**第二届国际民俗学大会**"。大会讨论的主要议题是"**亚细亚地区文化遗产的保存与传承**"，来自中国、日本和韩国的 50 余名专家学者出席了会议。

中国文联主席周巍峙做了《创建中华民族文化长城，将无形资产变为有形财富》的演讲,刘铁梁做了《中国民俗学发展的几个阶段》的演讲,色音做了《论蒙古族现代民俗学的形成与发展——以内蒙古为中心》的演讲。应邀与会的中国学者还有叶涛、邢莉、卢国龙、金锦子等。8月25日,与会中日学者参观了位于龙仁市的韩国民俗村。

● 11月5—9日,"中国民俗学会民俗博物馆专业委员会第四届学术年会"在云南省昆明市云南民族博物馆举行。年会由该委员会主任宋兆麟主持,云南省副省长戴光禄致欢迎词,中国民俗学会秘书长刘铁梁致开幕词,对民博委自1994年成立以来的工作做了"提高学术、促进协作、增强效益"的高度概括。云南省政协主席赵廷光、省民委主任马立三等党政领导出席了开幕式。

来自全国民俗、民族博物馆的90多位代表出席了会议,提交论文74篇,主要围绕民俗文化与现代化、文物的保护与利用两个主题展开了讨论。会议还发出了《关于加强民族民俗文物的保护和利用的倡议书》,呼吁全社会"要以高度的责任感、神圣的使命感、强烈的紧迫感,加强民族民俗文化的保护和利用,弘扬祖国优秀的民族文化"。会议期间,代表们参观了云南民族博物馆、云南民族村、云南省博物馆,游览了金殿和世博会筹备基地等。

1997年11月5日,"中国民俗学会民俗博物馆专业委员会第四届学术年会"与会代表合影

1998 年

● 8月1—6日，由中国民俗学会、山东省民俗学会、北京大学人类学与民俗研究中心、山东大学民俗学研究所、青岛市文化局、青岛市文学艺术界联合会共同举办的"**海洋民俗文化学术研讨会暨山东省民俗学会1998年学术研讨会**"在青岛市崂山风景区双星度假村召开。乌丙安、柯杨、刘铁梁、王铭铭、齐涛、刘德龙、李万鹏、山曼、叶涛、李扬等著名民俗学者出席了会议。

这次会议是我国学术界首次召开关于海洋民俗文化方面的专题研讨会，来自北京、天津、上海、广东、福建、江苏、辽宁、甘肃、陕西和山东的80多位专家学者共提交论文53篇，主要内容为海洋民俗研究和山东地方民俗研究两个部分。8月4日，代表们冒着倾盆大雨乘车来到即墨市小龙山，参观考察根据秃尾巴老李传说而修建的龙王庙。

● 9月26日和10月31日，**中国民俗学会在京理事**先后两次在北京师范大学中国民间文化研究所举行会议，讨论第四届会员代表大会召开的时间、地点、人数、基本任务和议程等问题。两次会议的到会理事有钟敬文、刘魁立、段宝林、宋兆麟、王文宝、陶立璠、郭子升、刘铁梁、贺学君、董晓萍、田小杭、叶涛、连树声、丘桓兴、程蔷、孟慧英、高丙中、李露露、吴宝良、王增勇、巴莫曲布嫫、安德明、刘宗迪等。两次会议均由刘魁立主持。

● 11月，日本民俗学会会长福田亚细男在北京师范大学举办了为期两周的"**福田亚细男教授民俗学系列学术讲座**"，其间，中国民俗学会在京理事会特别安排了与福田亚细男夫妇的见面活动。

● 12月24—26日，"**中国民俗学会第四次全国代表大会暨中国民俗学运

80周年纪念大会"在北京隆重举行,来自全国各地的140多位会员代表和20多位非会员特邀代表参加了大会。柯杨主持开幕式,刘魁立致开幕词。北京师范大学副校长郑师渠在致辞中说:"拥有近2000名会员的中国民俗学会,是一个具有广泛群众基础和较大社会影响的全国性学术团体。她现在挂靠北京师范大学,这是我校的光荣。多年来,我校一直向中国民俗学事业的发展与繁荣提供支持和帮助,努力把北京师范大学建设成为培养民俗学高级人才和专门学者的基地。"

钟敬文先生在会上做了《建立中国民俗学学派刍议》的主题报告,就建立中国民俗学学派的必要性与可能性、中国民俗学学派的特殊性格、旨趣和结构体系,以及今后的发展方向等问题进行了全面的阐述,**正式提出"建立中国民俗学学派"的口号**。代表们围绕着该报告进行了热烈的讨论和学习。代表们一致认为,"中国民俗学派"的提出,对于当前乃至下个世纪中国民俗学的发展,都有十分重要和深远的意义。报告中提出的一系列观点,如"**多民族一国民俗学**"、保持和发扬中国民俗学的主体性等,均得到代表们一致赞同。段宝林在闭幕词中说:"这一重要报告,通过热烈的讨论,已经成为大家的共识,这就使这次大会成为中国民俗学发展历程中一个重要里程碑,必将引导中国民俗学进入一个新的时代。"这篇报告成为钟先生随后的《建立中国民俗学学派》(黑龙江教育出版社,1999年)一书的雏形,在中国民俗学界引起了广泛的学习和讨论。

与会代表听取了学会秘书长刘铁梁的《中国民俗学会第三届理事会工作报告》,听取了副秘书长周星的《关于修改〈中国民俗学会章程〉的几点说明》,听取了副秘书长田小杭所做的学会财务报告。刘铁梁在报告中提到:"学会在坚持原则的前提下,开始比较灵活地与市场建立过程中的外部领域相接触,试图扩展生存空间,得到各界人士的理解与支持。学会经费虽然仍存在困难,但比较五年以前还是大有改善。**我们学会的经费来源已不单纯依靠国家的少量拨款**,还有下设实体交纳的管理费、通过组织项目而获得的科研赞助款等。……学会队伍五年里继续发展壮大,**会员人数已由上次代表大会时的1259人增加到1531人**,其中少数民族会员388人,分属39个民族,女同志有241人。我们在全国性专业学会中可能是人数最多,因而也是群众性基础最为广泛的学会之一。……由于我们的成就,也由于我们学会的影响,现在民俗学已成为国务院学位工作委员会颁布的硕、博研究生培养学位专业目录中**独立的二级学科**。这实际也是对中国民俗学走向发达的一个肯定。"代表们在通过三个报告的同时,也对工作报告和修改会章的报告提出了一些修改和补充意见。大会通过了新的《中国民俗学会章程》。

代表大会本着民主集中制的原则,选举产生了中国民俗学会第四届理事会和常务理事会,常务理事会选举出理事长和副理事长。本着老中青结合的原则,理事会增加了不少中青年同志。闭幕大会由宋兆麟主持,齐涛宣布了常务理事会的分工结果,段宝林致闭幕词。

第四届理事会常务理事(1998年12月26日通过):王文宝、乌丙安、叶春生、叶涛、田小杭、刘魁立、刘铁梁、李晖、李惠芳、宋兆麟、宋德胤、张振犁、陈勤建、周星、塔娜、陶立璠、徐华龙、贺学君、段宝林、钟敬文、柯杨、董晓萍、齐涛、高丙中、张建新、赵世瑜、邓启耀、江帆、刘志文、徐艺乙、巴莫曲布嫫。

第四届理事会理事长:钟敬文。

第四届理事会副理事长:王文宝、乌丙安、叶春生、齐涛、刘铁梁、刘魁立(常务副理事长)、宋兆麟、李惠芳、张振犁、陈勤建、柯杨、周星、段宝林、陶立璠。

第四届理事会秘书长:周星。

1998年12月24日,"中国民俗学会第四次代表大会暨中国民俗学运动八十周年纪念大会"与会代表合影

1999 年

● 1月10日，**中国民俗学会在京常务理事会议**在北京师范大学中国民间文化研究所召开，出席会议的有钟敬文、刘魁立、王文宝、段宝林、宋兆麟、陶立璠、刘铁梁、董晓萍、赵世瑜、高丙中、巴莫曲布嫫、周星等人。

会议议程有：一、根据会员意见，订正、完善、确认已经通过的新章程；二、确定中国民俗学会第四届理事会顾问名单，有马学良、王平凡、王树村、白寿彝、叶大兵、吕骥、肖崇素、林耀华、罗致平、季羡林、陈国强、姜彬、费孝通、贾芝；三、讨论增补6位同志为中国民俗学会第四届理事会理事；四、聘任周星为学会秘书长，董晓萍、赵世瑜、田小杭、巴莫曲布嫫、高丙中、贺学君、叶涛、郑土有、邓启耀为副秘书长，钟敬文理事长向秘书长、副秘书长颁发了聘书；五、讨论了秘书处的分工；六、听取并讨论了秘书处的工作计划。

会议确定了今后3年的工作要点：一、办好《中国民俗学会会刊》；二、编好《中国民俗学年刊》；三、努力申办第二届中国民间文化高级研讨班或类似的研讨班，事后出版《讲演集》；四、酝酿成立新的专业委员会，如"中国民俗学会民俗史志专业委员会"；五、开展钟敬文主编的《民俗学概论》的教学研讨会；六、举办"多民族一国民俗学"学术座谈会；七、举办地域民俗研讨会；八、策划中国民俗学会的网络宣传；九、加强国际学术交流，加强两岸三地民俗学界的沟通；十、做好学会各项日常工作；十一、协调好学会与民政部、北京师范大学、中国社会科学院、中央民族大学和北京大学等单位的工作关系；十二、筹措经费，开源节流；十三、近期做好秘书处的工作交接。

会议还为以上工作提出了具体负责的理事名单,如"多民族一国民俗学"座谈会建议由陶立璠在中央民族大学召开,或由邓启耀在西南某省会城市召开;地域民俗研讨会建议分别由陈勤建、叶春生、李惠芳负责在上海、广州或武汉召开。

有的同志还在会上提出了许多工作设想,如尽快设立民俗学教学、民俗艺术、文艺民俗学、应用民俗学、语言民俗学等专业委员会的设想,又如利用各种媒体做好民俗知识普及和民俗学宣传工作的设想,以及在环保、旅游、媒体等领域发挥民俗学社会功能的设想。也有的同志认为不应操之过急,须具备成熟的条件才能具体落实。

● 1月25日,中国民俗学会秘书处发出两项通知:一是将会员会费由每年5元调整为每年10元,由高丙中负责收取会费;二是秘书处联络地点改成了北京大学燕园周星家的住址。

● 2月5日,钟敬文先生主持召开了"《民俗学概论》出版座谈会",参与编写该教材的大部分作者和部分在京民俗学者应邀参加了会议。大家讨论编纂、出版本书的构想、意义、价值和创新点,就民俗学教育事业的跨世纪学科建设做了一些展望。

● 3月17—21日,中国民俗学会与河北省民俗学会联合组织,第五次对河北省赵县范庄二月二龙牌会进行了考察。来自北京师范大学、中央民族大学、北京大学,以及河北省民俗学会等单位的30多人参加了联合考察活动。

刘其印、刘铁梁、段宝林、刘锦云、邢莉、祁惠君、杨正文、王建基、赵旭东、周星等参加了3月20日举行的"**第五届'龙牌会'考察研讨会**"。会议由范庄党支部书记武华科和学会秘书长周星共同主持,与会学者与范庄的各位会头一起讨论问题,彼此交换了意见。学者们首先就龙牌会的会头组织,会头的产生、继承、改选,以及有关仪式,神异的白蛾传说,勾龙与龙牌会的起源,过会期间的吃素禁忌,民间秧歌,村民对外来考察者的看法,"行好"等问题,向乡亲们进行了请教,同时也回答了乡亲们提出的一些问题。这次研讨，实际上是**民俗学者（研究者）与村民（实践者）之间的一次对话**。

● 4月4日，中国民俗学会顾问、中央民族大学教授**马学良先生逝世**，享年87岁。

● 4月28—30日，中国民俗学会派出9名学者参加由台湾"中华民俗艺术基金会"主办的"**两岸民俗文化学术研讨会**"。宋兆麟在开幕式上代表大陆学者向"中华民俗艺术基金会"表达了深切的感谢和敬意。

两岸民俗学和民俗文物方面的专家学者共计24人提交论文并出席研讨，分别就"两岸民俗及有关文物的调查、考古与研究之成果""两岸民俗及有关文化的保护与管理制度之研究""两岸文物交流所衍生之问题及因应之道"三大主题交换了意见。会议共举行了八场研讨，分别就两岸民俗文物的抢救与保护，村寨博物馆、村落庙会及民俗文物的分类，北京及闽台等地的民俗及民俗文物，两岸少数民族的民俗文物，动植物与民俗、妇女与民俗，台湾的宗教文物问题展开讨论。大陆方面提交论文的发言人有宋兆麟、王树村、刘铁梁、周星、黄炳元、杨德鋆、徐斌、李露露、徐艺乙、郭子升（刘铁梁代为宣读）；台湾方面的发言人有庄伯和、陈木杉、江韶莹、李乾朗、高业荣、阎亚宁、林明德、阮昌锐、吴福莲、李汉卿、黄志农、吴腾达、施德玉、李丰楙等。

会后，主办方安排大陆学者参观考察了鹿港天后宫、民俗文物馆、古迹保护区，以及台湾原住民文化园区、台北故宫博物院、台北历史博物馆等名胜古迹和庙宇民居，使大陆学者对台湾的民俗文化、民俗文物及历史遗存有了进一步的认识。

为使两岸学者有进一步交流的机会，主办方于5月2日在台南市立文化中心安排了一场"**两岸民俗文化座谈会**"，分别就"两岸民俗文化界为何需要交流""两岸民俗及相关文物之现状与课题""两岸民俗文化之研究交流"等议题，从民俗学立场、民俗立场、民俗文物立场几个方面发表见解，同时还涉及民俗演变与民俗文物维护、改革开放对大陆民俗及相关文物之影响、台湾民俗文物之现代需求与大陆文物之流入、今后共同研究之可能性、今后维护民俗文物之积极做法等话题。此次研讨会还得到台湾各大媒体的广泛关注，《联合报》《民生报》《中国时报》《大成报》等报纸对会议或议题做了报道和介绍。研讨会论文集《两岸民俗文化学术研讨会论文集》随后在台湾正式出版。

● 4月，由中国民俗学会、上海文艺出版社合编的**《中国民俗学年刊（1999）》**正式出版。该刊设有七个栏目：一、歌谣学、民俗学运动八十周年纪念；二、田野调查与民俗志撰写研究；三、基础理论研究；四、专题研究；五、图书评论；六、国外学术状况；七、学术信息。年刊编辑部设在中国社会科学院文学所民间文学研究室。

● 5月30日，钟敬文主持召开了**中国民俗学会在京常务理事会**，段宝林、宋兆麟、王文宝、刘铁梁、董晓萍、赵世瑜、高丙中、周星出席了会议。

秘书长周星汇报了学会配合业务主管单位教育部和社会团体登记管理机关民政部有关社会团体清理整顿工作的进度和情况，介绍了《社会团体登记管理条例》的有关规定及这次社会团体清理整顿工作有关文件的具体要求。

由钟敬文理事长提名，通过民主协商和深入讨论，**常务理事会一致同意推举常务副理事长刘魁立同志接任钟敬文先生担当中国民俗学会理事长的责任**。根据国家有关规定，刘魁立还将担任中国民俗学会的法定代表人。做出此项决定，是为了使中国民俗学会完全符合教育部和民政部在最近的社团清理整顿工作中对国家一级学会所做出的要求，以便顺利完成学会的重新登记及换证工作。由于这是特殊情况下的特殊举措，本届理事会将在钟敬文、刘魁立的共同领导下工作到任期届满。常务理事会责成秘书处在会议结束后，尽快向因故未能到会的各位常务理事通报本次会议的决定。

周星还向与会同志通报，**依据教育部和民政部的要求，参照民政部提供的示范文本，重新修订了《中国民俗学会章程》**，并对修订所做的变动做了说明。常务理事会经过讨论，对有关修订予以认可，建议在下届代表大会上对此章程予以正式讨论和公布。修订后的章程依据范本格式，共包括八个部分：

总则，业务范围，会员，组织机构和负责人的产生、罢免，资产管理及使用原则，章程的修改程序，终止程序及终止后的财产处理，附则。

会议还讨论了学会资料上网、吸收新会员等工作。

● 6月2日，中国民俗学会就更换学会法定代表人事宜向业务主管单位教育部提交了请示报告。经教厅综〔1999〕26号文件批复，同意中国民俗学会申请。此外，学会秘书处还完成了1993—1998年度的财务审计工作，这同时也是前任理事长的离任审计。以上工作完成之后，学会秘书处提交给教育部和民政部的所有关于申请重新登记的材料已经全部符合要求，并由民政部受理。

● 6月4日，学会秘书处向全体理事和荣誉理事发出了有关资料上网问题的通知，希望能通过互联网及时和全面地向海内外介绍有关中国民俗学会的基本信息，扩大学会的影响，促进学会对外学术交流，同时也为学会创造新的发展机遇。拟上网发布的主要内容有四项：一、中国民俗学会简介；二、中国民俗学会章程；三、中国民俗学会组织机构名单；四、主要民俗学家简介。该项工作负责人为周星、赵世瑜。

● 7月21日，由中国民俗学会、云南省社会科学院民族文学研究所、山茶杂志社、云南省民间文艺家协会联合举办的"'多民族一国民俗学'学术讨论会"在昆明召开。中国民俗学会副秘书长、云南省社科院民族文学研究所所长邓启耀主持了会议，来自全国各地的60多位学者与会，就钟敬文先生提出的"多民族一国民俗学"命题展开了四个层面的讨论：一、命题的表述；二、提出此命题的意义；三、实施该命题的条件；四、目前民俗文化资源开发的问题。与会代表一致认为："多民族一国民俗学"这个命题不仅具有方向性的指导意义，也是重要的方法论，是对几十年来中国民俗学发展的新规范，为跨世纪的中国民俗学发展预示了一个新的可能的方向。

● 8月22—25日，由中国民俗学会等单位联合发起，牡丹江师院中文系与深圳特区文化研究中心承办的"中国南北民俗文化比较研究学术会"在镜泊湖召开。李惠芳、宋德胤、杨宏海、陈华文等50多位专家学者与会，提交论文33篇。论文主题大约分为四类：历史的纵向比较、区域的横向比较、跨学科的交叉比较、民族影响的比较等。与会学者一致认为，民俗学的地域比较研究，能够揭示诸种民俗事象的产生、发展及其演变的规律，有助于理解不同地域及兄弟民族之间民俗文化的相互影响和交融。与会学者观看了一些民俗表演，还考察了俄罗斯边境。

● 9月24日中秋节，由中央民族大学民俗文化研究中心和北京大道文化影业公司联合主办的"**中国民俗网**"（http：//www.chinesefolklore.com），在北京电报大楼中国信息港举行开通仪式，在线与网民互动，陶立璠教授与著名笑星陈佩斯先生在线回答了网民的提问。该网站定位为学术性和公益性网站，是国内开通的首家专门的民俗学学术网站，计划全面地介绍中国民俗学发展的历史和现状。中国民俗学会与该网站协议，在《民俗史话》《人物专访》等栏目中，将中国民俗学会的学者信息、学术信息推介给海内外学术界。由于中国民俗学会没有自己的网站，此一时期的学会及会员信息多经由该网站发布。

截至第五届全国代表大会召开之际，中国民俗学会的中、英文简介（包括学会历届会员代表大会情况、主要学术活动及出版物等），中国民俗学会章程，中国民俗学会组织机构名单（理事和荣誉理事以上），以及先后两批共43位中国民俗学者的个人学术资料，通过"中国民俗网"实现了网上交流，向海内外传递了中国民俗学会的基本信息，扩大了学会的影响，促进了学会的对外学术交流工作，同时也为学会发展创造了新的机遇。

● 10月18—20日，由中国民俗学会、中国神话学会、中国俗文学学会、甘肃省文联、西北民族学院民俗学·社会人类学研究所、中共泾川县委县政府联合主办的"**'99泾川海内外西王母民俗文化（神话）学术研讨会**"在甘肃省泾川县举行。来自海峡两岸的120多位专家学者以及美国学者简·詹姆斯（Jean M. James）女士参加了会议，计收到论文53篇，有41位学者宣读论文或做了发言。大陆学者贾芝、杨亮才、陶立璠、乌丙安、柯杨、叶春生、郝苏民、赵宗福、叶涛等，台湾学者萧炼人、易陶天等出席了会议。贾芝先生说，发展经济，文化先行，西王母文化就是泾川的开路先锋和旗帜，海内外的学者、专家到西王母的诞生地寻根溯源，就是要深入了解中华民族的始祖西王母。甘肃省文联主席程士荣说，泾川是西王母发祥地已非一个传说，而是有史料、碑刻、古迹、方志、民俗做证的。

会议突出了泾川西王母民俗文化的实地考察，与会学者先后考察了王母宫、瑶池、西王母庙会、窑洞民居、泾川社火、皮影、民间布艺、民间食品等。会议还组成专家评审组，对部分泾川民俗事象进行评审，**决定授予泾川县城"中国西王母文化名城"称号**，授予泾川王母宫"中国民俗文化重点景区"称号，授予泾川泾龙牌红富士苹果"中国民俗礼仪名果"称号，授予泾川罐罐黄酒、泾川火烧子、泾川长面"中国著名民俗传统食品"称号，授予泾川温泉"瑶池民俗健身浴"称号。会议还原则同意在泾川成立"海内外西王母民俗文化研究会"，建议泾川县通过正式手续报批，以便将西王母民俗文化的研究推向一个更高的层次。

● 11月2—4日，由中国民俗学会、江西省群众艺术馆、南昌大学学报编辑部、江西省市场学会等单位联合发起，江西省民俗学会主办的"**中国民俗文化探讨暨民俗文化产业开发研讨会**"在江西南昌举行。江西省副省长胡振鹏等领导出席了大会开幕式。会议由江西省民俗学会会长徐月良主持。陶立璠代表中国民俗学会做了题为《民俗文化研究与民俗文化产业开发的思考》的主题演讲，还向大会介绍了日、韩两国民俗文化研究及民俗文化产业开发的情况。

● 11月12—14日，由中国民俗学会、中国民间文艺家协会、南宁市人民政府共同主办的"**'99南宁国际民族民间文化学术研讨会**"在南宁市西园饭店召开，广西壮族自治区副主席吴恒、人大常委会副主任李振潜，以及南宁市委主要领导出席了开幕式，开幕式由中国民俗学会副理事长陈勤建主持。来自美国、英国、丹麦、日本、越南以及中国大陆和台港澳三地的45位专家学者出席了会议。会议共收到40篇学术论文，叶春生、贺嘉、郎樱、高丙中、万建中、周大鸣、彭兆荣、郑元者、郑土有、叶涛、陈华文、何红一、江帆等38位学者在会上做了发言。《人民日报》《中国日报》《文艺报》《广西日报》《南宁日报》《南宁晚报》等十几家媒体对会议进行了报道，与会论文随后发表于《民族艺术》1999年增刊。

会议期间，代表们参加了"'99南宁国际民歌艺术节"的部分文艺活动。会后，部分代表考察了中越边境民俗风情。

2000 年

● 3月19日，中国民俗学会在京常务理事会议在北京师范大学中国民间文化研究所会议室举行。参加会议的有钟敬文、董晓萍、田小杭、周星、段宝林、贺学君、王文宝、宋兆麟等。周星汇报了一年多来秘书处的工作，还就今后学会的有关工作提出一些设想。秘书处建议中断与部分非民俗学工作者，以及长期不交会费会员的联系，今后发展会员时须严格入会条件，提高入会门槛。

会议同意，**在秘书长周星出国工作期间，由贺学君和巴莫曲布嫫代理处置秘书处的日常事务**，并及时向钟敬文、刘魁立以及各位学会领导汇报和请示。会议还安排了有关《中国大百科全书》涉及民俗学的部分条目的修订工作，讨论了朝戈金等人的会员资格问题。钟敬文希望秘书处能够更及时地向学会领导汇报工作情况。

● 3月21日，中国民俗学会顾问、北京师范大学教授**白寿彝先生逝世**，享年92岁。

● 4月16日，**钟敬文先生向教育部领导递交《关于民间文艺学和民俗学的学科分类变更的意见》**。意见书开头写道："最近，教育部的新学科分类方案正在征求各界意见。在新方案中，民间文艺和民俗学专业被划归'中国文学'一级学科。在1997年国务院学位办的学科调整中，'民俗学（含民间文艺学）'专业，被划归'社会学'一级学科下面的二级学科。这种学科分类的变动，将直接影响到学科的师资队伍建设、研究生招生、学术成果评审和科研项目申报等重要问题。"

● 8月30日,刘魁立主持召开《中国民俗学年刊》编委会会议,就如何办好年刊、今后工作的指导方针等问题展开讨论。程蔷、贺学君、连树声、董晓萍等参加了会议。年刊副主编刘魁立曾在会前就会议议题和基本观点向钟敬文主编做了汇报,会后又将议定的要点分别向钟敬文主编及何承伟副主编、涂石编辑做了报告。会议要点是:一、确立年刊是学会全体会员机关刊物和学术论坛的意识;二、制定严格的编刊章程,建立严格的约稿审稿和用稿制度;三、提高学术水平,增大信息量;四、改进版面和印刷的面貌。

● 10月9日,中国民俗学会在京常务理事在北京师范大学召开会议,刘魁立主持了会议,年近百岁的钟敬文先生参加会议,并就一系列问题多次发表讲话。出席会议的还有王文宝、宋兆麟、刘铁梁、董晓萍、高丙中、田小杭、赵世瑜、贺学君、郭子升、叶涛等。

会议听取了贺学君代秘书长代表秘书处所做的工作汇报:一、学会在民政部社团司完成登记手续的情况以及下一步将要进行的工作;二、春节期间开展市民民俗讲座的活动安排(后来因故未能举行);三、关于会刊、年刊的编辑出版事宜;四、关于新版大百科全书的条目撰稿问题;五、学会网站的建设;六、与山西河边民俗博物馆的交流情况。

会议讨论了周星请求辞去副理事长兼秘书长的辞职信,同意其辞去秘书长的请求,驳回其辞去副理事长的请求。**会议确定由贺学君同志接任中国民俗学会第四届理事会秘书长一职**,并将学会秘书处联络地址更换到中国社会科学院文学所。会议还讨论了叶春生关于2001年在中山大学举办国际学术会议的建议,并就学会日常事务等问题提出了指导性意见。

● 12月,学会秘书处将重新修订的《中国民俗学会章程》上报学会主管部门教育部,并于2001年2月14日获得批准。

2001 年

● 2001 年初（农历庚辰年底），中国民俗学会秘书处参与组织了"千禧大团圆——在北京过大年"的活动。该活动于春节前夕在北京通州区"天下第一城"举行，来自世界各地的游客约 2000 人参加了在北京过大年的活动。中国民俗学会主要负责向主办方提供民俗知识咨询服务、组织民间艺术家进行现场表演。

● 2 月 22—25 日，民俗学工作者第七次对河北赵县范庄龙牌会进行考察。中国民俗学会配合组织了刘魁立、贺学君、户晓辉、孙开泰、钟少华、陶立璠、赵展、邢莉、祝黔、郭翠潇、刘铁梁、萧放、王增勇、赵旭东、泷川麻子、泷田豪、名久井绫、大泽幸一郎、藤井敦子以及北京电视台记者等 20 余人参与考察。

25 日，河北省"**首届龙文化学术研讨会**"在赵县县城举行，"**龙文化博物馆**"举行奠基仪式。刘魁立、陶立璠、刘铁梁等学者在会上发表讲话。研讨会结束后，部分学者再次赶往范庄做进一步调查。

● 3 月 6 日，学会重新登记申请获得民政部同意，在完成了领导及财务等工作的备案登记事宜之后，将相关材料上交给民政部。

● 4 月 21—22 日，由亚洲民间叙事文学学会、北京师范大学民俗典籍文字研究中心主办，中国民俗学会协办的"**中日民间叙事文学情节类型专题研讨会**"在北京师范大学举行。稻田浩二报告题目为《被杀死的狗的轨迹——从日本民间故事〈开花翁〉的国际比较谈起》，刘魁立报告题目为《民间叙事的生命树——浙江当代"狗耕田"故事情节类型的形态结构分析》。针对两人的报告，与会者就故事结构分析的方法以及关于对分类法的批判等问题进行了讨论。22日的会议由钟敬文先生主持，稻田浩二做了《日本故事研究史略——兼及现状与课题——我之研究管见》的学术报告。段宝林、刘守华、刘铁梁等参加了会议。

● 6月5日，中国民俗学会发函**同意成立"中国民俗学会燕京民俗研究和开发专业委员会"**。信函中说："关于你们的申请，经我会副理事长王文宝先生的联络，认真商议，已经向在京各位副理事长逐一进行了通报、征求意见，并获得他们的一致同意。现在经过你们相当一段时间的积极努力工作，我会认为成立燕京民俗研究与开发专业委员会的条件已经成熟，同意批准成立。燕京民俗研究和开发专业委员会是中国民俗学会的下属机构。主要从事以燕京民俗研究和开发为主要内容的各项活动。"另据网络消息，常人春为该委员会主任。

● 6月28—30日，由中国民俗学会、中国民间文艺家协会、亚细亚民俗学会、牡丹江师范大学、中国烹饪协会、上海饮食与生活杂志社、牡丹江北山宾馆、牡丹江丽江饭店等单位联合举办的"**镜泊湖中国民俗饮食文化学术研讨会**"在镜泊湖举行。会议主题为"饮食文化与地方特色"。

● 8月，中国民俗学会与温州师范学院联合召开了"民俗学学科建设研讨会"。

● 9月3日，中国民俗学会第四届理事会在京常务理事第五次会议在北京师范大学召开会议，听取了秘书处的工作汇报，审批了新会员，讨论了第五次代表大会的筹备。会议由刘魁立理事长主持，王文宝、宋兆麟、段宝林、陶立璠、刘铁梁、周星、高丙中、田小杭、赵世瑜等参加了会议。钟敬文先生住院，董晓萍、巴莫曲布嫫出国未能与会。

贺学君秘书长共汇报了九个方面的工作，主要有：一、完成了学会在民政部的登记、填表、换证工作，**取得了学会法人登记证书**；二、编印了第12

期会刊，寄出800份，退回12份；三、成立了"燕京民俗研究和开发专业委员会"；四、完成"年刊"的编辑、完成大百科修改条目的组织工作；五、参与组织了多个学术讨论会，如6月与牡丹江师院等单位联合召开饮食民俗文化研讨会、8月与温州师院联合召开有关民俗学学科建设的研讨会，准备12月与中山大学联合召开"现代化与传统文化"国际学术研讨会（筹备中）；六、促成第二批会员上网事宜；七、参与组织第七次龙牌会考察和研讨会；八、组织人员参加《实话实说》有关民俗事项方面的节目；九、给地方上发贺信、唁电或参加会议等。

● 11月，中国民俗学会配合北京师范大学民俗典籍文字研究中心，在北师大举办了"**中国民俗学学科建设及人才培养专题研讨会**"。会议由刘魁立主持，季羡林、于光远、启功、冯骥才等出席开幕式并发表讲话，国内各高等院校及科研机构的60余人参加会议，钟敬文先生虽未与会，但提交了长篇学术报告。钟敬文先生还在医院会见了部分来京代表，对会议给予了高度评价："这是我到医院一百多天来最高兴的一天，也是我八十多年来最高兴的一天。"

● 12月18日下午，应钟敬文先生邀请，经巴莫曲布嫫联络，**美国民俗学会会长、美国国会图书馆民俗生活中心主任佩姬·鲍杰尔**（Peggy A. Bulger）女士在北京师范大学做了题为《美国国家图书馆如何收藏保护民间文化资料》的报告，并与中国民俗学者进行了交流。在京的部分民俗学者和研究生约40人参加了报告会。报告会由刘魁立主持，高丙中翻译。

佩姬女士此次前来，是为了出席在北京举行的"国际民间传统文化保护立法讨论会"，到京当天，刘魁立、贺学君、尹虎彬代表中国民俗学会曾到宾馆拜会了她和美国同行。佩姬女士向中国同行介绍了美国民俗学会年会的情况，欢迎世界各国民俗学者提交论文与会。

● 12月20—22日，中国民俗学会与中山大学民俗研究中心共同主办的"**钟敬文先生百岁寿庆暨'现代化与民俗文化传统'国际学术研讨会**"在中山大学举行，庆祝中国民俗学会的创始人钟敬文先生百岁寿辰。到会的有钟少华、王文宝、陈勤建、宋兆麟、贺学君、刘守华、汪玢玲、容观琼、过伟、巫瑞书、陈华文、周大鸣、高有鹏、黄凤兰、宁锐、杨树喆、刘晓春、陈泳超、萧放、钟宗宪、宋俊华、邓启耀、刘志文、漆凌云、徐霄鹰、朱爱东、关溪莹、朱钢、施爱东等来自美国、韩国和中国台湾、香港、澳门和内地的60余位学者，会议共进行了10场研讨，48位学者发表了演说和点评，中山大学校党委副书记、副校长李萍到会讲话，中文系主任唐钰铭到会。

会议期间，王文宝向中山大学赠送了1927年江绍原先生在中山大学任教时的学生的民俗学作业。贺学君在大会总结发言中，称赞以叶春生教授为龙头的有关岭南地域民俗文化的"岭南学派正在崛起"。会后将论文集编为《现代社会与民俗文化传统》，由黑龙江人民出版社出版。

会后，大会组织参观了正在进入现代化的新城市——东莞、深圳，让大家实地了解新城市中的新民俗。会议间隙，萧放、陈泳超、钟宗宪、施爱东（朱钢列席）商议另组"**民间文化青年论坛**"。大会中的部分论文刊登于随后创刊的中山大学《**民俗学刊**》。

2001年12月20日，"钟敬文先生百岁寿庆暨'现代化与民俗文化传统'国际学术研讨会"与会嘉宾合影

2002 年

● 1月10日，中国民俗学会创会会长、北京师范大学教授**钟敬文先生逝世**，享年100岁。

● 1月14日，学会在京常务理事在北京师范大学举行**第四届常务理事第六次会议，商议和安排钟敬文先生的治丧工作**。贺学君首先传达了1月13日晚理事长刘魁立先生从俄罗斯的来电，对关于办好为钟老送行事宜所做的指示。与会者一致表示一定要同心协力配合北京师范大学办好1月18日为钟老送行的事，尽力做好与国内外有关机构、学会会员的联络通知工作；做好1月17日和1月18日对国外前来参加悼念活动友人的接待安排工作。由于近期大部分副理事长和一些常务理事上京参加钟老的遗体告别仪式，会议决定1月17日晚，召开常务理事会议。参加本次会议的有陶立璠、王文宝、宋兆麟、段宝林、刘铁梁、巴莫曲布嫫、贺学君等。刘魁立、周星、董晓萍、高丙中、赵世瑜、叶涛、田小杭因为出国或忙于治丧具体事务而请假。

● 1月17日，中国民俗学会在北京师范大学兰蕙公寓张振犁下榻的房间召开第四届常务理事第七次会议。贺学君主持会议，并首先汇报了钟先生去世之后的治丧工作，包括给各地会员发讣告、消息，与国外有关机构、学者进行联系；代表学会向家属表示慰问并送花篮，写出学会的挽联；配合北师大治丧委员会做好1月18日遗体告别会的有关事宜；接待前来参加告别会的国外友人等。贺学君还传达了学会主管单位教育部和民政部社团司组织的"学会负责人学习班"内容，包括要求加强学会领导（成立党组织），以及分支机构重新登记的规定等。理事们表示，对钟先生最好的纪念就是一如既往地为民俗学事业而团结奋斗，原计划3月举行的代表大会可以推迟到下半年再举行。

到会者有从外地赶来参加钟老遗体告别仪式的张振犁、乌丙安、柯杨、李惠芳、陈勤建、江帆和在京的王文宝、段宝林、宋兆麟、陶立璠、刘铁梁、田小杭及贺学君。刘魁立、周星、董晓萍、高丙中、赵世瑜、叶涛、巴莫曲布嫫因出国或忙于第二天追悼会事宜未能出席。叶春生先生晚9时赶到北京，没能赶上会议。

● 1月18日，来自全国各地的近2000名专家学者、社会各界人士以及国际友人在北京八宝山革命公墓**送别"中国民俗学之父"钟敬文先生**。江泽民、李鹏、朱镕基、李瑞环、胡锦涛、李岚清、丁关根、田纪云、李长春、李铁映、吴官正、迟浩田、姜春云、贾庆林、温家宝、曾庆红、乔石、许嘉璐、费孝通等党和国家领导人发来唁电或以个人名义送了花圈，对钟敬文先生的逝世表示哀悼并向家属表示慰问。许嘉璐、袁贵仁、任继愈、周巍峙、黄苗子、郁风等参加了告别仪式。《人民日报》《光明日报》等数十家主要党报党刊均对此做了报道。

同日，刘魁立代表中国民俗学会，与俄罗斯科学院高尔基现代文学研究所和科学院语言文学分部在莫斯科联合举办了"纪念钟敬文先生学术研讨会"。与会学者就钟敬文对中国民俗学和民间文学的发展、为推动中俄两国在此一领域的学术交流与合作所做出的杰出贡献进行了讨论。**著名汉学家李福清称赞钟敬文是"爱国的民俗学专家"**，不仅倡导建立了中国民俗学，还积极推动外国人研究中国民俗学，主张加强国际交流与合作。

● 3月30日，由中国民俗学会、北京师范大学民俗典籍中心、北京师范大学中文系民俗文化研究室共同发起的**"当今国际环境中的中国民俗学"**座谈会在北京师范大学艺术楼举行。会议由刘魁立先生主持，来自北京师范大学、中国社会科学院、北京大学、中央民族大学等单位的30多人与会。会议邀请了部分近期访学归来的学者介绍国外民俗学的研究动向及访学心得。刘魁立、周星、董晓萍、巴莫曲布嫫等先后介绍了俄罗斯、日本、英国、美国的民间文学或民俗学研究经验和新动向。

● 4月20日，中国民俗学会与北京师范大学中文系、中国现代文学馆联合举办了"钟敬文先生百日祭——诗文遗作吟诵会"。吟诵会由中国现代文学馆馆长舒乙主持，来自首都文艺界、高校、科研机构以及专程赶往中国现代文学馆的文学爱好者约200人参加了吟诵会。钟敬文先生家属以及张岱年、启功、汤一介、吉狄马加、王泉根等参加了会议，刘魁立做了《钟老：伟大精神的化身》的讲话。吟诵会最后还颁发了"唐圣基金"负责人戴贤远教授设立的"钟敬文民俗学奖"，钟敬文生前指定的三位受奖人分别是已故的许钰教授，以及在读的1999级博士生赵宗福、庞建春。

● 4月25日，刘魁立在北京师范大学主持召开了中国民俗学会第四届常务理事会第八次会议。王文宝、陶立璠、段宝林、刘铁梁、贺学君、赵世瑜、董晓萍、巴莫曲布嫫等参加了会议。大家对钟先生的离去表示了沉痛的悼念，会议同意在首都师范大学召开第五届代表大学，大会规模约百人左右；会议还落实了代表大会其他各项筹备工作，决定成立三个筹备工作班子：会务组、秘书组、宣传组；会议议定会务费为在会留宿的代表每位580元、不留宿的代表220元。

会议还审议了新成立专业委员会的申请，审批了新会员，同意对约700名长期不交会费、不与学会联络的会员做自动退会处理。会议**批准成立"中国民俗学会城镇保护、发展与研究专业委员会""中国民俗学会农业民俗研究专业委员会"**。

● 7月15—17日，"中国民俗学会第五届全国代表大会暨新时期中国民俗学的发展与民俗学学科建设学术研讨会"在首都师范大学举行，来自全国各地的150多名代表共提交了130余篇论文。

刘魁立主持了15日上午的开幕式，乌丙安致开幕词。陈勤建、刘铁梁、吕微做了大会报告。下午开始举行分组报告会。16日下午，大会听取了刘魁立做的《中国民俗学会第四届理事会工作报告》、陶立璠做的《关于修改〈中国民俗学会章程〉的报告》、贺学君做的学会财务工作报告，并就三个报告进行了讨论，通过了新的《民俗学会章程》。17日下午进行换届选举，大会选举122人组成的中国民俗学会第五届理事会，随后召开的第五届理事会第一次会议上，选举出37人组成的常务理事会，并由常务理事会产生理事长和副理事长。

在总结第四届理事会的学术成就时，刘魁立主要提及四点：一是组织和参与组织了多项民俗学专业的学术活动；二是国际学术交流活动空前活跃，既走出去，也请进来，加深了中外学术的互信和理解；三是田野调查取得了不俗的成绩；四是学会会员的学术成果在数量、质量和理论深度上都有了大幅的提高，学术译著也陆续出版。

在学会会务方面，刘魁立主要提及五个方面：一是会员队伍方面，梳理整顿了会员队伍，"截至1998年12月，我会会员列入名册的为1531人，现在经多种方式已取得联系的会员为800余人"，同时清理了约700人。1999年以来，重又陆续发展了三批共102人入会，其中包括首批台湾会员，这是民俗学会的新鲜血液和新生力量。二是组织建设，先后成立了多个专业学术委员会，标志着学术研究正在不断细化和深入。三是学会登记，经过长期努力，终于完成了国家规定所要求的有关社团重新合法登记的全部手续，包括填报各种材料、换证、备案登记、章程修订、理事长调整和法人代表的调整、财务交接和审计等等。四是人事变动，主要是理事长的变更和秘书长的变更。五是组织联络，包括联络会员，编辑《会刊》《年刊》以及网络宣传等。

第五届理事会常务理事（2002年7月17日通过）：陈勤建、段宝林、李惠芳、刘魁立、刘铁梁、柯杨、齐涛、宋兆麟、陶立璠、乌丙安、王文宝、叶春生、张振犁、周星、贺学君、叶涛、田小杭、徐华龙、董晓萍、高丙中、张建新、赵世瑜、邓启耀、江帆、刘志文、徐艺乙、郑土有、曹幸穗、邱国珍、曲彦斌、余悦、邢莉、陶思炎、陈华文、万建中、吕微、巴莫曲布嫫。

第五届理事会理事长：刘魁立。

第五届理事会副理事长：陈勤建、段宝林、贺学君、李惠芳、刘铁梁、柯杨、齐涛、宋兆麟、陶立璠、乌丙安、王文宝、叶春生、张振犁、周星。

第五届理事会秘书长：高丙中。

第五届理事会顾问：费孝通、季羡林、王平凡、王树村、罗致平、贾芝、陈国强、姜彬、李亦园、乔健、郝苏民、叶大兵、吕骥、肖崇素。

第五届理事会荣誉理事：王汝澜、过伟、杨智勇、严汝娴、连树声、吴景春、汪玢玲、宋恩常、阿不都秀库尔·吐尔迪、林河、波·少布、忠录、娄熙元、郭子升、曹振武、韩伯泉、程思炎、蔡铁民、廖东凡、高宝树、潘光华、薛麦喜、魏彩萍。

2002年7月15日，"中国民俗学会第五届全国代表大会暨新时期中国民俗学的发展与民俗学学科建设学术研讨会"与会代表合影

● 7月，中国民俗学会编辑的《**民俗学苑：中国民俗学年刊（2000—2001年合刊）**》由学苑出版社资助出版。该刊设有特稿、专论、民俗专题、民俗博物馆园地、三人谈、史诗传统、故事研究、学术史苑、域外学坛、著述评说等10个栏目。

● 12月9—14日，由刘魁立牵头，中国民俗学会与央视国际网络合作，推出了民俗专家的"**春节文化网上谈**"系列节目。该系列共分为六个专题：一、从"禁鞭"说起——春节仪式的文化底蕴；二、我们需要春节吗？——

2002年12月9日，刘魁立（中）、萧放（右）等参加"春节文化网上谈"系列节目

春节与百姓生活；三、春节习俗的历史演变——民族文化的传承；四、春节文化的扩展与延续——多元文化共存与发展；五、节日文化中的人——公民身份的文化维度；六、与时俱进的春节文化——民族文化的现代性重构。12月25日又追加了"南方民族的节日习俗与文化传承"专题。陶立璠、刘宗迪、陈连山、万建中、漆凌云、苑利、陈泳超、乔晓光、陈岗龙、高丙中、林继富、李列、萧放、尹虎彬、刘亚虎、巴莫曲布嫫等参与了该节目。访谈内容随后整理结集为《**文化年夜饭**》（中华书局，2003年）正式出版。

2003 年

● 1月3日，刘魁立、高丙中公布**中国民俗学会第五届理事会秘书处人员名单及分工**。秘书长高丙中负责学会各项秘书工作的组织、协调。常务副秘书长陈岗龙协助秘书长并在需要时代理秘书长工作。贾文忠负责学会的各种赢利活动。万建中负责发展会员和次级组织、会费收纳。萧放负责学会的财务管理。巴莫曲布嫫负责与国外民俗学同仁和研究机构的学术交流。黄涛负责学会的形象宣传以及相关的服务活动的实施。陈泳超负责学会《通讯》《年刊》等。郄志群负责学会的会务工作、活动安排。岗措负责学会的网络信息发布、数据管理等。安德明负责学会同仁文献的搜集、整理、传播。邢莉负责学会史事的编纂。徐杰舜、叶涛、郑土有、郭崇林、江帆、施爱东、何彬等负责协调、组织地区性学术活动。

● 1月10日，中国民俗学会、北京师范大学中文系在师大科技楼225会议室联合召开了"**钟敬文先生逝世一周年纪念会**"。纪念会由刘魁立主持，共有50余位专家学者和博硕士研究生参加了会议，大家在隆重而简朴的气氛中深情回忆了钟先生在学术和教育工作中的点点滴滴。师大中文系党总支书记刘勇、鲁迅博物馆馆长王得后、中国民协组联部主任周燕屏，以及刘铁梁、万建中、连树声、王文宝、董晓萍、邢莉、安德明、巴莫曲布嫫、陈子艾、朝戈金、高丙中等先后发言，因时间关系未能发言的还有陈泳超、陈岗龙、黄涛、苑利、郭崇林、贾文忠、郄志群、赵世瑜、萧放等。钟先生的子女钟少华、钟宜也参加了纪念会。

● 7月13日，中国民俗学会秘书处在北京大学召开**网络建设筹备会议**。会前经刘魁立理事长联系，北京泰达讯通科技有限公司决定为中国民俗学会的网站建设提供无偿的技术开发及网站维护。高丙中、陈岗龙、萧放、巴莫曲布嫫、岗措等就网络建设的框架性结构进行了讨论。经讨论选定中国民俗文化传承中的"生命树"作为网站标识，象征着中国民俗学事业的蓬勃发展和薪火相传。会后由巴莫曲布嫫拟就建网方案，提交"泰达公司"。同时，由高丙中负责网站国内域名（http://www.chinesefolklore.org.cn）和中文域名（http://中国民俗学会·中国）的注册。

● 7月15—25日，成立了由高丙中、巴莫曲布嫫等组成的**中国民俗学会网络工作小组**。分工如下：学术总策划刘魁立，网络监理高丙中，结构规划与英文网页巴莫曲布嫫，文字编辑岗措，网页信息萧放，网络设计李佳蓉。7月25日学会秘书处与"泰达公司"共同召开工作会议，讨论了巴莫曲布嫫的《中国民俗学会网络建设结构性框架建议报告（2003—2005）》，双方达成共识，开始着手网站开发。

● 7月22日，中国民俗学会向教育部社团办提交《**中国民俗学会拟申请成立农业民俗、城镇民俗保护和茶艺研究三个专业委员会的报告**》。报告在分别简述了成立三个专业委员会的重要性之后，最后一段写道："中国民俗学会组织专家认真论证了上述三个委员会的必要性和可行性，审核了负责人的政治和学术条件、办公条件，并经学会常务理事会批准和挂靠单位北京师范大学的审议，决定向教育部社团办提出申请，恳请领导批准为盼。让我们为繁荣中国的民俗学研究共同奋斗！"

● 9月9日晚，中国民俗学会、北京民俗博物馆在东岳庙联合举办了"**2003年首都民俗界中秋赏月联谊会**"。刘魁立先生以及北京民俗学界、文博界、戏曲界的部分专家学者集聚北京民俗博物馆共赏中秋明月。5位画家将现场绘制的"花好月圆"巨幅绘画赠送给中国民俗学会，把联谊会推向了高潮。

● 9月27—30日，甘肃庆阳举办"第二届中国庆阳香包民俗文化节"以及"中国庆阳民俗文化研讨会"，柯杨、陶立璠、安德明等人参加会议，并受学会委托，代表中国民俗学会、国际亚细亚民俗学会等机构，命名庆阳市为"周祖农耕文化之乡""荷花舞之乡"，并在庆阳市设立"**中国民俗文化和民间工艺美术调研基地**"。

● 9月，**中国民俗学会官方网站**（www.chinesefolklore.org.cn）开通试运行。该网站主要由巴莫曲布嫫负责建立，由"泰达公司"负责技术支持。但此后经过半年多的实践，网络工作小组发现静态网页的手工制作和人工上传极大地限制了网站的更新和维护，而"泰达公司"承诺的后台数据库建设也未能兑现，学会网站建设几近停滞（旧版回顾网址：http://www.chinafolklore.org/ChinaFolkloreSociety/）。

● 10月，中国民俗学会与河南上蔡县人民政府共同主办了"**重阳节俗研讨会**"。邢莉、萧放、户晓辉、林继富等人参加了会议。

● 11月22—23日，"**中国民俗学会成立20周年纪念大会暨学术研讨会**"在北京朝阳区郡王府举行。大会开幕式由秘书长高丙中主持，理事长刘魁立回顾了中国民俗学会成立20周年以来的工作实绩与学术成就，强调中国民俗学会始终以弘扬祖国优秀传统文化、抢救民间文化遗产为己任，坚持为乡土服务，为普通民众服务，为国家的文化事业和社会经济建设服务，对我国民俗事业的发展做出了巨大贡献。全国人大常委会前副委员长铁木尔·达瓦买提在发言中特别强调中国的民俗学者要为人民服务，不但要为生活在现在的人民服务，更要为人民的祖先和后代服务。全国文联主席周巍峙、中国民研会书记白庚胜及秘书长向云驹、中国民族学会会长郝时远、中国社会学会会长郑杭生等到会发表贺词。乌丙安、陶立璠、柯杨、宋兆麟、王文宝、陈勤建、周星、贺学君等在会上做了专题发言。

来自全国各地，包括台湾地区和海外的120余名民俗学者出席大会，共提交学术论文或发言提纲79篇。讨论主题可以分为五个方面：一、民俗学的方向；二、当代民俗学理论反思；三、民俗学（民间文学）学术史回顾；四、民俗学的个案与田野;五、民俗的保护与展示。此次会议最大的亮点,是各分会场的主持人、评议人起用了一批青年学者,一反通常学术会议中"互相表扬和自我表扬"的讨论风气,在学术会议中吹入了一股以学术批评为主的评议风气。

此次学术纪念活动得到了北京市朝阳区文委会和北京民俗博物馆的鼎力支持。日本民俗学者福田亚细男、樱井龙彦、小熊诚、繁原央、河野真、西胁隆夫、小岛樱礼等专程与会,与来自包括台湾在内的全国各地近百名会员一道参与了4个小组的论文发表和分组讨论。会议期间,代表们还参观了东岳庙、观看了杂技表演,部分专家和学者还参加了北京民俗博物馆(东岳庙)的研讨会,就该馆的建设和民俗文化展示等问题进行了讨论和交流。《人民日报》《光明日报》等多家媒体均做了会议报道。会议论文随后编辑成《民俗春秋——中国民俗学会20周年纪念论文集》(学苑出版社,2006年)正式出版。

开幕式上,刘魁立代表中国民俗学会向一批多年来为民俗学会的建设、发展做出突出贡献的民俗学者颁发了"中国民俗学会杰出贡献奖"荣誉证书和银质奖章。此外,也向那些与中国民俗学会建立友好合作关系的日本、韩国、美国、俄罗斯等国外著名学者颁发了"中国民俗学会杰出成就奖"(部分奖章是在"民族国家的日历:传统节日与法定假日国际学术研讨会"上颁发的)。

"中国民俗学会杰出贡献奖" 获得者有:罗致平、王文宝、王汝澜、贺学君、田小杭、程蔷、郭子升、乌丙安、张振犁、段宝林、柯杨、宋兆麟、叶春生、陶立璠、李惠芳、刘铁梁、周星、陈勤建、高宝树、曹幸穗、韩秀珍、李龙吟、曹士勇。

"中国民俗学会杰出成就奖" 获得者有:崔仁鹤、任东权、金虹男(以上韩国),福田亚细男、渡边欣雄、佐野贤治、樱井龙彦(以上日本),嘎查克(俄罗斯),邓迪斯、鲍曼、琼斯(以上美国)。

● 11月28日,为表彰"七教授上书"中唯一健在的老一辈民俗学家罗致平先生为中国民俗学事业所做出的杰出贡献,刘魁立专程从北京飞到广州,代表中国民俗学会为 93 岁高龄的罗致平先生颁授"中国民俗学会贡献奖"。下午 5 时,在广州东湖公园附近罗致平先生寓所中,举行了简单的颁奖仪式。钟少华、曾祥委、施爱东参加了颁奖仪式。

2004 年

● 4月18—21日,中国民俗学会、浙江师范大学社会学民俗学研究中心、浙江省民间文艺家协会联合主办的"**民俗、民间文化与保护开发全国学术研讨会**"在浙江师范大学举行。会议由陈华文主持,刘魁立、陈子艾、陈勤建、刘铁梁、田兆元、蔡丰明、徐华龙、顾希佳、邱国珍、赖施虬、何红一、宣炳善、曾祥委、蒋明智、夏敏、黄敏辉、何颖等近30名民俗学者及浙师大民俗学研究生参加了会议。20日,与会代表还观看了金华斗牛,考察了武义的郭洞。会后,陈华文编辑出版了《理论与存在:民俗·民间文化与保护开发全国学术研讨会论文集》(黑龙江人民出版社,2006年)。

● 6月14—16日,甘肃省庆阳市"第三届中国庆阳香包民俗文化节"期间,中国民俗学会在此举办了"**民俗文化研讨会**"。柯杨主持了会议,陈岗龙致开幕词,来自6个省市的50多名专家学者,以及庆阳本土民间艺人参加了会议,大家就中国民俗文化现状及调查研究,庆阳民俗文化保护、开发和利用等问题畅谈了意见和建议。

● 6月20日端午节前夕,中国民俗学会和北京民俗博物馆在东岳庙贵宾室举行"**端午民俗座谈会**",会议由北京民俗博物馆馆长韩秀珍主持,参加会议的有刘魁立、乌丙安、陶立璠、高丙中、萧放、麻国庆、赵书、李龙吟等。会议针对不久前在媒体上出现的端午节"申遗风波"提出了民俗学者的意见,如刘魁立的发言题目是《关于非物质文化遗产保护的若干理论反思》,高丙中的发言题目是《端午节的历史、现状和发展——中国民俗复兴运动的一个环节》,刚刚参加完韩国江陵端午祭回国的乌丙安和陶立璠介绍了江陵端午祭的源流、形式和保护现状。

● 6月27日,**中国民俗学会在北京民俗博物馆(北京东岳庙)举行了隆重的挂牌仪式**。仪式由学会秘书长高丙中主持,学会理事长刘魁立、朝阳区副区长关三多等先后致辞。出席仪式的嘉宾还有全国人大常委会原副委员长铁木尔·达瓦买提、中国艺术研究院副院长刘茜、中国社会学会会长郑杭生、朝阳区委宣传部长王少峰、朝阳区文委主任李龙吟等。陶立璠、王文宝、段宝林、贺学君、郭子升、巴莫曲布嫫、岗措、萧放、钟少华、吕微、安德明、刘宗迪、陈岗龙、林继富、户晓辉、贾文忠、曹幸穗、万建中等参加了仪式。仪式结束之后,双方在会议室召开了主题为"民俗研究与博物馆事业"的学术座谈会。

此前,中国民俗学会与北京民俗博物馆达成共识,决定将学会办公地点

2004年6月27日,"中国民俗学会挂牌仪式"在北京民俗博物馆,即北京东岳庙举行

设在北京民俗博物馆，以解决学会长期没有固定办公地点之虞，同时提升北京民俗博物馆的科研水平和品牌价值，以达至互利共赢。此举得到朝阳区委、区政府的鼎力支持，朝阳区文化委员会为此付出了极大的努力。

● 7月，中国民俗学会受中央文明办委托，由刘魁立牵头，由金泽、高丙中、萧放、陈连山、黄涛等组成临时课题组，完成了"**中国节假日体系研究**"课题。随后，2005年6月17日，中央宣传部、中央文明办、文化部、民政部、教育部等五部委联合发出《**关于运用传统节日弘扬民族文化的优秀传统的意见**》（文明办〔2005〕11号），这是五四新文化运动以来第一次以官方文件的方式正面对待作为整体的传统节日。

● 10月16—17日，由中国民俗学会、青岛市文化局主办，山东省民俗学会、青岛市民俗学会协办，青岛全家福旅游发展公司等4家企业联合承办的"**'迎奥运、爱青岛'民间艺人大赛**"在青岛天后宫举行。70多位民间艺人参加了包括剪纸类、雕刻类、面塑泥塑类、编绣类、工艺画类等5大门类的比赛。贺学君、岗措代表中国民俗学会参加了活动。

● 11月3—5日，国家邮政总局邀请中国民俗学会组织专家就"**民间文学题材系列邮票选题**"在桂林邮电宾馆召开专题研讨会。刘魁立、叶春生、贺学君、叶涛、陈泳超、郑土有、刘宗迪、施爱东等人参加会议，书面提交了可供参考和讨论的民间文学专题资料，并呼吁增设一批民俗节日和少数民族民俗文化题材的邮票选题。

本次民间文化邮票题材选题的基本原则是：一、知名度高；二、在思想意义上无消极作用；三、为公众所公认，无明显争议；四、适合邮票表现。最后确定了包括民间传说、民间故事、古代神话、童话、史诗、儿童教育故事等6个专题的28个项目。会议还讨论了避免和解决可能遭遇的知识产权纠纷的具体办法。

● 11月11日，中国民俗学会与江西科技师范学院、江西省中国民俗文化研究中心联合主办的"**民俗教育与当代社会高层论坛**"在江西科技师范大学举行。刘魁立、贺学君、高丙中、黄永林、吕微、郭于华、苑利、余悦、陈华文、梅联华、陈立立等民俗学者，以及江西科技师范学院院党委书记邹良志、院长邹道文、院长助理等人参加了会议。代表们认为，如果不强化本民族的文化遗产，可能会改变一个民族的文化属性，甚至导致这个民族在全球化浪潮中遭到迷失，建议应尽快把民俗和乡土教育内容纳入中小学教材当中。会后，代表们前往婺源、景德镇考察。

● 11月，**中国民俗学会三个专业委员会获颁执照**。中国民俗学会农业民俗专业委员会、中国民俗学会城镇民俗保护研究专业委员会、茶艺研究专业委员会，这三个专业委员会的申请先后经过挂靠单位北京师范大学和主管单位教育部的批准，最终经由民政部审核，准予登记注册，获颁执照。**三个专业委员会的筹委会主任分别是曹幸穗、陈勤建、余悦**。

在长达两年多的申请过程中，贺学君、高丙中、陈岗龙、万建中、贾文忠等前后两届秘书班子均付出了不懈的努力，并得到三个专业委员会筹备负责人的有力配合。

● 12月4日，中国民俗学会在中国农业博物馆召开"**中国民俗学会农业民俗专业委员会成立大会**"。会议由刘魁立主持，高丙中宣读了民政部批文，农业民俗专业委员会筹委会主任曹幸穗介绍筹备经过，委员马旭铭宣读章程草案，委员贾文忠介绍专业委员会组成名单，曹幸穗做工作报告。

委员会主任：曹幸穗；副主任：彭金山、黄崇岳、韩秀珍、吴声怡、肖克之；秘书长：马旭铭。

● 12月5日，中国民俗学会在中国农业博物馆召开常务理事会。刘魁立、乌丙安、段宝林、李惠芳、刘铁梁、宋兆麟、陶立璠、王文宝、贺学君、陈勤建、叶涛、高丙中、万建中、巴莫曲布嫫、曹幸穗、邱国珍、柯杨、曲彦斌、余悦、陈华文、张建新等人到会。刘魁立就民俗学会前段时间的工作进行了总结，重点讨论了下次代表大会进行换届选举的相关议题。

● 是年，受文化部委托，由文化部周小璞、中国民俗学会刘魁立牵头，召集高丙中、巴莫曲布嫫、刘宗迪组成课题小组，承担起草了《**国家级非物质文化遗产代表作申报评定暂行办法**》和《**国家级非物质文化遗产代表作申报书编写指南**》。这两个文件的起草和反复修改历时10个月，征求了10多个国家部委的意见；前者作为《关于加强我国非物质文化遗产保护工作的意见》的"附件一"于2005年3月26日由国务院办公厅正式颁布。

2005 年

● 2月14—15日，中国民俗学会与北京民俗博物馆联合召开了"**首届东岳论坛**："**民族国家的日历：传统节日与法定假日国际研讨会**"。来自美国、俄罗斯、法国、日本、韩国、马来西亚的著名大学和研究机构，以及大陆和台湾的50多位民俗学家、人类学家、社会学家、历史学家参加了会议，就东西方不同社会的文化时间观念、传统节日和法定假日进行深入讨论。有报道说，中外多学科学者共聚一堂集中研讨人类的节日文化，这在中国现代学术史上是第一次。

现代民族国家的时间设置包括三个大的方面，一是历史传承的、体现为民俗活动的节日，一是现代的、举行官方正式仪式的纪念日，一是国家法定的假日。一个国家在特定时期的假日制度对于民俗节日和现代纪念日具有不同的取舍，形成不同的结构，反映不同的力量对比，呼应不同的社会诉求。法定假日通过在民间节日与官方纪念日之间的一个妥协方案来反映国家与社会的关系。节假日问题深层反映的是传统与现代、民间与官方、民族与国家、文化（价值）与器用（效率）的大问题。

会议期间，学会还向几位国外民俗学者颁发了第二批"**中国民俗学会杰出成就奖**"证书和奖章。会议论文随后结集为《节日文化论文集》（学苑出版社，2006年）正式出版。会后，美国民俗学会会长迈克尔·欧文·琼斯（Michael Owen Jones）在中国社会科学院民族文学研究所接受了朝戈金和巴莫曲布嫫的学术访谈。

2005年

● 2月，**中国民俗学会官方网站完成改版和增容**。2003年12月以来，学会采取计件付酬的方式聘请原"泰达公司"的网络技术人员李佳蓉继续学会网站建设。根据网站规划方案，学会网络工作小组在巴莫曲布嫫的主持下对既有网站做了进一步的改版和设计更新。巴莫曲布嫫还负责网站国际域名（http://www.chinafolklore.org）注册。

● 5月7—8日，由中国民俗学会、北京大学、中国民间文艺家协会、北京市民间文艺家协会、门头沟区文联、妙峰山景区管理处联合举办的"**纪念妙峰山民俗考察80周年学术研讨会**"在妙峰山隆重举行。与会代表共提交了32篇论文，回顾了80年前顾颉刚先生等人在妙峰山庙会期间首次开展有组织有计划的民俗学田野调查的重大意义，对门头沟区重视以妙峰山民俗文化为代表的区域文化资源，推动产业结构调整的思路及做法给予了充分肯定。顾颉刚先生的女儿顾潮研究员也参加了纪念会。

2005年5月8日，"中国民俗学调查纪念碑"在妙峰山揭幕

8日，全体代表到妙峰山景区参加"中国民俗学调查纪念碑"揭幕仪式。碑高3.2米，厚0.5米，呈不规则长方形；碑阳刻"缘""源"两个篆体大字，分别寓意中国现代民俗学与妙峰山的不解之缘、妙峰山是中国现代民俗学田野调查的源头；碑阴刻400余字记事文，记述妙峰山民俗学调查80年以来，妙峰山及其庙会的情况。刘魁立在揭碑仪式上发表了纪念讲话。

● 6月12日，中国民俗学会顾问、"七教授上书"中的最后一位教授、中国社会科学院研究员**罗致平先生逝世**，享年95岁。

● 8月11—12日，中国民俗学会与福建省文化厅、中国艺术研究院、中国民族民间文化保护工程国家中心、武夷山市人民政府一道，在武夷山风景区主办了"**中国武夷山七夕文化风情节**"。段宝林、萧放代表学会参与活动，并对武夷山市申报国家文化遗产项目提出了建议。

● 8月始，为了规范和加强学会管理工作，**秘书处聘请了专职秘书**，以处理日常办公事务。2005年着重办理了学会在民政部的重新认证工作，办理了新的组织代码、IC卡，换发了中国民俗学会法人证书。此外，还通过了财政部及海滨区财政和劳动情况的年检、组织代码年审等工作，办理了学会账号的重新审批，更换了全部银行手续，网上财务报表也顺利完成。

● 9月16日—10月15日，中国民俗学会与朝阳区政府主办，朝阳区高碑店乡政府、北京华夏民俗文化园联合承办了"**首届华夏民俗文化节**"。贺学君副理事长代表学会参与了具体的策划和联络工作。文化节邀请了来自全国20多个省市自治区的百余位国家级民间工艺大师进行现场表演，此外，文化节还在华夏民俗文化园举办了中秋戏曲晚会、激情五环迎奥运、普天同庆国庆五十六周年、西安鼓乐、妙峰山花会、智化寺音乐等专场演出，举办了有关非物质文化遗产保护教育等多个展览。

文化节在社会上引起较大反响，对于非物质文化遗产保护意识的加强起到了积极的推进作用，**贺学君副理事长的工作获得协作单位的一致好评**，还为学会赚得了5万元的项目管理费，这在学会财务史上是破天荒的。

● 9月17—19日，中国民俗学会与同济大学国家历史文化名城研究中心、文化部民族民间文艺发展中心、复旦大学文化遗产研究中心、华东师范大学中国民俗保护开发研究中心、江苏省昆山市周庄镇政府等8家单位共同主办了"**中国传统节日·乙酉中秋论坛**"。来自不同地区、不同学科的80多位学者，围绕传统文化的时间与空间，以及中国传统节日文化的保护与振兴等主题展开了讨论。

大会还发表了由中国民俗学会等17家单位联合署名的提倡以"在制度中保护传统节日，在生活中传承文化遗产"为主旨的《**保护传统节日文化上海宣言**》，以及《**中秋论坛周庄备忘录**》。

● 9月21日上午，由中国民俗学会参与筹划，海丰县民营企业家连氏兄弟斥资数百万元，为**钟敬文先生故乡海丰县公平镇的敬文广场、敬文雕像**举

2005年9月21日，"敬文广场、敬文雕像建成揭幕仪式"在钟敬文先生故乡广东省海丰县公平镇举行，安德明、施爱东、刘魁立、钟宜、刘铁梁、苏鹏、钟焱（从左至右）在揭幕仪式上

行建成揭幕仪式。参加仪式的除汕尾市、海丰县、公平镇三级党政主要领导，以及广东媒体记者之外，还有专程从北京等地赶来的中国民俗学会领导刘魁立、乌丙安、柯杨、刘铁梁、贺学君、赵世瑜，以及安德明、施爱东，钟先生的女儿钟宜、孙子钟焱等。整个仪式共分九个程序，还有近百人的仪仗队和富于地方特色的大锣鼓表演、舞狮表演，小学生合唱团高歌了由钟敬文作词、程懋筠作曲的《中国民俗学运动歌》。

● 12月9—11日，中国民俗学会再次与同济大学国家历史文化名城研究中心等五家单位合作，在上海、浙江乌镇两地举办了"**中国城市遗产保护论坛**"，着重讨论了城市遗产的永续利用、遗产地保护与旅游开发、城市开发建设与遗产管理、NGO（非政府组织）在遗产保护中的作用、快速城市化背景下遗产合理利用模式、遗产保护与传统文化的弘扬等多个主题。会议还组织学者们实地考察了上海的早期花园洋房保护区、乌镇古民居保护区等保护点。中国民俗学会刘魁立、陈勤建、郑土有、陈华文、施爱东等参加了会议。

2006 年

● 1月15—25日,由大连市民俗文化促进会主办,中国民俗学会、大连市沙河口区政府等部门协办的"2006中国第二届(大连)年文化节暨春节精品博览会"在大连市河口区举行,刘魁立代表学会参加了开幕式并讲话。

● 1月22—23日,由中国民俗学会与北京民俗博物馆联合举办的"**第二届东岳论坛**":"**中华民族新年的庆典与习俗研讨会**"在广西大厦召开。论坛开幕式由巴莫曲布嫫和北京民俗博物馆馆长高春利主持,刘魁立和朝阳区副区长关三多、北京市文物局副局长舒小峰分别致辞。乌丙安、宋兆麟、段宝林、陶立璠、叶春生、刘铁梁、贺学君、高丙中、萧放、李萍等30多人参加会议。开幕式结束后,与会代表前往北京民俗博物馆,参加东岳庙会的腊月二十三送春联活动、民俗博物馆专业委员会的迁址挂牌仪式等活动。《人民日报》《光明日报》《北京日报》等十几家媒体报道了会议盛况。

● 1月22日下午,由中国民俗学会、北京民俗博物馆主办的"中国民俗学会民俗博物馆专业委员会第二届大会"在广西大厦举行。**会议决定将民俗博物馆专业委员会办公地点由原山西河边民俗博物馆迁至北京民俗博物馆。**中国国家博物馆、故宫博物院、民族文化宫博物馆、山西河边民俗博物馆等30多家博物馆的研究人员参加了新办公地点的挂牌仪式。

刘魁立宣布了新当选民俗博物馆专业委员会名单。国家博物馆研究员宋兆麟当选为专业委员会主任,北京民俗博物馆馆长高春利担任常务副主任,中国农业博物馆研究员马旭铭、南京工艺美院研究员徐艺乙、山西河边民俗博物馆馆长张建新担任副主任,北京民俗博物馆副馆长李彩萍担任秘书长,安尼瓦尔·哈斯木、李露露、梅联华、们发延、尚洁、沈平、王纪潮、王维东、杨静荣、尹晓华、张敏杰等30名代表成为专业委员会新一届委员。新当选的专业委员会主任宋兆麟主持了仪式,学会理事长刘魁立为办公室揭牌。刘魁立在大会致辞中说,民俗博物馆专业委员会是中国民俗学会影响较大、成绩很多的委员会,具有广阔的发展前景,并将在传统民间文化的保存和保护、展示和宣传、教育和研究等方面都发挥极为重要的作用。

● 1月,由中国民俗学会、北京民俗博物馆合编的《节日文化论文集》由学苑出版社正式出版。

● 3月,由中国民俗学会编辑(陈泳超执行)、北京民俗博物馆资助的《民俗春秋——中国民俗学会20周年纪念论文集》由学苑出版社出版。

● 3月31日—4月2日,"中国民俗学会第六次代表大会暨新世纪的中国民俗学:机遇与挑战学术研讨会"在北京召开,来自全国各地以及海外的200余名代表参加了大会。

2006年3月31日,"中国民俗学会第六次代表大会暨新世纪的中国民俗学:机遇与挑战学术研讨会"在北京中协宾馆举行

大会开幕式于3月31日上午进行，中国民俗学会第五届理事长刘魁立致开幕词，秘书长高丙中代表第五届理事会做工作报告，副秘书长萧放和万建中分别代表学会秘书处向大会做财务报告和关于修改中国民俗学会章程的建议报告。宋兆麟、陈勤建、高丙中、张举文（美国）分别就田野调查工作、学科研究经世济民的现实性和迫切性、作为民俗学问题的日常生活、过渡礼仪模式中的边缘礼仪等问题进行大会主题发言。

大会之后，代表们分为5个小组进行学术讨论，就当下关注较多的民俗学理论反思、非物质文化遗产保护、传统节日等问题发表学术报告并广泛交换意见。学术讨论间隙，各专业委员会举行了学术联谊活动。

4月2日上午，大会选举产生了中国民俗学会第六届理事会，并按照选举程序产生了学会新的领导班子。

第六届理事会常务理事（2006年4月2日通过）：万建中、巴莫曲布嫫、叶春生、叶涛、白庚胜、刘志文、刘铁梁、刘魁立、刘德龙、江帆、齐涛、吕微、邢莉、曲彦斌、李惠芳、邱国珍、余悦、陈华文、郑土有、尚洁、赵世瑜、陈勤建、周星、柯杨、段友文、段宝林、贺学君、高丙中、高春利、徐艺乙、徐华龙、黄永林、曹幸穗、萧放、陶立璠、陶思炎、董晓萍、韩秀珍、朝戈金。

第六届理事会理事长：刘魁立。

第六届理事会副理事长：叶春生、陈勤建、段宝林、柯杨、贺学君、李惠芳、白庚胜、陶立璠、刘铁梁、叶涛、高丙中、朝戈金、周星、齐涛、黄永林、赵世瑜。

第六届理事会荣誉理事长：乌丙安。

第六届理事会首席顾问：宋兆麟。

本次理事会上暂未确定秘书长人选。

● 12月，中国民俗学会第六届理事会秘书处公布具体人选及人员分工。

秘书长：叶涛（副理事长兼）。

副秘书长：巴莫曲布嫫、刘晓峰、杨秀、林继富、陈岗龙、康丽、黄涛、贾文忠、何彬、施爱东。

办公室主任：韩秀珍。

办公室秘书：陈果艳、邵凤丽、王娜、涂华金、唐娜。

● 2006年12月—2007年2月，受文化部及国家发改委的委托，中国民俗学会组织课题组（组长刘魁立，成员高丙中、陈连山、黄涛、施爱东），**完成了"民族传统节日与国家法定假日"的论证工作**。该课题着重论证了春节、清明、端午、中秋四大民族传统节日的"起源与流变""内涵与功能""象征符号""节日符号"等。其中春节部分由陈连山撰写，清明节部分由施爱东撰写，端午节部分由高丙中撰写，中秋节部分由黄涛撰写，主体部分由刘魁立撰写，**针对节假日体系改革问题提出了建议**。论证成果随后结集为《**中国节典：四大传统节日**》（安徽教育出版社，2008年）正式出版。

国务院于2007年12月16日正式颁布修订后的《全国年节及纪念日放假办法》，国家发改委负责人随后就国家法定节假日调整的有关问题接受新华社记者采访时说："2007年以来，文化部和有关高校就我国传统节日的内涵和意义展开研究，研究的内容包括我国传统节日的形成过程、演变历史、风俗变化、节庆活动等。同时，国家民委还就我国少数民族重大节日及放假情况进行了系统调查。"此前，刘魁立还曾上书国务院有关领导，提出我国节假日制度改革的建议；并且还通过中国社会科学院渠道，向中央领导部门提交报告，说明将传统节日增设为国家法定假日的必要性和重要性。

2007 年

● 2月9日，由中国民俗学会与北京民俗博物馆共同举办的"**第三届东岳论坛**"在北京召开。本次论坛以"**文化空间：节日与社会生活的公共性**"为主题，共吸引了来自美国、德国、俄罗斯、日本、韩国等10多个国家的30多位学者参加。本次论坛将着重从空间范畴的角度对节日进行更广泛、更深入的研讨。论坛主题借鉴了国际学术界节日与城市文化研究的最新成果，重点研究如何面对中国社会的快速分化、如何通过保护传统节日来维护和加强社会生活的公共性，以及如何在都市化的过程中达到现实生活与传统生活、文化的和谐等问题。

学会理事长刘魁立还表示，本次会议将呼吁政府有关部门制定相关法律，将现在过年的七天假期提前两天，即将农历腊月二十九至正月初五定为法定假日；同时呼吁将清明节、端午节、中秋节等中国传统节日设为法定假日。乌丙安、柯杨、叶春生、刘铁梁、贺学君、高丙中、李龙吟、王少峰、萧放、吴效群、黄涛、陈立立、康丽、李彩萍、谢沫华、邢莉、杨秀、刘晓峰、张勃、钟宗宪、王霄冰、薛洁、叶涛、马光亭、佐野贤治、金明子、克劳迪娅·冯塞卡（Claudia Fonseca）、弗拉基米尔·克里奥斯（Vladimir Klyaus L）、克劳斯·罗斯（Klaus Roth）、娜塔丽娅·安特罗波娃（Natalia Antropova）、阿里斯（R. Gabriel Elyse）等人参加了会议。会议论文随后结集为《传统节日与文化空间——"东岳论坛"国际学术研讨会专辑》（学苑出版社，2007年）正式出版。

● 3月17—18日，中国民俗学会、学苑出版社联合主办的"**海峡两岸民间文化学术论坛**"在北京怀柔集贤山庄召开。刘魁立、刘锡诚、孟白、刘铁梁、吕微、金泽、周星、叶涛、赵世瑜、高丙中、郭于华、陈泳超、王善民、施爱东等大陆学者，王秋桂、金荣华、陈益源、黄树民、林明德、杨振良等6位台湾学者参加了研讨。九三学社中央副主席邵鸿到会致辞并参加研讨。

● 8月15日，由中国民俗学会、山东大学民俗学研究所联合主办，山东省沂源县人民政府承办的"**全国首届牛郎织女传说学术研讨会**"在沂源县召开。刘魁立、刘锡诚、刘铁梁、刘德龙、刘晓峰、刘晓春、朝戈金、李万鹏、陈勤建、贺学君、吕微、叶涛、洪淑苓、邱国珍、赖施虹、黄景春、黄涛、张从军、张勃、宣炳善、陈江枫、姜波、郭俊红、刘晓、施爱东等来自大陆和台湾的40多位学者，以及山东省有关部门、淄博市和沂源县的主要领导出席了研讨会。

学者们实地考察了牛郎织女传说的古村落，惊叹于这里"在天成像，在地成形"的文化奇观。刘魁立代表中国民俗学会授予沂源县"**中国民间传说之乡——牛郎织女传说**"牌匾。台湾大学洪淑苓向沂源牛郎织女民俗博物馆捐赠了她1988年出版的学术专著《牛郎织女研究》。据沂源县文化局局长张纪军介绍，沂源已投资40万元兴建牛郎织女仙境民俗馆，并且制定了保护发展牛郎织女传说的五年计划和十年计划。

● 8月，由中国民俗学会、北京民俗博物馆合编的会议论文集《**传统节日与文化空间——"东岳论坛"国际学术研讨会专辑**》由学苑出版社正式出版。

● 12月5日上午，中国民俗学会和北京师范大学民俗典籍文字研究中心、北京大学民俗论坛联合主办的"民俗学论坛"在北京师范大学文学院励耘学术报告厅举行。论坛主讲人是**前民俗学会会长、美国克林顿政府文化艺术基金会主席比尔·艾伟（Bill Ivey）教授**，演讲题目是《美国民俗学的三大部门》，演讲翻译是美国威莱大学东亚研究中心主任张举文博士。

据艾伟教授介绍，美国当代民俗学可以简单地理解为具有三个分支或三种取向，一种是学院派（academic folklore）的取向，一种是公众民俗学

（public folklore）研究，一种是流行民俗（popular folklore）的研究。

萧放主持了报告会。刘魁立在致辞中提到："前不久美国民俗学会在加拿大魁北克召开了他们的代表大会，有700多人参加会议，当时中国的代表团，我和在座的高丙中先生、萧放教授都参加了这次会议。我们受到美国民俗学会非常热烈的欢迎，而且始终有几位学者，包括会长、常务副会长，还陪同我们从加拿大的魁北克到芝加哥，再到华盛顿，给了我们很多学习的机会，双方建立了很好的联系，这一次这几位先生到中国来要展开一系列的学术活动，从北到南、从西到东，将要做一系列的报告，今天是报告的头一次，回头在今天下午，张举文教授还要在北大做第二次论坛的讲演。接下来要到山东去做第三次的学术报告，是由我们的梅布尔（Mable）女士去做报告。回过头来又要到武汉，然后云南，这样一路下来会有5—6个报告，然后在中山大学进行一次学术座谈。这样一系列充实的学术活动，对于两国今后的合作会打下一个很好的基础。"

● 12月10—11日，"**全国民俗学与民间文学研讨会暨中国民俗学会民俗教育专业委员会成立大会**"在华中师范大学举行。前美国民俗学会主席比尔·艾维教授、华中师范大学校长马敏，以及湖北省教育厅、省文联领导出席了开幕式，来自国内外70多名专家共同探讨非物质文化遗产保护以及相关学科研究人才培养的话题。中国民俗学会秘书长叶涛在开幕式上宣读了同意成立民俗教育专业委员会的文件。

学者们认为，在地方保护民间文学等非物质文化遗产的工作中，仍存在专业人才缺乏，保护理念落后等问题，希望高校能在非物质文化遗产保护与研究工作中扮演更重要的角色。与会代表就民俗学与民间文学教学经验与人才培养等问题展开了讨论，对国家"十一五"规划教材《民间文学教程》的编写计划，《中国民间文艺学年鉴》的编纂工作等问题也进行了探讨。

参加会议的有刘魁立、刘守华、黄永林、陈建宪、林继富、叶涛、高丙中、陈岗龙、向柏松、江帆、热依拉、武文、孙正国、覃德清、翁敏华、邱国珍等。会议决定由黄永林担任第一届中国民俗学会民俗教育专业委员会主任。

● 12月20日，由中国民俗学会和温州大学联合举办的"**首届中国民俗学高层论坛**"在温州大学召开。刘魁立在开幕式上致辞，乌丙安、刘铁梁、高丙中、周大鸣、万建中、叶涛等来自全国各地的十几位学者以及温州大学民俗学专业教师参加了会议。会议初衷是讨论民俗学科的前沿问题和热点问题。学者们主要针对非物质文化遗产保护的举措和民俗学的学科建设交换了意见。论坛结束后，代表们考察了温州大学民俗教育示范基地和芙蓉古村。

2008 年

● 1月16日，由抓客网发起，中国民俗学会、TOM 网共同主办的"**首届中华春节全景纪实摄影行动**"正式启动。作品征集截至 5 月 30 日，共征得作品 5000 余幅，评奖结果于 11 月 23 日公布。萧放等 4 名评委对入围的 27 组作品进行了最终评审。

此后，2009 年 1 月 17 日—6 月 30 日，抓客网又与中国民俗学会、北京文网联合主办了"第二届中华春节全景纪实摄影行动"，萧放代表中国民俗学会在启动仪式上致辞。

● 1月30—31日，由中国民俗学会和北京民俗博物馆共同举办的"**第四届东岳论坛**"："**东岳文化与大众生活**"在北京东岳庙举行。来自法国、德国、澳大利亚、韩国、日本和包括中国台湾在内的海内外 40 余位专家学者从各自的专业领域和不同角度对东岳文化这一主题进行了讨论，内容包括东岳庙庙会的非物质遗产评估、民间信仰的理论挑战与选择、北京东岳庙与东岳论坛、宝卷中的东岳信仰、京城文化中的北京东岳庙、皇权统治下的东岳祭祀、东岳庙传播与分布、东岳信仰与民众生活等。陈进国、陈巴黎、贺学君、岳永逸、萧放、陶阳、袁爱国、周郢、孔正一、周少明、吴效群、邢莉、李彩萍、赵丙祥、文爱群、丁肇琴、弗里德里希·宾礼达、蔡文高、文爱群、丁肇琴、刘晓、柳建新、代洪亮、张世贤、罗丹妮、任世权、徐永安等人发表了论文。会后，代表们参观了位于奥运村的北顶娘娘庙。

● 2月，中国民俗学会网站建设得到北京中研世纪科技有限公司的大力支持。该网总工程师李刚和首席美术设计刘诚的工作团队与巴莫曲布嫫一道开始重新构建基于动态网络发布系统的中国民俗学会官方网站,形成了**中国民俗学网/民俗学论坛/民俗博客**三个站点同步发展的基本思路。

● 3月1日,中国民俗学会和山东省沂源县人民政府共同组建的"**中国牛郎织女传说研究中心**"在沂源县文化局挂牌成立。刘魁立、刘锡诚、刘德龙、刘宗迪、贺学君、李万鹏、叶涛、陈泳超、张从军、任双霞、郭俊红、王蕾、施爱东等参加了挂牌仪式,沂源县委书记国祥、县长苏星等领导出席仪式。学会秘书长叶涛介绍了研究中心的有关情况和"牛郎织女传说系列丛书"编纂计划,并和沂源县副县长陈兆爱签订了"中国牛郎织女传说研究中心"共建协议书。同时,该县成为山东大学中国民间文学博士点科研基地。在此之前,沂源县申报的"牛郎织女传说"已被列入第二批国家非物质文化遗产名录;中国民俗学会授予沂源县"中国民间传说之乡"称号。会后,与会学者到燕崖牛郎织女景区、神清宫等处进行了实地考察。

2008年3月1日,"中国牛郎织女传说研究中心"在山东省沂源县文化局挂牌成立

● 3月9日,"**中国民俗学会建筑民俗文化专业委员会暨西江工作站**"在肇庆市西江日报社举行挂牌仪式。中国民俗学会顾问、中国民俗学会建筑民

俗文化专业委员会主任叶春生、肇庆市政府副秘书长陈义、市委宣传部副部长顾兆祺、西江日报社社长朱英中以及肇庆市房地产企业、装饰等相关行业代表出席了挂牌仪式。委员会旨在将建筑民俗与地方文化相结合，广泛开展与地方政府和文化机构的横向合作。

● 7月10日，刘魁立在北京市朝阳区图书馆小会议室主持召开了学会常务理事会。主要议题：一是汇报学会2007年以来的工作；二是研究今后学会的发展。

● 7月28日，由中国民俗学会、山东大学文史哲研究院、山东省沂源县人民政府、广西师范大学出版社共同主办的"**《中国牛郎织女传说》首发式暨全国第二届牛郎织女传说学术研讨会**"在北京召开。《中国牛郎织女传说》包括研究卷、民间文学卷、俗文学卷、图像卷、沂源卷共五卷，叶涛、韩国祥（沂源县县委书记）担任总主编。这是迄今为止最为全面地对中国牛郎织女传说进行系统整理与研究的重要著述。刘锡诚、施爱东、张从军、刘铁梁做了主题发言，分别介绍了牛郎织女传说的研究现状和本书编写情况。参加会议

2008年7月28日，"《中国牛郎织女传说》首发式暨全国第二届牛郎织女传说学术研讨会"在北京举行

的还有刘魁立、叶涛、段宝林、赵世瑜、贺学君、朝戈金、李万鹏、车锡伦、白庚胜、周小璞、郑长铃、刘瑞琳、傅永军、宋军继、苏星（沂源县县长）等 40 余名学者和领导。

● 8 月 21 日，中国民俗学网发布《**中国民俗学网：版权与免责声明**》，《声明》包括三个部分：版权声明、无稿酬声明、免责声明。

● 8 月 28 日，中国民俗学会与北京中研世纪科技有限公司正式签订《中国民俗学网技术开发合同》，致力于开发动态的信息发布系统和后台管理平台。

● 8 月 28 日，国家非物质文化遗产保护工作专家委员会召开了在京委员的专题会议，研究讨论**向联合国教科文组织推荐保护非物质文化遗产领域非政府组织和专家**的事宜。与会专家根据联合国教科文组织关于推荐保护非物质文化遗产领域非政府组织的有关标准，进行了充分热烈的讨论，一致认为：一、推荐的非物质文化遗产领域非政府组织，应当是代表我国非物质文化遗产保护工作的权威性机构，或在某一领域具有代表性；应在我国非物质文化遗产保护工作中发挥重要作用，有令人信服的工作业绩。二、推荐的专家应长期从事非物质文化遗产保护工作，具有较高的学术造诣和权威性，责任心强，身体健康，英语或法语表达能力较强，有较丰富的国际交往经验。

根据上述共识，会议提出的推荐机构为：中国非物质文化遗产保护中心、中国民俗学会、中国工艺美术学会、中国中医科学院、中国科学技术史学会、中国民间文艺家协会。推荐专家为：高丙中、朝戈金、陈飞龙、巴莫曲布嫫。

● 9 月 1 日，中国民俗学会秘书长叶涛发表致全体学界同仁的公开信——《中国民俗学会：中秋问候及网站建设事宜通告》。通告中提到：在北京中研世纪科技有限公司（以下简称"中研网"）的支持下，新版**中国民俗学会官方网站"中国民俗学网"**正式上线试运行。与此同时，学会主站开通了"民俗学论坛"和"民俗学博客"两个功能性服务模块，凡正式注册的论坛/博客会员均可建立博客和即时升级空间，并可导入自己原有的博客文章或日志，希望在校学生踊跃到网站注册，成为中国民俗学网的正式会员，便可建立和升级自己的个人空间（博客），共享学术资源，增进学术交流。学会副秘书长巴莫曲布嫫、中研网技术总监李刚、首席美术设计刘诚为网站建设投入了巨大精力。

● 9月17日，"**中国民俗学网**"的国际域名和国内域名，连同中文域名"中国民俗学会·中国"先后重新启用，谷歌和百度的检索网址已经指向域名重新解析后的新IP地址。中国民俗学网数据库托管于中国科技部下属的数据机房，技术支持和合作方为"中研网"。

中国民俗学网：http：//www.chinafolklore.org/（国际域名）
　　　　　　　http：//www.chinesefolklore.org.cn（国内域名）
民俗学博客：http：//www.chinafolklore.org/blog/
民俗学论坛：http：//www.chinafolklore.org/forum/

● 9月18日，**民俗学博客二级域名配置成功**。从该日起，民俗学博客可以启用自定义域名支持，使用二级域名模式。民俗学博客的"主域名"设定为"国际域名：chinafolklore.org"。

● 9月25日，中国民俗学会秘书处发出《**就近期会籍复核登记事宜致广大会员的一封信**》。学会经过25年岁月的洗礼，会员情况已经有了很大变化，为了更好地完善会员联络机制，需要对会员进行全面的摸底和重新登记，因此要求会员认真填写《中国民俗学会会籍复核登记表》，以便重新登记造册。

● 10月20—21日，广西民族大学文学院承办的"**中国民俗学会民俗教育专业委员会第二次会议**"在南宁举行。刘魁立、黄永林、刘守华、叶涛、陶思炎、杨树喆、陈金文等16所高等院校和科研单位共30多位专家学者参加了会议。与会学者围绕高校民俗与民间文学教学、民俗学与民间文学研究、口头非物质文化遗产的抢救与保护等议题展开了讨论。会议期间，与会代表还前往扬美古镇进行考察。

● 10月22日,"中国民俗学网·民俗学论坛/民俗学博客"公开招募版主。民俗学论坛设置的版块有:一、坛友沙龙(龙门阵、音·影·图、随感杂谈、民俗万象、你问我答、资料共享);二、学人园地(学科问题、口头传统、神话研究、故事研究、文类问题、传承人与社区);三、学人话题(学术史写作、民俗志表述、田野与文本、家乡民俗学、传统节日、非物质文化遗产);四、阅读时间(动态报道、论文摘要、新书推荐、阅读笔记、书评文萃、他山之石);五、研究生沙龙(招生信息、考研交流、试题集萃、校园生活、学位论文、外语角);六、平行学科(人类学·民族学、社会学、宗教学、语言学、民族音乐学、人文学术相关);七、站务公告(论坛简介、本站指南、论坛活动、论坛建议、版主申请、论坛公告);等等。

巴莫曲布嫫负责招募和组建中国民俗学网志愿者工作团队,同时发布了**《中国民俗学网·民俗学论坛/民俗学博客版主管理规则(2008—2009暂行办法)》**。张礼敏、英古阿格(杨杰宏)、任双霞、笛威辛亢(衣晓龙)先后成为第一批论坛管理员(坛主)。

● 12月26日,"中国民俗学会2008年年会"前夕,刘魁立主持召开了中国民俗学会第六届常务理事会扩大会议。出席会议的常务理事有万建中、巴莫曲布嫫、叶涛、刘铁梁、刘魁立、邢莉、余悦、陈华文、尚洁、柯杨、萧放、陶立璠。此外,荣誉理事长乌丙安,以及副秘书长林继富、陈岗龙、杨秀、施爱东,理事袁学骏、梅联华等列席了会议。

尚洁介绍了2008年年会的筹备情况,叶涛就学会2008年工作进行了汇报,提出了2009年的学会工作思路。袁学骏、梅联华就2009年与学会联合组织学会活动等事宜进行了汇报。常务理事就以上事项进行了讨论,并通过了一批新会员名单。

叶涛向与会常务理事汇报了"中国民俗学网"的建站情况和运行方式。会上通过了**"中国民俗学网编辑委员会"**组成人员名单。

编委会学术咨询顾问:刘魁立、乌丙安、陶立璠、柯杨、宋兆麟、段宝林。

编委会主任:叶涛。

2008年12月26日,"中国民俗学会第六届常务理事会扩大会议"在天津会宾园大酒店举行

编委会成员:刁统菊、尹虎彬、巴莫曲布嫫、李刚、刘晓春、刘晓峰、陈泳超、陈岗龙、杨秀、张勃、林继富、施爱东、康丽、黄涛、黄景春、萧放、郑土有、高荷红。

编委会学术总监:巴莫曲布嫫、施爱东。

编委会技术总监:李刚。

中国民俗学网主站编辑组成员:王娜、阿佳史妮(李佳蓉)、唐娜、张勃、杨秀、康丽、高荷红、巴莫曲布嫫。

● 12月27—28日,"**中国民俗学会2008年年会**"在天津会宾园大酒店举行。本次年会共收到240余篇应征论文,秘书处从中遴选出100余篇与会论文。来自全国24个省市自治区的90余名代表参加了会议。

大会开幕式由叶涛主持。刘魁立在开幕词中提到:在我国政府有关部门向联合国推荐的关于非物质文化遗产研究的非政府组织机构名录中,中国民俗学会名列其中;我国政府向联合国教科文组织推荐的4名非物质文化遗产评审专家中,就有中国民俗学会推荐的3名学者:朝戈金、高丙中、巴莫曲

2008年12月27日,"中国民俗学会2008年年会"与会嘉宾合影

布嫫。中国民俗学会将在今后非物质文化遗产的研究和实践方面发挥更大的作用。刘魁立还说,今后学会将每年召开一次学术年会,希望广大会员积极参与,共同把年会办成高质量的展示学术研究成果、交流学术信息的开放性的学术平台。

开幕式上,乌丙安用光电鼠标点通了学会网站,**标志着"中国民俗学网"正式开通**。秘书处宣布了"中国民俗学网编辑委员会"和"中国民俗学网志愿者工作团队"的人员构成,巴莫曲布嫫向全体代表演示了"中国民俗学网"的版块和操作。据巴莫曲布嫫介绍,网站运营3个多月以来,截至12月26日,主站访问量累计达787,026人次,发布文章1523条,建立学者档案78份,民俗学博客开通89个,话题圈19个,信息数2734条,附件容量为495MB;民俗学论坛注册会员296人,发布主题帖1920条,累计发帖3126条,日最高发帖125条,日最高访问179人。

乌丙安、柯杨、菅丰(日本)、刘魁立、刘晓春、王雨生、李春园做了大会发言,另有75位学者在三个分会场宣读了论文。参加会议的还有柯杨、陶立璠、刘铁梁、叶涛、尚洁、李世瑜、常建华、李家璘、中国民俗学网技术支持方北京中研世纪科技有限公司工作人员、中国民俗学网志愿者工作团队代表。

12月27日下午,与会代表们参观了天津大学冯骥才文学艺术研究院、天津市老城博物馆、天后宫（天津民俗博物馆）、古文化街，在津味浓郁的"天津卫·一九二八"餐饮文化广场品尝了天津老风味食品，欣赏了天津快书、京韵大鼓、相声等曲艺艺术。晚宴期间，刘魁立提议代表们以热烈的掌声为80高寿的乌丙安先生致礼。

● 12月28日晚，年会间隙，巴莫曲布嫫主持召开了"**中国民俗学网工作会议**"，来自北京大学、北京师范大学、广西民族大学、广西师范大学、华东师范大学、河南教育学院、聊城大学、陇东学院、南京师范大学、内蒙古师范大学、清华大学、山东大学、陕西师范大学、上海大学、石河子大学、温州大学、云南大学、浙江师范大学、中南民族大学、中国社会科学院研究生院等高校的师生代表出席了会议。

叶涛、巴莫曲布嫫、施爱东分别就"民俗学论坛·高校论坛"的设立初衷和工作方向做了陈述，"海上风民间文化论坛"创立者田兆元介绍了开办论坛的经验和心得。与会者就"民俗学论坛·高校论坛"的设立和版主约请进行了磋商，对论坛的发展方向和运作方式达成了基本共识。首批志愿者团队中的英古阿格（杨杰宏）、任双霞、笛威辛亢（衣晓龙）正式出任"民俗学论坛"坛主。英古阿格、笛威辛亢、张勃、任双霞、茅正圆、luody（罗丹阳）、clamstock（朱刚）、代启福等担任超级版主。

2009 年

● 4月9—12日,由中国民俗学会、中国民俗博物馆、泰安市人民政府等单位共同主办的"第五届东岳论坛":"泰山东岳庙会国际论坛暨海峡两岸学术研讨会"在泰安举行,论坛主题为"登泰山巅峰,论东岳文化"。来自海峡两岸以及德国、法国、日本、韩国、美国的学者和研究生共50多人参加会议,会议共收到论文30余篇。本次论坛的主题是"登泰山巅峰,论东岳文化",与会代表围绕各地东岳庙的历史沿革与庙会活动、古代帝王封禅与东岳信仰的历史发展、东岳信仰与民众社会生活、东岳信仰的当代价值等议题展开了讨论。刘魁立、刘守华、刘宗迪、刘德增、王秋桂、贺学君、车锡伦、叶涛、李彩萍、邱国珍、赖施虹、吴秀杰、吴真、吴效群、吴光正、蒋铁生、

2009年4月9日,"泰山东岳庙会国际论坛暨海峡两岸学术研讨会"在泰安举行

周郢、蔡文高、郑澎、范华、金智暎、林敬智等出席了会议。

● 4月25日,"全国和谐文化与民俗传统研讨会暨河北省和谐文化研究会成立大会"在河北省邢台市召开,4月26日,中国民俗学会在号称"华夏和谐文化第一村"的河北省临西县万庄村举行了"**中国民俗学会万庄调研基地**"挂牌仪式。出席挂牌仪式的有中国民俗学会会长、理事长刘魁立,河北省民俗文化协会会长袁学骏,河北省和谐文化研究会会长王殿明,临西县万庄村党支部书记王殿树,以及与会学者和万庄村村民。

2009年4月26日,刘魁立(右)代表中国民俗学会为河北省临西县万庄村"中国民俗学会万庄调研基地"挂牌

● 5月26—28日,由中国民俗学会、浙江省文化厅、嘉兴市人民政府共同主办的"**中国民俗文化当代传承浙江论坛(嘉兴)**"在嘉兴市阳光大酒店举行。浙江省政协主席周国富、国家非物质文化遗产保护专家委员会副主任周小璞,以及刘魁立在开幕式上致辞。柯杨、刘铁梁、陈华文、顾希佳、黄涛、丘国珍、陈连山、赖金良、储冬爱、宣炳善、刘朝晖、王加华、张勃、马知遥、郑土有、梅联华、徐杰舜、杨秀、邹明华、徐吉军、刘晓峰等人参加了会议,来自全国30多所高校与科研机构的与会专家超过100人。会议论

文随后由董芍素编辑为《我们的节日：中国民俗文化当代传承浙江论坛（嘉兴）论文选》（浙江人民出版社，2010年）正式出版。

2009年5月26日，"中国民俗文化当代传承浙江论坛（嘉兴）"在嘉兴阳光大酒店举行

● 6月13—15日，由上海师范大学承办的"**中国民俗学会民俗教育专业委员会第三次年会暨中国民俗与古代文学研讨会**"在上海举行。会议围绕民俗学学科与古代文学学科交叉研究、高校民俗专业教学、民俗学与民间文学研究等议题进行了探讨。大会由翁敏华主持，黄永林、刘守华、陈勤建、贺学君、苏智良等40多位专家学者出席了会议。

● 7月3日，由中国民俗学会、上海美术电影制片厂主办，上海古玛文化传播有限公司承办的"**生肖卡通设计有奖征集**"评奖结果正式揭晓。征集活动于2008年6月27日开始，至2009年12月31日截止。活动共征得画稿27,850幅，审核上线的20,167幅。以刘魁立为主任的评委会终审评出了一、二、三等奖共72人，总奖金75万元。最后，征集办组织设计专家对入选的12个一等奖作品进行了修改和再创作，由吴冠英主持，使十二生肖吉祥物卡通形象的风格更为统一。

● 8月28—30日，由中国民俗学会、新疆天池管理委员会共同主办的"**首届中国'天山天池'西王母文化学术论坛**"在天山举行。刘铁梁、叶涛、赵宗福、黄景春、陈丽琴、吴真、吕书宝、陈连山、刘宗迪、黄涛、张从军、吴新锋、施爱东等人参加会议，会议共收到21篇论文，《西王母的形象变异》《西王母神化的传播研究》《新世纪以来西王母研究概要》等13篇论文入选。会议期间宣布成立"**中国民俗学会神话与西王母文化研究专业委员会**"，**赵宗福当选为主任委员**，天池管委会主任迟文杰担任副主任委员兼秘书长。会后进行了新疆地区的民俗学考察活动。

2009年8月28日，"首届中国'天山天池'西王母文化学术论坛"在新疆天山天池管理委员会举行

● 9月5日，由中国民俗学会与九三学社中央文化工作委员会、学苑出版社共同主办的"**文化传统与民间信仰———第二届海峡两岸民间文化学术论坛**"在北京举行，中国大陆与台湾、香港地区以及德国、韩国的22位学者聚集一堂，针对中华文化传统和民间信仰风俗等话题进行了热烈的高层次讨论。刘魁立、王秋桂、郑培凯、钱超尘、曹幸穗、孟白、金泽、赵世瑜、王嵩山、陈益源、高丙中、曹兵武等专家计20余人参加了会议。叶涛主持了开幕式，九三学社中央副主席邵鸿在开幕式上致辞。会议主要由孟白组织发起。

2009年9月5日,"文化传统与民间信仰——第二届海峡两岸民间文化学术论坛"在北京举行

● 10月3—4日,日本民俗学会第61届年会在东京国学院大学召开。朝

2009年10月3日,朝戈金、高丙中代表中国民俗学会参加在东京国学院大学举办的"日本民俗学会第61届年会"

戈金、高丙中应该大会执行委员会、国学院大学的邀请与会，并在"中国民俗学的现状及今后发展"特设专题会上分别做了题为《中国民俗学的晚近发展：以口头程式理论的本土化实践为例》《中国的民俗复兴与民俗学的新发展：后社会主义与后现代氛围的机遇》的演讲。

● 10月27—28日，由中国民俗学会、湖南省苗学会、湖南省花垣县人民政府共同举办的"**全国蚩尤文化研讨会**"在"中国湖南（花垣）首届苗族文化艺术节"期间举行，陈勤建、段宝林以及近百名地方学者参加了会议。会议论文随后结集为《魂牵蚩尤——全国蚩尤文化研讨会论文资料汇编》（民族出版社，2010年）正式出版。

● 12月15日，由中国民俗学会、中国寓言研究会作为指导单位，由上海民间文艺家协会、恒源祥集团有限公司主办，故事会杂志社及恒源祥家纺产业集团联合承办的"**和气致祥杯新编十二生肖故事大赛**"启动。作品征集截至2010年5月31日，共收稿837件。2010年12月公布了比赛结果，浙江高雷锋《兔子的故事》获金奖5000元，广东陈吉《猴子的许愿树》、河北孙世娥《羊之战争》分获银奖各3000元。2011年2月起《故事会》逐步发表了部分获奖作品。

● 12月18日，由中国民俗学会茶艺研究专业委员会、2009中国第二届绿色食品博览会组委会、江西省社科院中国茶文化重点学科组联合主办的"**2009中国绿茶产业与文化发展论坛**"在南昌国际展览中心多功能厅举行。中国民俗学会理事长刘魁立、中国民俗学会茶艺研究专业委员会主任余悦等参加了会议。

● 12月18—21日，由中国民俗学会、南昌市社会科学院、南昌市文化局联合主办的"**中国民俗学会2009年年会**"在南昌举行。中国民俗学会理事长刘魁立、南昌市委宣传部长周关、江西省社会科学院副院长万建强在开幕式上讲话。刘魁立、高丙中、万建中、萧放、巴莫曲布嫫做了大会发言。江西省和南昌市的主要媒体均对会议做了报道，多家媒体还就非物质文化遗产的保护和地方民俗文化发展等问题对与会学者进行了专题访谈。

2009年12月18日,"中国民俗学会2009年年会"在南昌举行

本次会议共收到153位会员的141篇应征论文,学会秘书处从中遴选出89位会员的84篇论文,刘铁梁、高丙中、叶涛、黄永林等来自全国23个省市自治区的70多位学者出席了会议。陈华文、段友文、刘德龙、石奕龙、邓启耀、邱国珍、张铭远、梅联华、桂胜、施爱东等主持了各个分会场的会议。12月20日,与会代表参观了南昌市非物质文化遗产成果展,考察了南昌市民俗博物馆和安义县千年古村落。

此外,由中国民俗学网编辑委员会推选,本次年会邀请了部分对学会网站建设有突出贡献的志愿者与会,由学会与会议承办方负责提供往返交通费、住宿费及会务费。入选的志愿者为代启福、耿羽、李建宗、马衣努·沙那提别克、王娜、杨杰宏、衣晓龙、朱刚、唐娜、任双霞等。

年会间隙,刘魁立主持召开了常务理事扩大会议,叶涛通报了2009年学会的主要工作。常务理事会对申请入会的新会员名单、中国民俗学会和中国民俗学网的新LOGO(会标和网标)进行了讨论,对2010年的工作做出了初步规划。

20日晚,巴莫曲布嫫、施爱东召集了中国民俗学网志愿者工作团队代表和与会的部分专家学者和高校教师,就中国民俗学网的发展与民俗学高校论坛的运作管理机制进行讨论和部署。

● 12月24日，在"中国民俗学网·高校论坛"首次进行的民俗学高校论坛推介和评比活动中，长江大学率先荣膺"2009年度中国民俗学网高校论坛贡献奖"。

2010 年

● 1月4日，中国民俗学网志愿者工作团队在"民俗学论坛"发布"中国民俗学网访问流量：国别/地区/语言"。通过网页跟踪分析软件，统计出一年来（2009年1月3日—2010年1月3日）学会网站国际域名（www.chinafolklore.org）的覆盖范围为119个国家/地区（含中国）；来自5大洲的2222个城市；使用的浏览器语言系统为66种；绝对唯一身份访问者人数243,041人。这次统计仅仅针对本网国际域名的访问量，国内域名暂未跟踪。

● 3月15—18日，由中国民俗学会、中共温州市委宣传部、温州市文联主办，温州大学民俗学社会学研究所承办的"**中国节日文化遗产保护（温州）论坛·温州拦街福研讨会**"在温州大学举行。会议主题是"民俗文化的传承与创新"，来自全国各地的民俗学者现场观摩了温州的"拦街福"，为如何办好该项活动出谋划策。"拦街福"是温州市一项规模盛大的传统节会，也是一项深受温州民众喜爱的非物质文化遗产。刘魁立、刘锡诚、陶立璠、叶大兵、连晓鸣、武宇嫱、黄涛等出席了会议。

● 4月27日，由中国民俗学会、泰安市人民政府主办，中国泰山风景名胜管理委员会承办的"**庙会文化与当代社会：2010第二届泰山东岳庙会国际学术研讨会**"在泰安市举行。刘魁立、王秋桂、李万鹏、叶涛、刘德龙、高丙中、安德明、刘晓春、江帆、林晓平、黄涛、邱永辉、张从军、岳永逸、沈建东、周郢、王加华、徐永安、任双霞、刘晓、张润平、姜波、任志强、张世贤、葛传宇、吕敏（Mariannie Bujard）、达白安（Brian R. Dott）、罗伯松（James Robson）等来自中国大陆和台湾以及欧美国家的37位专家学者参加了会议，分别就非物质文化遗产本真性、庙会的历程与前景、外国学者心目中的泰山与泰庙、庙会文化的当代现实意义、当代庙会文化建设等问题展开讨论。

● 6月15—17日，由中国民俗学会、嘉兴市人民政府主办，嘉兴市节庆办、嘉兴市文化局、嘉兴市社科联承办的"**2010中国端午习俗国际学术研讨会**"在嘉兴召开。会议以"中国端午习俗流变与嘉兴节日文化传承"为主题，来自中国大陆、台湾以及日本、韩国、新加坡、马来西亚等国家的专家学者参加了会议。嘉兴市领导武亮靓、王淳、柴永强，以及市委宣传部、市文化广电新闻出版局领导出席了开幕式。

开幕式上还举行了"**中国端午文化研究基地**"授牌仪式，刘魁立在致辞中说，嘉兴是中国民俗学会在端午文化研究上设立的第一个基地，中国民俗学会将与当地学者一起，建立完善的民俗资料库，让端午这个节日变得更加神圣和崇高，成为中国老百姓喜爱的节日。刘晓峰和胡晶分别代表学会和嘉兴市共同担任基地负责人。

研讨会以"中国端午习俗流变与嘉兴节日文化传承"为主题，通过对吴越文化背景下的嘉兴端午习俗形成、流变、保护、挖掘与传承的研究，以中国历史文化名人伍子胥与嘉兴端午为切入点，探讨嘉兴端午习俗与中国以及东南亚地区端午习俗的渊源、寻找节日文化历史与现代的脉络，探讨端午习俗如何与现代文明相协调，探讨如何拓宽传统节日文化的民族化、国际化路径。

● 7月29日，中国民俗学会秘书处发表《**中国民俗学网：中文域名正式启用**》的公开信，表扬学会秘书处陈果艳女士，经过她的不懈努力，经历4个月时间，成功更新了学会的机构代码证书，顺利通过信息产业部规定的审核程序，"中国民俗学网"中文域名终于得以正式启用。

● 8月21—27日，由中共青海省委宣传部、中国民俗学会、青海省社会科学院、湟源县人民政府主办的"**昆仑文化与西王母神话国际学术论坛暨青海湟源昆仑文化周**"分别在西宁市和湟源县举行。开幕式由赵宗福主持,青海省委宣传部部长、诗人吉狄马加在开幕式上发表了热情的讲话。海峡两岸民俗学者刘魁立、叶涛、朝戈金、尹虎彬、巴莫曲布嫫、万建中、林继富、张从军、张勃、陈连山、陈金文、刘宗迪、王杰文、陈虎、钟宗宪、吴秀杰、任双霞,以及来自瑞士、美国、德国等国的海内外近 50 名专家学者出席了会议。瑞士苏黎世大学的历史人类学家雅各布·坦纳(Jakob Tanner)做了题为《德语国家的历史人类学和民俗学》的专题报告(吴秀杰翻译)。会议论文随后由赵宗福编辑为《昆仑文化与西王母神话论文集》(青海人民出版社,2011年),该书获 2013 年"北方十五省哲学社会科学优秀图书奖"。

22 日上午,与会学者在湟源县宗家沟西王母石室前参加了"**王母祭拜大典**"。数千名四邻八乡的民众和远道而来的游客共同参与见证了盛会。

2010 年 8 月 21 日,"昆仑文化与西王母神话国际学术论坛暨青海湟源昆仑文化周"开幕式在西宁市举行

● 8月27日，由亚细亚民间叙事文学学会、中国民俗学会、临安市文化广电新闻出版局三家联合举办的"**亚细亚民间叙事文学学会第十一届学术研讨会**"在临安召开。刘魁立、林继富、高木立子，以及来自日本、韩国的20余位专家学者参加了研讨。研讨会以虎年、虎故事和钱王传说为主题，探讨十二生肖与动物的关系、有关动物的民俗信仰以及在老百姓心中的文化价值等。

● 8月28日下午，第十一届全国人大常委会在人民大会堂举行第十七讲专题讲座，题目是《**我国非物质文化遗产保护的若干问题**》，吴邦国委员长主持讲座。十一届全国人大常委会第十六次会议初次审议了非物质文化遗产法草案，为使全国人大常委会组成人员更好地审议、修改这部法律草案，全国人大常委会安排了这次讲座。

中国民俗学会理事长刘魁立担任主讲人。他从非物质文化遗产问题的提出、我国非物质文化遗产保护工作的现状、国家非物质文化遗产保护工作面临的主要困难和问题、进一步加强非物质文化遗产保护工作的建议等四个方面做了讲解。并且从完善非物质文化遗产保护和传承机制；加强包括传承人、工作管理人员、研究人员在内的队伍建设；加快立法进程，为非物质文化遗产保护工作提供法律保障；加强领导、加大投入；加强宣传引导等方面提出了意见和建议。全国人大常委会副委员长王兆国、路甬祥、乌云其木格、韩启德、华建敏、陈至立、周铁农、李建国、司马义·铁力瓦尔地、蒋树声、陈昌智、严隽琪、桑国卫等听取讲座。《人民日报》对讲座做了详细报道。

● 8月31日，由中国民俗学会、山东省民间文艺家协会、肥城市人民政府共同主办的"**中国肥城桃文化研讨会**"在宝盛大酒店举行。会议邀请了国内民俗和桃文化研究方面的近20位学者参加研讨，从桃文化历史渊源、产业开发、文化营销、文化推广的角度进行研讨。刘晓峰代表学会参加了会议。

● 9月30日，中国民俗学网志愿者工作团队公布"民俗学论坛"分区版主任职情况。"民俗茶馆"版主：马知遥、英古阿格（杨杰宏）；"四方庙会"版主：笛威辛亢（衣晓龙）、任双霞；"山经海经"版主：耿羽、folkman（李建宗);"八仙过海"版主:竹林遗风(卫文辉)、后溪男孩(郑木溪);"书场评弹"版主:木兰山人(周波)、笛威辛亢;"五子登科"版主:代启福、马衣努;"议事堂"版主:cfngroup(团队共用)。

2010年11月19日晚,刘魁立(前排中间)在其宾馆客房会见为"中国民俗学会第七届代表大会暨2010年年会"担任会务工作的民俗学青年志愿者

● 11月20—24日,"**中国民俗学会第七届代表大会暨2010年年会**"在山西省太原市召开,来自全国各地的150余名会员代表出席了会议。本届代表大会的所有会务工作,均由来自全国各地的民俗学青年志愿者担负,这也开启了此后每年年会均由青年志愿者担任会务工作的先河。19日晚上,刘魁立在其宾馆客房会见了这批民俗学青年志愿者。

21日上午的大会开幕式由贺学君主持,柯杨致开幕词。陈勤建、乌丙安、万建中、朱刚、福田亚细男(日本)、刘魁立等做了大会发言。21日下午和22日上午,会议分为3个小组进行学术讨论,与会代表就中国民俗学的学科建设、非物质文化遗产保护的理论与实践、民俗事象的调研等展开讨论。

2010年11月20日，"中国民俗学会第七届代表大会暨2010年年会"在山西省太原市举行

2010年11月21日，"中国民俗学会第七届代表大会"与会代表合影

22日下午，学会理事长刘魁立主持召开全体会议，秘书长叶涛做《中国民俗学会第六届理事会工作报告》，副秘书长施爱东做《关于修改〈中国民俗

学会章程〉的报告》，与会代表审议并通过了上述两个报告，通过了新的《中国民俗学会章程》。

在刘魁立的主持下，与会全体会员代表选举产生了中国民俗学会第七届理事会，安德明等116名会员当选为新一届理事会理事。在叶涛的主持下，中国民俗学会第七届理事会召开全体会议，选举产生了由37名理事组成的常务理事会。在随后举行的第七届常务理事会第一次全体会议上，选出了中国民俗学会第七届会长和副会长（根据新的章程，鉴于"学会理事长"称呼不适合对外交流与合作，**第七届理事会起，将"理事长"改称为"会长"，"副理事长"相应改称为"副会长"**）。

在新一届理事会产生之后，赵宗福主持了大会闭幕式。曾经担任学会第一任秘书长、第二任理事长的刘魁立先生满怀深情地回顾了自己在中国民俗学会的服务历程，动情地忆及钟敬文先生等老一辈创会民俗学者的往事，对新一届理事会提出了殷切期望。与会代表用长时间的热烈掌声对刘魁立先生为学会所做出的贡献表示感谢和敬意。朝戈金代表新一届理事会宣布聘请刘魁立、乌丙安为学会荣誉会长，聘请柯杨等学会老领导为学会顾问。朝戈金代表学会新一届领导班子表示，将努力团结全国广大的民俗学工作者，在民俗学学科建设、提升民俗学学科在我国社会科学中的地位、加强对外学术交流、积极参与非物质文化遗产的理论建设与保护实践等方面做出新的贡献。在完成了大会各项议程之后，宣布会议闭幕。

第七届理事会常务理事（2010年11月22日通过）：安德明、敖其、巴莫曲布嫫、曹幸穗、朝戈金、陈岗龙、陈华文、陈勤建、陈泳超、董晓萍、段友文、高丙中、郭崇林、何彬、贺学君、黄涛、黄永林、江帆、李彩萍、林继富、林晓平、刘德龙、刘铁梁、刘晓春、刘晓峰、尚洁、施爱东、万建中、萧放、徐艺乙、叶涛、尹虎彬、余悦、张士闪、赵世瑜、赵宗福、郑土有。

第七届理事会会长：朝戈金。

第七届理事会副会长：巴莫曲布嫫、陈勤建、董晓萍、高丙中、贺学君、黄永林、刘德龙、刘铁梁、叶涛、赵世瑜、赵宗福。

第七届理事会荣誉会长：刘魁立、乌丙安。

第七届理事会顾问：柯杨、陶立璠、段宝林、叶春生、李惠芳、宋兆麟、齐涛、周星、白庚胜。

第七届理事会秘书长：叶涛（兼）。

第七届理事会副秘书长：陈岗龙、高荷红、郭崇林、黄涛、康丽、李彩萍、李春园、林继富、刘晓春、刘晓峰、施爱东、杨秀、曹彦生、朱刚、张勃、郑土有。

秘书处办公室主任：陈果艳。

秘书处办公室秘书：邵凤丽、王娜、黄清喜、黄雯、韩雪春、杨杰宏。

● 11月，由中国民俗学会、花垣县人民政府合编的《**魂牵蚩尤——全国蚩尤文化研讨会（湖南·花垣）论文资料汇编**》（民族出版社，2010年）正式出版。

● 12月9—14日，**国际哲学与人文科学理事会**第30届大会（CIPSH/ICPHS General Asembly）在日本名古屋举行。会上经选举，中国民俗学会会长、中国社会科学院民族文学研究所所长**朝戈金连任国际哲学与人文科学理事会副主席**，任期3年。

● 12月18日，由中国民俗学会、湖南省花垣县人民政府、民族出版社共同主办的"**《魂牵蚩尤》首发式暨中国蚩尤文化研究基地授牌仪式**"在北京举行。中国民俗学会秘书长叶涛主持了仪式，中国民俗学会会长朝戈金和花垣县长麻超签署了"中国民俗学会　中国蚩尤文化研究基地"共建协议书，中国民俗学会荣誉会长刘魁立向花垣县人民政府颁授了牌匾。

参加仪式的学者还有海峡两岸的学者王秋桂、张海洋、吕微、巴莫曲布嫫、郑筱筠、万建中、杨利慧、郗志群、陈连山、吴秀杰、吴晓东、王宪昭、施爱东等。学者们就蚩尤文化研究的相关问题和蚩尤文化研究基地的建设发表了许多宝贵意见，朝戈金在致辞中表示："中国民俗学会一直有这样一个理念，也反复倡导过，民族民间文化的发展一定要依仗三个力量：学界的力量、地方政府的力量、民众的力量。今天这样一个活动恰恰就是三方携起手来共同做一件事的一个生动事例。"

2010年12月18日,"《魂牵蚩尤》首发式暨中国蚩尤文化研究基地授牌仪式"在北京举行

2011 年

● 1月20日，朝戈金主持召开了"中国民俗学会第七届常务理事会第二次会议"。朝戈金从坚持学术活动常态化、加强民俗学学科建设、扩大学会对外交流、加大学会在非遗工作中的影响、筹备设立"中国民俗学奖"等方面谈了他对学会工作的基本思路。叶涛通报了学会秘书处的组成情况，汇报了2011年度的学会工作。刘德龙介绍了2011年年会的基本设想。赵宗福介绍了2011年夏天在青海举办研讨会的情况。巴莫曲布嫫通报了学会网站的运营情况以及所面临的困难，余悦当即表示，江西省民俗与文化遗产学会愿意帮助解决中国民俗学网部分经费问题。来自北京、青海、山东、江西、黑龙江、内蒙古、山西、浙江等地的常务理事出席了这次会议。学会荣誉会长刘魁立参加了会后的晚宴，学会秘书处部分成员列席了会议。

● 3月29日，叶涛主持召开秘书处工作会议，主要讨论了四个方面的问题：一、年度工作的具体分工；二、主办和联办学术会议的模式；三、各专业委员会和研究基地（中心）的管理；四、向国家社科基金办推荐社科基础理论重大选题。巴莫曲布嫫、刘晓峰、陈岗龙、李彩萍、康丽、高荷红、杨秀、张勃、陈果艳、黄清喜、施爱东参加了会议。

● 4月16—17日，由中国民俗学会和山东省泰安市人民政府主办，泰山风景名胜管理委员会承办的"**2011泰山东岳庙会国际论坛暨海峡两岸学术研讨会**"在泰山脚下的东岳山庄召开。朝戈金、刘魁立、柯杨、叶涛、刘德龙、杨利慧、杨秀、王霄冰以及来自美国、俄罗斯、日本、韩国、中国台湾的30

多位专家学者参加了会议,泰安市副市长林华勇出席了活动。本届论坛的主要议题是"文化产业与非物质文化遗产保护"。

● 4月25—28日,由中国民俗学会和山西蒲县人民政府共同主办的"**东岳文化与地域传统——2011东岳文化蒲县国际论坛**"在山西省临汾市召开。来自俄罗斯、澳大利亚、马来西亚、日本和中国大陆、台湾、香港等的30余位专家学者出席了论坛。叶涛主持了开幕式,刘魁立的致辞从理论上概括了此次论坛举办的目的和意义。叶涛、刘丰、徐永安、周郢、吴效群、候慧明、张从军、霍怀德等人分别发表了论文。

● 6月5—7日,由中国民俗学会和嘉兴市人民政府共同主办的"**2011端午习俗国际学术研讨会**"在嘉兴召开。朝戈金、乌丙安、刘晓峰、陈连山、张从军、刘宗迪、黄景春、顾希佳、施立学、杨秀、张勃、宋颖、汪欣、耿瑞芹、韩雷、姜波、申小红、李凡、王晓涛、穆昭阳、林玮、吉川真司、前村佳幸(日本)、阮玉诗(越南)、王琛发(马来西亚)、常易安(美国)等50余位国内外专家学者出席了会议。陈连山、李瑞明分别做了题为《从端午节争端看中韩两国的文化冲突》《节日、风俗与地方性表述——嘉兴端午的文化意向》的主旨发言。

研讨会以端午节俗为中心,围绕"国际视野下的端午文化研究""端午节的传承与发展""地域文化与非遗视野下的节日研究""青年学者论坛"四个专题展开了讨论。由于会议筹备期间曾面向全球发起征文活动,自2011年1月到4月底,大会共收到论文90余篇,中国民俗学会组织专家从中选出参会论文46篇。其中青年学者论文较为突出,因此专门设立了"青年学者论坛:我们的端午、我们的文化"。朝戈金在开幕词中对"青年学者论坛"寄予厚望,认为"一个有很多青年参与的事业,必定是拥有光辉未来的事业"。

会议期间,中国民俗学会还与嘉兴市委宣传部、市文化广电新闻出版局签订了《关于合作编纂、出版〈中国端午节〉丛书意向书》,根据协议,该丛书包括史料卷、研究卷、民间文学卷、俗文学卷、图像卷、嘉兴卷等六个卷本,预计总文字量130万字,丛书总主编由刘晓峰担任。

2011年

● 6月20日，**中国民俗学会正式向联合国教科文组织《保护非物质文化遗产公约》秘书处提交 NGO 资格认证申请材料**，以便获得为教科文组织保护非物质文化遗产政府间委员会提供业务咨询的专业地位。英文申请材料由巴莫曲布嫫负责起草，叶涛、陈果艳负责准备业务能力的证明文件和相关的附件资料，朱刚、陈婷婷参与了英文翻译工作；申报文件由会长朝戈金签署，中英文申报文件后报送文化部外联局国际处备案。

● 7月7日，巴莫曲布嫫收到**联合国教科文组织《保护非物质文化遗产公约》秘书处负责人塞西尔·迪韦勒（Cecile Duvelle）女士发来的认证申请接收确认函**，通知本会，NGO 资格认证申请材料的原件已于 2011 年 6 月 30 日顺利接收，同时告知了相关的后续事宜。

● 7月11日，贵州民族学院承办的"**中国民俗教育与非物质遗产保护研讨会**"在贵阳召开。黄永林、刘守华、翁敏华等 30 多位专家学者参加了此次研讨。讨论会议以民俗教育与新农场文化建设、民俗教育与非物质文化保护、非物质文化遗产教学改革与教材编写、民俗教育系列通俗读物的编写为主题展开讨论。

● 7月18日，由中国民俗学会、青海省委宣传部、青海省社会科学院等联合举办的"**昆仑神话与世界创世神话国际学术论坛**"在青海省西宁市举行。赵宗福主持了开幕式，青海省委宣传部部长吉狄马加和中国民俗学会会长朝戈金分别致辞。海峡两岸学者刘魁立、王秋桂、简涛、叶涛、杨利慧、鹿忆鹿、安德明、陈志勤、徐赣丽、余粮才、朱刚、施爱东等，以及来自美国、越南、突尼斯、荷兰、泰国、印度、爱沙尼亚、蒙古、匈牙利、俄罗斯、澳大利亚、日本、德国、马来西亚等全球 15 个国家的 60 多位学者参加了会议，大家围绕 21 世纪学界对东西方创世神话的文化诠释和意义发掘、昆仑神话及其文化传统、神话学与昆仑文化、世界创世神话研究等问题展开了学术讨论。会议论文由赵宗福编辑为《昆仑神话与世界创世神话国际学术论坛论文集》（青海人民出版社，2012 年）正式出版。

2011年7月18日,"昆仑神话与世界创世神话国际学术论坛"在青海省西宁市举行

● 7月19日,由中国民俗学会、青海省社会科学院、青海省妇女联合会主办,湟源县人民政府等4家单位承办的,以"走进王母故里、缅怀中华母

2011年7月19日,"首届中华母亲节暨第三届王母故里敬母大典"在青海省湟源县宗家沟西王母石室前举行

亲"为主题的"**首届中华母亲节暨第三届王母故里敬母大典**"在青海省湟源县宗家沟西王母石室前隆重举行。祭拜大典由赵宗福主持,刘魁立宣布祭典开始,青海省政协副主席鲍义志恭读了西王母祭文。随后依次进行了圣火煨桑、敬献祭品、净手上香、敬献花篮、恭读祭文、行施拜礼等一项项祭拜仪式。朝戈金、鹿忆鹿、杨利慧等分别致辞。来自海内外的近80名嘉宾,如叶涛、王秋桂、安德明、杨利慧、朱刚、菅丰(日本)、陈志勤、徐赣丽、施爱东等民俗学者,以及数万观礼群众参加了大典。其间,中国民俗学会与湟源县政府合作举行了"**中国民俗学会中国西王母文化研究基地**"挂牌仪式。随后还进行了《王母颂》大型实景乐舞表演。

● 7月23日,由中国民俗学会主办,中国社会科学院民族文学研究所、北京师范大学、美国印第安纳大学、俄亥俄州立大学、中山大学、华中师范大学、云南民族博物馆等单位参与的"**'中美非物质文化遗产论坛'指导委员会第一次工作会议**"在北京举行。朝戈金、叶涛、黄永林,以及美国民俗学会会长库尔特·杜赫斯特(C. Kurt Dewhurst)、执行理事长迪姆·罗仪德(Timothy Lloyd)等13位专家与会。

美国民俗学会执行理事长迪姆·罗仪德首先对筹备会议的主要内容进行

2011年7月23日,"'中美非物质文化遗产论坛'指导委员会第一次工作会议"在北京举行

了总结和通报,进而对专业发展、公共政策、博物馆和公共教育四个主要工作方向设定了将来的工作目标和时间表。作为最先启动的专业发展,会议决定在2011年9月底初步完成人才培养计划的设计,尽快促成中国非物质文化遗产研究人才赴美考察、进修,为专业发展的下一步发展提供可供借鉴的工作模型。

"中美非物质文化遗产论坛"(the China–US Forum on Intangible Cultural Heritage,FICH)是由美国民俗学会发起,中国民俗学会等五方共同参与的中美非物质文化合作项目,项目资金主要由美国民俗学会从美国鲁斯基金会申请的资金构成,中山大学、华中师范大学、云南民族博物馆等机构也配套一定资金。该项目执行时间初步拟定为两年,内容包含专业发展、公共政策、博物馆和公共教育四个方面的内容。在本次工作会议之前,来自美国民俗学会的库尔特·杜赫斯特、玛莎·麦道尔(Marsha MacDowell)、迪姆·罗仪德、比尔·艾伟、张举文,已经分别与云南民族博物馆、华中师范大学、中山大学举行了筹备会议,并就博物馆展示、民俗学课程教育、非物质文化遗产论坛等具体工作层面达成了共识。该论坛的网址为http://www.afsnet.org/?page=FICH(美国民俗学会网站);http://www.chinesefolklore.org.cn/web/index.php?ChannelID=266(中国民俗学网)。

●9月12—14日,由中国文联、中国民间文艺家协会、中国民俗学会、

2011年9月12日,"中华中秋文化论坛"在杭州举行,叶涛在做学术报告

浙江省文明办、杭州市委宣传部共同主办的"中华中秋文化论坛"在杭州举行。中国民俗学会朝戈金、叶涛、萧放、黄涛、顾希佳、施爱东，以及来自全国各地的人文学者、浙江省非遗工作者代表共130多人参加论坛。会议还通过了《弘扬中华中秋文化倡议书》，呼吁各地有关部门和社会各界共同努力，保护、传承、繁荣中秋文化，进一步发挥中秋文化在丰富人民群众精神文化生活、促进社会和谐、增进民族团结等方面的独特作用。

● 10月12—15日，应美国民俗学会执行委员会的邀请，中国民俗学会会长朝戈金，副会长赵宗福、叶涛，副秘书长朱刚一行4人作为特邀代表，前往美国印第安纳州布鲁明顿市参加"美国民俗学会2011年年会"。本年主题是"和平、战争、民俗"，参会总人数上千人，来自中国、日本、墨西哥、加拿大以及欧洲的学者也应邀与会。

为期4天的会议内容十分丰富，从民俗档案展示、学术成就展览、出版物巡礼、小组讨论，到主题讲演、学术参观、高层会谈、狂欢舞会等一应俱全。海量的会议内容被分流为以民俗学家集中交流为核心的不同单元：成果展示、学术研讨、高端会晤、非正式交流。驳杂的年会以一种富有美国务实风格的形式进行分割，成为一个个"民俗事件"，由此展现了美国民俗学会年会的指导思想：团结全世界民俗学家。

● 10月28—31日，由中国民俗学会、山东省社会科学界联合会、山东大学主办，山东省民俗学会、潍坊学院、潍坊市社会科学界联合会协办的"中国民俗学会2011年年会"在山东潍坊召开。大会共收到280余名会员的260多篇应征论文，超过以往任何一届。经过学会秘书处审阅，计有148篇论文入选年会。来自全国28个省市自治区的50余所高校和20多个科研单位与文化部门的130余名专家学者出席了会议。

大会开幕式由叶涛主持，潍坊市委宣传部部长初宝华、山东省社科联书记刘德龙、山东大学校长助理王剑敏、日本民俗学会会长常光彻、中国民俗学会会长朝戈金分别致辞，随后集体合影。大会主题演讲由巴莫曲布嫫主持，陈连山、菅丰（日本）、赵宗福、刘德龙、朝戈金分别做了主题演讲。随后大会分成

2011年10月28日,"中国民俗学会2011年年会"在山东潍坊富华大酒店举行

2011年10月28日,"中国民俗学会2011年年会"与会代表合影

3组分别发表论文及讨论。会议期间,代表们还观看了刘德龙为本次年会特别筹划的"山东省非物质文化遗产专场演出",让观众印象最为深刻的两个节目当属山东琴书《梁祝下山》和泰山皮影《石敢当除狼妖》。会后,代表们前往诸城市恐龙谷或寒亭区杨家埠村参观考察,学会秘书处叶涛、巴莫曲布嫫、陈岗龙等人代表学会拜访了杨家埠年画国家级代表性传承人杨洛书老人。

参加大会的还有韩国比较民俗学会会长罗承晚等。本次大会最突出的特点是新面孔特别多,青年学者占据了绝大多数,尤其是地方高校青年教师成为年会主力军。

● 10月28日，年会间隙，巴莫曲布嫫主持召开了"**中国民俗学网志愿者团队工作会议**"，叶涛、林德山、穆昭阳、朱刚、周波、唐小茜、杨杰宏、黄雯、高健、王学义、卫文辉、韩雪春、苏长鸿、王晓涛、王娜、高荷红、施爱东等参加了会议。

● 10月28日晚，参加年会的常务理事在潍坊富华大酒店召开了"**第七届理事会常务理事第三次会议**"，会议由朝戈金主持。刘德龙、张士闪就本届年会筹备事宜向会议做了介绍。叶涛做了本年度工作汇报，除筹办年会之外，学会的工作主要集中在积极推进地方研究基地建设和参与国际合作事务。巴莫曲布嫫就学会**向联合国教科文组织保护非物质文化遗产政府间委员会提供业务咨询的 NGO 资格认证申请**一事做了说明，朱刚就学会与美国民俗学会的合作进展等事项做了说明。黄涛、敖其、林继富、林晓平、陈岗龙等都对本校参与的民俗学科研情况做了通报。在两个多小时的会议中，各位理事畅所欲言，还就学会今后的发展以及民俗学的人才培养等一系列问题进行了探讨。

2011年10月28日，"中国民俗学会第七届理事会常务理事第三次会议"在山东潍坊富华大酒店举行

参加会议的还有尹虎彬、林晓平、施爱东等,朱刚、陈果艳列席了会议。

● 10月30日,年会期间,**中国民俗学会与日本民俗学会举行了合作协议签字仪式**。叶涛主持了签字仪式,朝戈金和常光彻分别代表中国民俗学会和日本民俗学会在合作协议书上签字并致辞。协议的签署将使今后两国民俗学界的交流具有制度性的保障。

签字仪式结束后,刘德龙向日本学者赠送了"山东高密扑灰年画"。张士闪、陈岗龙、陈志勤、高荷红、彭伟文、陈果艳、王丕琢、於芳、朱刚、朱振华、毕雪飞、穆昭阳、施爱东,以及日本民俗学会理事、东京大学教授菅丰出席了签字仪式。

2011年10月30日,"中国民俗学会与日本民俗学会合作协议签字仪式"在山东潍坊富华大酒店举行

● 10月30日晚,年会间隙,叶涛主持召开了"**中国民俗学史的回顾与前瞻座谈会**",着重讨论施爱东新出版的学术史论著《中国现代民俗学检讨》与《倡立一门新学科:中国现代民俗学的鼓吹、经营与中落》,约50余名学者和研究生参加了座谈。

● 11月6—7日,由中国民俗学会与美国民俗学会主办、中山大学非物质文化遗产研究中心承办的国际研讨会"**首届中美非物质文化遗产论坛:政策比较**"在广东佛山举行。美国范德堡大学克尔博艺术、事业与政策研究中心主任艾伟教授一行8人作为美方代表,黄永林、谢沫华、苑利、邓启耀、麻国庆、康保成、刘晓明、高小康、宋俊华、刘晓春、王霄冰、蒋明智等作为中方代表，列席的还有中山大学民俗类专业的研究生，合共40余人参加了会议。会上，中美双方专家从组织、资金来源、版权法等方面，对中美非遗保护政策进行了交流和讨论。

2011年11月6日，"首届中美非物质文化遗产论坛：政策比较"在广东佛山举行

● 11月9日，在"民俗学论坛"坛主耿羽、衣晓龙等人的倡议下，中国民俗学网志愿者工作团队在"民俗学论坛"开设"学术交流会"专版，作为研究生和本科生集中交流的学术专区。南池子（林海聪）加盟后，与耿羽共同任版主。2013年4月初在论坛的结构性调整中，"学术交流会"与"读书会"两个版块整合为一。

● 11月26—27日，由中国民俗学会、全国汉语方言学会、宝鸡文理学院联合主办的"**中国关陇方言民俗高层论坛**"在宝鸡文理学院新校区甘棠厅隆重召开。与会专家学者近百人，共提交论文76篇。朝戈金在开幕式上致辞，萧放做了主题报告。会议期间还观看了宝鸡市周礼乐团演出，考察了宝鸡青铜器博物院、大唐秦王陵、凤翔先秦陵园博物馆及六营泥塑工艺村。

● 11月29日下午，经《保护非物质文化遗产公约》秘书处推荐，**中国民俗学会向联合国教科文组织保护非物质文化遗产政府间委员会提供业务咨询的NGO资格认证申请**（No. 90089），在印度尼西亚巴厘岛召开的联合国教科文组织保护非物质文化遗产政府间委员会第六届常会上通过了资格认证评审（6. COM第19号决议），委员会将向第四届缔约国大会（4. GA，拟于

2012年6月在巴黎召开）进行推荐。巴莫曲布嫫作为中国政府代表团成员出席了本届常会。

● 12月3日，由中国民俗学会、浙江省临安市共同主办的"**中国钱王传说研究中心授牌仪式暨钱王传说学术研讨会**"在临安市钱王大酒店举行。钱王传说是以吴越国王钱镠生平事迹衍化而成的民间传说，在临安家喻户晓。2011年，钱王传说被列入国家第三批非物质文化遗产保护名录。钱王传说研究中心主任由中国民俗学会副秘书长施爱东和临安市非遗办主任许林田共同担当。陈勤建、叶涛、顾希佳、毕雪飞、王淼等人参加了会议。

2011年12月3日，"中国钱王传说研究中心授牌仪式暨钱王传说学术研讨会"与会嘉宾合影

● 12月上旬，由学苑出版社、中国民俗学会、台湾中华民俗学会、金门大学、成功大学、金门县文化局联合主办的"**第三届海峡两岸民间文化学术论坛**"在金门、台南举行。会议主题是"传统手工技艺的保护与传承"。学者们讨论了传统手工技艺在后工业化时代的保护与传承，以及如何从多样性的生活方式中汲取可以利用的元素促进文化传承与发展等问题。

2012 年

● 1月12日，中国民俗学会在北京东岳书院召开"钟敬文先生逝世十周年纪念座谈会暨中国民俗学会第七届常务理事会第四次会议"，缅怀钟敬文先生对中国民俗学学科建设的卓越贡献，展望中国民俗学发展前景。会议由叶涛主持，朝戈金、陶立璠、段宝林、贺学君、高丙中、赵世瑜、董晓萍、巴

2012年1月12日，"钟敬文先生逝世十周年纪念座谈会暨中国民俗学会第七届常务理事会第四次会议"在北京东岳庙东岳书院举行

莫曲布嫫、曹彦生、安德明、林继富、萧放、杨利慧、黄涛、康丽、张雅欣、高荷红、朱刚、田丽丽、陈果艳、施爱东等参加了会议。学会秘书长叶涛还就中国民俗学会2011年的工作做了汇报。

● 1月16—17日，由中国民俗学会与北京民俗博物馆、北京文物研究所、中国人民大学国学院共同主办的**第四届东岳论坛："2012'礼仪中国'"**在北京日坛国际酒店召开。中国民俗学会会长朝戈金、荣誉会长刘魁立等人参加了开幕式。开幕式上还举行了"**东岳书院**"揭牌仪式，并为与会专家颁发东岳书院顾问聘书。贺学君、王秋桂、叶涛、萧放等人参加了会议。

2012年1月16日，"2012'礼仪中国'"在北京日坛国际酒店举行

"礼仪中国·东岳论坛"作为第11届北京民俗文化节、第14届东岳庙春节文化庙会的一部分，为龙年东岳庙春节庙会做了具有浓厚学术气息的文化铺垫。论坛共分6场，30多位学者和嘉宾围绕"礼仪文明的历史源流及人文

内涵"和"礼仪文明在中国社会的地位与作用"两大议题展开演讲与对话。

● 4月3—6日，由中国民俗学会、泰安市人民政府、泰山风景名胜区管理委员会三家合办的"2012'泰山东岳庙会国际论坛"在泰安市举行。朝戈金、乌丙安、王秋桂、叶涛、刘德龙、刘晓峰、刘慧、刘丰、王琛发、游子安、彭衍纶、秦岚、刁统菊、周郢、郭俊红、孙庆忠等来自海内外的30余位学者共提交了24篇论文。与会学者就山岳文化与民族精神、泰山信仰的海外流传、民间信仰研究的多学科视角等主题展开了讨论。自2009年以来，这已是第四届论坛，每届论坛的论文随后都将结集出版。

本届庙会还举办了**"海峡两岸民俗文化交流周"**，主办方将台湾民间民俗文化及地方名特产引入庙会，成为本届庙会的一大亮点。乌丙安、王秋桂、叶涛出席了4月2日举办的"2012泰山东岳庙会暨海峡两岸民俗文化交流周启动仪式"，乌丙安代表中国民俗学会致辞。论坛期间，学者们参观了岱庙，考察了庙会，观看了大型实景演出《中华泰山　封禅大典》，登上了泰山极顶。

2012年4月3日，"2012'泰山东岳庙会国际论坛"在泰安市举行

● 4月29日—5月1日，由美国范德堡大学克尔博研究中心主办，美国民俗学会、中国民俗学会、中山大学中国非物质文化遗产研究中心协办的"**第二届中美非物质文化遗产论坛：案例研究**"在美国范德堡大学举行。朝戈金（《保护史诗吟唱多形式实践：对于德尔文部落格萨尔王史诗的个案研究》）、黄永林（《非物质文化遗产传承人保护模式研究——以湖北宜昌民间故事讲述家孙家香、刘德方和刘德培为例》）、施爱东（《中国基层社会对非物质文化遗产项目的理解与保护》）、朱刚（翻译）代表中国民俗学会参加了会议。

2012年4月29日，"第二届中美非物质文化遗产论坛：案例研究"在美国范德堡大学举行，朝戈金在做学术报告

本次会议以"两个学会、两所机构"之间的合作为主导，旨在进一步推进和夯实首届论坛所确立的合作内容及交流框架，在中美两国的非物质文化遗产领域形成深度互访及经验借鉴，从而有效指导两国在非物质文化遗产保护领域的相关实践。朝戈金与美方学会负责人还在会间交换了意见，对于两届论坛中所存在的问题以及将来制度化的合作方式达成了某些共识。据美方

透露，中美非物质文化遗产合作项目已经得到美国某著名基金会的立项资助，双方在非物质文化相关领域的交流范围将进一步得到延展，两国学者之间的互访交流也将得到制度性的保证。

论坛结束之后，朝戈金和朱刚分赴密苏里大学、俄亥俄州立大学、哈佛大学、威斯康辛大学、华盛顿特区国会图书馆等多家学术机构进行交流或学习。而来自美国的3位青年学者，则将于6月前来北京、云南、广东、湖北等地进行访问和学习，与中国非物质文化遗产领域的工作者进行交流。

● 5月9—12日，由中国民俗学会、赣南师范学院联合主办的"**学科建设与区域民俗研究：2012中国民俗学高层论坛**"在江西省赣南师范学院举行，会议由林晓平主持。刘魁立在开幕式上致辞。陈勤建、刘德龙、叶涛、萧放、安德明、田兆元、敖其、余悦、万建中、郭崇林、江帆、郑土有、刘晓春、黄涛、陈岗龙、施爱东等出席了会议。与会学者就民俗学学科建设、民俗教

2012年5月9日，"学科建设与区域民俗研究：2012中国民俗学高层论坛"在江西省赣南师范学院举行

育与人才培养、区域民俗研究等问题进行了讨论。各高校民俗学学科点负责人还就各学科点情况进行了交流,特别就当前学科归属问题、教学与人才培养问题、学科建设与社会服务等方面交流了信息,提出了建议。

11日,中国民俗学会与赣南师范学院共建的"**中国民俗学会民俗学田野调查实践基地**"在"中国历史文化名村"赣县白鹭乡白鹭古村举行了揭牌仪式,刘德龙代表学会致辞。该实践基地是中央财政支持地方高校发展的专项资金资助项目,占地面积300余平方米,具有工作区、教学区和生活区。此外,与会学者还考察了龙南的客家围屋,参观了赣南师范学院客家文化博物馆、赣南市博物馆,游览了赣州古城。

● 5月11日,值"2012中国民俗学高层论坛"召开之际,中国民俗学会在赣南宾馆召开"第七届常务理事会第五次会议"。受朝戈金会长的委托,秘书长叶涛主持了这次会议。叶涛向各理事汇报了学会秘书处近期的工作,并就学会成立30周年纪念活动征询意见。这次会议还商讨了召开2012年学会年会的事宜。中国民俗学会2012年年会将于8月在内蒙古召开,学会秘书处将尽快组织征文事宜,并就年会举办的事务性工作与有关方面进行磋商。陈勤建、刘德龙、敖其、安德明、刘晓春、林晓平、萧放、万建中、陈岗龙、黄涛、江帆、郑土有、郭崇林、田兆元、施爱东出席了会议。

● 5月20日,由中共青海省委宣传部、中国民俗学会、青海省社会科学院、青海省民俗学会、青海天地人缘文化旅游发展有限公司联合主办的"**2012'土文化国际学术研讨会**"在西宁召开,会议由赵宗福主持。甘肃省委宣传部部长吉狄马加在开幕式上致辞,来自美国、日本、韩国、马来西亚,以及中国大陆、台湾、香港的50余位学者参加了研讨。本会主旨是结合多个人文学科、围绕人与自然和谐相处、保护生态环境和打造绿色文明、共创人类美好家园等主题进行探讨。郝苏民、叶涛、苏独玉(Sue Tuohy)等18位学者做了专题报告。

● 5月28日,由中国《吃茶去》杂志驻美办事处、中国民俗学会茶艺专业委员会组织策划的"**中美茶艺文化交流会**"在美国俄亥俄州首府哥伦布禅茶沙龙（ZEN CHATEA SOLON）举行。交流会与美国禅茶沙龙建立了禅茶文化交流与合作意向，哥伦布有关方面对茶艺培训、茶园开发和茶馆经营方面的合作表示出浓厚的兴趣。余悦、吴凤雏、林晓平、梅联华等参加了交流会。

● 6月4—8日，在法国巴黎联合国教科文组织总部召开的《保护非物质文化遗产公约》缔约国大会第四届会议上，**中国民俗学会被联合国教科文组织认定为咨询机构，获得向保护非物质文化遗产政府间委员会提供咨询意见的地位**。《光明日报》《中国社会科学报》等媒体对此做了大幅报道。

中国民俗学会2011年6月20日正式向教科文组织《保护非物质文化遗产公约》秘书处提交申请材料，当年7月7日收到秘书处的申请接收确认函，并于11月在印度尼西亚巴厘岛召开的委员会第六届常会上通过资格认证评审（6. COM 第19号决议），得到委员会的推荐。

巴黎时间6月7日，在缔约国大会第四届会议上，中国民俗学会和世界中医药学会联合会的申请获得通过（4. GA 第6号决议），获得向保护非物质文化遗产政府间委员会提供咨询意见的地位。至此，在已经通过认证的两批156个非政府组织咨询机构中，中国的学术团体已有4家。查询网址：http://www. unesco. org/culture/ich/index. php? lg = en&pg = 00331。

赴巴黎参加本届会议的中国政府代表团专家、中国民俗学会会长朝戈金认为，**被教科文组织认定为咨询机构，从而获得向政府间委员会提供咨询意见的地位，是中国民俗学会发展进程中具有重大意义的事件**。这不仅表明中国民俗学会作为专业学术团体，在多个非物质文化遗产特定领域所具有的能力、专业知识和经验得到了保护非物质文化遗产政府间委员会的充分认可，也意味着中国民俗学界近年来在非物质文化遗产保护中的学术实践和工作成绩，得到了联合国教科文组织的肯定。

朝戈金说，学会正式进入委员会专业咨询机构库后，将在推广《保护非物质文化遗产公约》精神、参与地方和国家及国际非物质文化遗产保护工作、为相关利益方的非遗保护实践及策略制定提供智力支持等方面发挥更加重要的作用，为保护人类共同的文化遗产和精神家园，贡献中国民俗学界的专业知识、集体智慧和团队力量。

2012年6月7日,在法国巴黎联合国教科文组织总部召开的《保护非物质文化遗产公约》缔约国大会第四届会议上,中国民俗学会被联合国教科文组织认定为咨询机构

● 6月17日,由江西省人力资源和社会保障厅主办,中国民俗学会茶艺文化研究专业委员会、南昌市文化产业处、江西茶业联合会、江西泊园茶文化传播有限公司、泊园茶馆、大江网等6家单位承办的"**当代中国茶馆发展高峰论坛**"在南昌召开。论坛共分5个环节,由茶研会主任余悦主持。

● 6月18日下午,"**中美非物质文化遗产研究座谈会**"在东岳书院举行,叶涛主持了座谈会。朝戈金、安德明、康丽、陈泳超、朱刚、陈果艳、施爱东,以及部分民俗学研究生,与来自美国印第安纳大学的苏独玉、中太平洋艺术研究院的王思蕾(Sally A. Van de Water)、东卡罗来纳大学的柯安蕊(Andrea Kitta)进行了座谈。

这次交流是在美国民俗学会的"**中美专业交流项目**(AFS China – US Professional Exchange Program,网址http://www.afsnet.org/? page = ChinaUSExchange)"合作框架下展开的。根据该框架性协议,中美两国民俗学会除举办"中美非物质文化遗产论坛"外,**每年还将互派 2—3 名学者进行学术互访**。同年 4 月份,中国社会科学院和中山大学已经派出两位青年学者朱刚、陈熙赴美考察,学习美国同行在民俗研究以及非物质文化遗产保护方面的经验。而近期来访的美国学者在抵京以前,已经访问了中山大学、云南民族博物馆、华中师范大学。这些美国学者认为,中国区域文化具有鲜明的地域差异,各地如火如荼的文化遗产保护对学术研究具有积极意义。

2012 年 6 月 18 日,"中美非物质文化遗产研究座谈会"在北京东岳庙东岳书院举行

● 6 月 19 日,由中国民俗学会、中央民族大学民俗学学科点联合举办的**"非物质文化遗产保护与民俗学学科建设座谈会"**在中央民族大学文华楼召开。刘魁立、朝戈金、宋敏、祁庆富、白薇、刘铁梁、叶涛、高丙中、王建民、那木吉拉、萨仁格日勒、董晓萍、李琳琳、宋敏、王晓英、王华军、萧放、陈连山、陈岗龙、安德明、施爱东等 30 多名专家学者以及美国民俗学会两位青年学者参加了会议。林继富主持会议并就中央民族大学民俗学学科建

设情况做了汇报，与会专家围绕会议主题进行了讨论。

● 6月21—23日，中国民俗学会、嘉兴市委宣传部、嘉兴市文化广电新闻出版局在嘉兴阳光大酒店联合召开了"**《中国端午节》丛书编纂中期报告会**"。会议召集了《中国端午节》丛书各分卷主编及有关专家，听取过去一年编纂整理的成果，讨论丛书编纂的相关要求和时间安排。刘晓峰、萧放、张勃、杨秀、张从军、贺学君、叶涛、刘宗迪、陈志勤、毕雪飞、陈果艳、施爱东等人参加了报告会，嘉兴市文化局领导金琴龙、陈双虎等全程参与报告会。

2012年6月21日，"《中国端午节》丛书编纂中期报告会"与会嘉宾合影

● 6月26日，在中国民俗学会秘书处和中国民俗学网志愿者工作团队的共同努力下，"**中国民俗学会**"官方微博通过新浪网认证审核，网址为：http://weibo.com/chinesefolklore。此前，"中国民俗学"已于2011年11月4日正式入驻新浪微博，并同时开通两份微刊——《民俗学微刊》和《谣俗蠡测》。高健、林海聪、苏长鸿、周波、唐小茜、彭佳琪等志愿者负责对微博进行维护和更新。

● 7月17日，由青海省委宣传部、中国社会科学院民族文学研究所主办，青海省社会科学院承办，中国民俗学会等4家单位协办的"**格萨尔与世界史诗国际学术论坛**"在西宁召开。青海省委宣传部部长吉狄马加、中国社会科学院副院长武寅、中国民俗学会会长朝戈金出席论坛并致辞。来自美国、俄罗斯、英国、意大利、德国、法国、芬兰、波黑、亚美尼亚、马里等11个国家以及国内的150余位专家学者参加了论坛。本次会议聚集了一大批国际"格萨尔学"的顶尖学者,对于推动我国史诗研究与世界史诗平等对话,促进我国史诗研究不断深入,提升我国史诗研究的话语权具有重要意义。论坛开幕式由中国民俗学会副会长、青海省社会科学院院长赵宗福主持。

2012年7月17日,"格萨尔与世界史诗国际学术论坛"在西宁举行

● 8月3—7日,由中国民俗学会、内蒙古师范大学主办,赤峰学院承办的"**中国民俗学会2012年年会**"在内蒙古赤峰召开。大会共收到150余位会员的135篇论文(含民族语言论文),经过学会秘书处审核,计有97篇论文入选年会,80余位代表出席了大会。

大会开幕式在赤峰学院国际学术会议中心举行,由叶涛主持。主办方和承办方主要领导朝戈金、云国宏、德力格尔、敖其四位教授分别致辞。朝戈金在致辞中说:本次年会是中国民俗学会成立以来在民族地区举办的第一次全国性年会,为此设立了民族语专场研讨,充分体现了民族团结、文化和谐的主旋律。大会发言由刘德龙主持,乌丙安、郝苏民、叶春生、杨利慧、巴莫曲布嫫等分别做了发言,贺学君进行了评议。

随后,大会分成3个分会场、12场分组讨论,论文研讨广泛涉及中国民俗

2012年8月3日,"中国民俗学会2012年年会"与会代表合影

学学科史、中国民俗史、民俗学分支学科、民俗学教学等学科建设的诸多方面。

分组讨论上半段在赤峰学院综合办公楼举行,下半段驱车数百公里,深入并夜宿克什克腾草原腹地,在巴彦查干嘎查草原的蒙古包内举行,这种别开生面的学术研讨,给与会者留下了极为深刻的印象。会议期间,与会代表考察了牧民的生活生产习俗与草原生态,观摩了蒙古包搭建,体验了草原人家的待客礼仪,举办了篝火联谊晚会等,在返回途中还参观了阿斯哈图世界地质公园。

● 8月4日晚,年会间隙,朝戈金主持召开了"第七届常务理事会第六次会议"。叶涛就学会成立30周年纪念活动和筹备成立"中国民俗学会少数民族民俗研究中心"等事宜做了说明。与会代表一致认为庆典活动要特别注重媒体对学会成立30年来所取得的巨大成就的宣传,应该邀请境外民俗学者和学术组织参加庆典活动,要重视国际学术交流等等,部分常务理事当场慷慨表示将出资捐助纪念庆典。此外,根据乌丙安、郝苏民关于成立"中国少数民族民俗研究中心"的建议,学会应成立筹备小组,由敖其领衔筹备工作,学会秘书处予以配合。贺学君、刘德龙、巴莫曲布嫫、敖其、黄涛、安德明、何彬、林晓平、陈华文、余悦、李彩萍、施爱东等出席了会议。学会办公室

2012年8月4日,"中国民俗学会第七届常务理事会第六次会议"在内蒙古赤峰学院举行

2012年8月5日,"中国民俗学会2012年年会"下半段分会组讨论设在克什克腾草原腹地的蒙古包内举行

主任陈果艳,会议秘书张金荣、张多列席会议。

● 8月18日,由青海省委宣传部、中国民俗学会、青海省社会科学院、青海省民俗学会主办的"**昆仑神话的现实精神与探险之路国际学术论坛**"在西宁举行。来自美国、德国、韩国、日本以及海峡两岸的学者50余人参会。

叶涛、刘德龙、张小军、刘宗迪、高莉芬、刘惠萍、鲍鹏山、张刚、徐赣丽等 30 余位学者参加会议并发言。论坛由赵宗福主持。

● 8 月 19 日，由中国民俗学会、青海省社会科学院等 5 家单位主办，湟源县人民政府等 5 家单位承办，以"走进王母故里，缅怀中华母亲"为主题的**"第二届中华母亲节暨第四届王母故里敬母大典"**在湟源县宗家沟景区举行。

● 8 月 27—30 日，由中国民俗学会、新疆阜康市人民政府、新疆天池管理委员会共同举办的**"第二届西王母文化论坛：海峡两岸学者论西王母文化"**在天山天池脚下举行，朝戈金、叶涛、陈泳超、鹿忆鹿、郑土有、钟宗宪、陈连山、张从军、丁肇琴、吴新锋、丘慧莹、林茂贤、黄景春、郑志明、唐蕙韵、郭崇林、李瑞祥、赵昕毅、王蓉蓉等参加会议并发表论文。会议期间，还召开了**"神话与西王母文化专业委员会第二次工作会议"**，朝戈金、叶涛、迟文杰、陈泳超、陈连山、张从军、刘力坤、吴新锋等参加了会议。

2012 年 8 月 27 日，"第二届西王母文化论坛：海峡两岸学者论西王母文化"在新疆天山天池举行

2012年

● 10月22—24日，"中国民俗学会蚩尤文化研究基地成果展示会"在湖南花垣召开，陶立璠、杨秀、陈果艳代表中国民俗学会参加了会议。

● 11月17—18日，由中国民俗学会与美国民俗学会联合主办，华中师范大学承办的国际研讨会"**第三届中美非物质文化遗产论坛：生产性保护**"在华中师大逸夫国际会议中心举行，黄永林主持了开幕式。萧放、安德明、张士闪、林继富、刘守华、刘晓春、谢沫华、宋俊华、刁统菊、何红一、肖远平、陈建宪等来自中美两国的百余位专家学者围绕"非物质文化遗产生产性保护"的主题，就中美两国在非物质文化遗产的保护与开发、传承与创新、生产性保护与文化产业发展等议题进行了交流。美方代表有美国范德堡大学国际关系部高级顾问、原克林顿政府文化艺术基金会主席艾维，加州传统艺术联盟主任艾米·基奇纳，密西根州立大学博物馆民间艺术展馆馆长马美莎，美国国会图书馆美国民间生活研究中心主任贝西·彼得森，俄亥俄州甘比尔凯尼恩学院乡村生活中心负责人霍华德·劳伦斯·塞克斯，国会图书馆美国民间生活研究中心董事胡世德等。

所谓非物质文化遗产生产性保护是指在具有生产性质的实践过程中，以保护非物质文化遗产的真实性、整体性和传承性为核心，以有效传承非物质文化遗产技艺为前提，借助生产、流通、销售等手段，将非物质文化遗产及其资源转化为文化产品的保护方式，以满足人们物质文化和精神需要的生产实践过程，从而达到活态地、自觉地、积极地保护非物质文化遗产的目的。

● 12月3日，由中国民俗学会茶艺研究专业委员会、江西茶业联合会、南昌市文化产业协会联合主办的"**首届中国茶文化与旅游发展高峰论坛**"在南昌举行，多名受邀专家到场共商发展大计。论坛围绕中国茶文化产业与旅游发展、江西茶文化产业与旅游发展、南昌茶文化产业与旅游发展三个议题展开了讨论。论坛由余悦主持，大会主题分为"江西茶文化与旅游发展""中国茶文化与旅游发展"两个方面。

2013 年

● 2 月，作为日本民俗学会与中美两国民俗学会的合作计划之一，日本民俗学会会刊《日本民俗学》刊出"美中民俗学研究前沿特集"，选译刊发了中国民俗学者的 4 篇论文，分别是巴莫曲布嫫的《叙事语境与演述场域——以诺苏彝族的口头论辩和史诗传统为例》、施爱东的《告别田野》、高丙中的《作为非物质文化遗产研究课题的民间信仰》、刘宗迪的《从书面范式到口头范式：论民间文艺学的范式转换与学科独立》。4 篇论文均由西村真志叶翻译。

● 2 月 26 日，中国民俗学会秘书处发布"中国民俗学会纪念《保护非物质文化遗产公约》通过 10 周年活动计划"。

● 3 月 22 日，为了办好学会成立 30 周年纪念活动，学会秘书处在北京东岳书院召开小型座谈会，部署秘书处的具体分工。叶涛主持会议，刘魁立、柯杨、刘铁梁、贺学君、巴莫曲布嫫、安德明、萧放、杨秀、张勃、朱刚、陈果艳、施爱东等参加了座谈。

● 4 月初，中国民俗学网志愿者工作团队经过讨论和再次调整，重新部署了论坛管理工作的接续和分工，尤其是按区域重新组合了高校论坛版块，由木兰山人（周波）和张多负责数据资料的迁移。论坛管理员有：cfngroup（团队共用）、木兰山人、南池子（林海聪）、张多、暮蝉（彭佳琪）、恩施土家（苏长鸿）、大高（高健）、耿羽、齐鲁青未了（王学义）。同时公布了分区超级版主的任职情况。民俗茶馆（讨论区）：风林火山（林德山）、恩施土家；中国民俗学会成立30周年纪念专区：杨秀、张多、英古阿格（杨杰宏）；四方庙会（高校版）：齐鲁青未了（王学义）、若只如初见（王晓涛）；山经海经（资料馆）：耿羽、韩雪春；八仙过海（通识教育区）：竹林遗风（卫文辉）、后溪男孩（郑木溪）；书场评弹（学理研究版）：南池子、暮蝉；五子登科（平行学科区）：耿羽、代启福、马衣努；议事堂（网站管理区）：cfn-group（团队共用）；天一阁（学会档案馆）：cfngroup（团队共用）。

2013年4月初，中国民俗学网志愿者工作团队重新部署分工。这是该团队2013年11月在中国民俗学会年会上聚首时的合影

● 4月11日，中国民俗学网编辑委员会举办编务工作培训会。重组后的**中国民俗学网主站编辑**：巴莫曲布嫫、韩雪春、黄雯、康丽、李粉华、孙艳艳、王娜、王鑫、杨秀、张勃、张金荣。韩雪春代管主站投稿邮箱：chinafolklore－2@163.com。

● 4月12日，中国民俗学会秘书处会员部在民俗学官网发表《**致入会申请人的一封信**》，主要通知入会申请规则、审批程序、查询路径、联系方式等，同时汇总公布了中国民俗学网、民俗学论坛、民俗学博客的访问地址。

● 5月16—17日，由中国民俗学会、江苏省民俗学会主办，张家港市塘桥镇人民政府等5家单位共同承办的"**江南庙会与非物质文化遗产保护高层**

论坛暨 2013 年金村庙会"在张家港市塘桥镇举行。中国民俗学会刘魁立、巴莫曲布嫫、贺学君、郝苏民、陈勤建、叶涛、陈泳超、郑土有、陈果艳、余粮才、李瑞祥、施爱东,以及江苏省民俗学会黄鲁闽、陆建芳、冯锦文、宁方勇、沈建东等参加了会议。刘魁立、陈勤建在开幕式上致辞;陈勤建主持了学术报告会,会后到塘桥镇金村进行考察。会议第二天观摩金村庙会,陈勤建代表中国民俗学会在庙会庆典上致辞。

2013 年 5 月 16 日,"江南庙会与非物质文化遗产保护高层论坛暨 2013 年金村庙会"在江苏张家港市塘桥镇举行。嘉宾席左起分别为刘魁立、贺学君、巴莫曲布嫫、陈泳超、冯锦文等

● 5 月 19—21 日,中国民俗学会和美国民俗学会在美国民俗学会总部俄亥俄州立大学召开了**"中美民俗学会首次高层工作会议"**。美方有美国民俗学会当任会长、印第安纳大学民俗与民族音乐学系主任顾迪安(Diane Goldstein)教授,候任会长西肯塔基大学民俗研究与人类学学系主任威廉姆斯(Mikael Ann Williams)教授,前任会长艾伟,以及学会执行理事长罗仪德博士出席,中方有中国民俗学会会长朝戈金、华中师范大学教授李林(代表学会副会长黄永林)和中山大学中国非物质文化遗产研究中心宋俊华等共同参与了此次会议。

2013年5月19日,"中美民俗学会首次高层工作会议"在美国民俗学会总部俄亥俄州立大学举行

双方就两国民俗学存在的问题、困境和优势展开了讨论。由于中国加入了联合国教科文组织的《保护非物质文化遗产公约》,近10年已对中国的民俗学产生了巨大影响。尽管美国尚未加入《保护非物质文化遗产公约》,但是民俗学者早已展开相关研究和保护工作。但是,民俗学者对于非物质文化遗产保护介入民众生活的利弊问题仍具争议。

双方达成了部分合作意向:一、使用中英文双语定期出版当前民俗学界的代表性、前沿性研究成果;二、以项目合作形式展开双方师生访问交流活动;三、将更多中国民俗学者以及对中国感兴趣的美国民俗学者纳入合作框架,进行比较研究,找出共同话题,共同解决一些普适性的学科问题;四、继续定期举行类似的高层会议,努力使民俗学成为具有显著度和重要性的学科;五、积极寻找可持续资助的项目资金。双方议定,第二次工作会议将于2013年12月在中国北京举行,届时中美双方将进一步就合作细节进行讨论。两次会议由福特基金会资助。

● 截至5月22日,中国民俗学网主站总访问流量已超过4500万人次,发布文章8916条(不含静态栏目的内容页面),学者档案136个,首页Flash专题推荐308条/次;开发一级栏目9个,二至三级栏目162个。民俗学论坛注册会员9943人,其中发帖会员2317人;论坛版块数112个,主题数28,722个,帖子数124,452,平均每日新增帖子数65个,平均每个主题被回复次数3.33;最热门的版块为"话题讨论",主题数1696个,帖子数17,661个;论坛总页面流量达2.78亿人次,共计来访约2.36亿人次。民俗学博客开通空间数920个,开通圈子数58个,发布信息数27,705条;已用MySQL空间420MB,上传附件大小6.26 GB。民俗学论坛·高校论坛已有46所高校设版。

● 5月23—24日,由美国范德堡大学中美教育文化中心主办,美国民俗学会、中国民俗学会、中山大学、范德堡大学、史密森尼学会,以及国会图书馆美国民俗生活中心等6家单位协办,美国亨利·鲁斯基金会、美国人文学科捐助基金会资助的"第四届中美非物质文化遗产论坛:田野工作、纪录、

2013年5月23日,"第四届中美非物质文化遗产论坛:田野工作、纪录、保存和使用"在华盛顿特区史密森尼学会所属美国印第安人国家博物馆举行,朝戈金在做学术报告

保存和使用"在华盛顿特区史密森尼学会所属美国印第安人国家博物馆举行。

本次论坛的主题是"田野工作、记录、保存和利用"。中美各有4位学者发表演讲,中方学者朝戈金、黄永林、宋俊华、王霄冰分别以《民族文学研究所少数民族口头传统档案库:困境和出路》《文化生态视野下的非物质文化遗产保护》《非物质文化遗产与族群弥合》《非物质文化遗产项目"阿肯阿依特斯"的国际传播》为题发表演讲。美国学者、杜克大学汤姆·兰金,乔治·梅森大学德波拉·拉檀兹·舒提卡,美国民间生活中心、国会图书馆尼可·赛勒,史密森尼民间生活和文化遗产中心詹姆斯·I.杜伊驰演讲题目分别为《视觉化的美国民俗生活:摄影、电影以及传统文化》《在美国与移民社区工作的最佳实践》《档案在非物质文化遗产保护和使用中的作用》《策划史密森尼民间生活艺术节项》。

● 5月30日,"**中国民俗学会成立30周年纪念大会暨学术报告会**"在中国社会科学院举行。纪念会紧紧围绕学科建设与学术发展的主线,就中国民俗学学科建设中的重要问题展开探讨。来自全国各地的民俗学者以及在京大

2013年5月30日,"中国民俗学会成立30周年纪念大会暨学术报告会"在中国社会科学院报告厅举行

专院校民俗学专业研究生近 200 人参加会议。

会议开幕式由学会秘书长叶涛主持。主席台就座的嘉宾有中国民俗学会荣誉会长刘魁立、乌丙安，现任会长朝戈金，中国民族学会会长郝时远，台湾施合郑民俗文化基金会执行长王秋桂。朝戈金、刘魁立、郝时远分别致辞，中国社会科学院副院长武寅做了视频致辞。

出席会议的兄弟民俗学会代表主要有日本民俗学会国际事务理事菅丰、韩国比较民俗学会会长罗承晚、台湾"中国民俗学会"秘书长陈益源，以及联合国教科文组织北京代表处文化遗产保护专员杜晓帆、民政部民间组织服务中心副主任杨彬、文化部非物质文化遗产司副司长马盛德、中国民间文艺家协会副秘书长张志学、文化部中国非物质文化遗产保护中心主任李新风、文化部民族民间文艺发展中心副主任刘嘉、联合国教科文组织亚太地区非物质文化遗产国际培训中心主任杨治、中国社会科学院科研局朱渊寿、文化部外联局国际处副处长张玲、钟敬文先生的女儿钟宜教授等。

为了向已故民俗学家表示敬意，大会开幕式上还播放了一段视频，回顾中国民俗学会走过的 30 年的历程，缅怀以顾颉刚、钟敬文为代表的老一辈学者为民俗学学科发展所做出的巨大贡献。

会议学术报告人及其报告题目分别为：菅丰（Yutaka SUGA，日本）《面向"新的在野之学"的时代——日本民俗学的一种选择》、罗承晚（Seung-Man NA，韩国）《韩国民俗学的研究动向及以实地调查为中心的研究》、乌丙安《"三十年河东、三十年河西"——中国民俗学会"史前史"述评》、陈益源《台湾关于越南汉文学与民俗文化的调查与研究》、巴莫曲布嫫《非物质文化遗产保护与中国民俗学会：多重实践、学术担当和能力建设（2003—2013）》、萧放《民间组织与国家文化建设——以中国民俗学会在传统节日复兴过程中的角色与作用为例》、刘晓春《后语境时代的中国民俗学》、陈泳超《倡立民间文学的"文本学"》、陈勤建《近三十年民俗学与文学交叉研究的走向》、杨利慧《中国民俗学近 30 年来的理论成就与范式转型》、黄永林《学科方向迷失与多重路径选择——论中国民间文学、民俗学和非物质文化遗产的学科归属》、林继富《中国少数民族民俗研究三十年（1983—2013）》、敖其《拓展民俗研究领域、提升学科地位——以内蒙古师范大学民俗学学科建设为例》、刘德龙《立足当地做好学术研究与学科建设：地方民俗学人和民俗学组织的必然选择》、施爱东《中国民俗学会的几个发展阶段》、赵宗福《民俗文化对弘扬传统文化的功用》等。美国民俗学会前会长比尔·艾伟因飞机延误而错过会议。

2013年5月30日，"中国民俗学会成立30周年纪念大会暨学术报告会"与会代表合影

● 6月3日下午，作为中国民俗学会成立30周年系列纪念活动之一，学会邀请因飞机延误而错过学会30周年庆典的美国民俗学会前会长**比尔·艾伟**在北京大学静园五院——中文系二楼报告厅做题为《**作为非物质文化遗产的历史流行文化?**》（"Historical Pop Culture as Intangible Culture Heritage?"）的学术报告，叶涛、陈泳超主持了报告会。

● 6月9—10日，中国民俗学会成立30周年系列纪念活动之一，《**中国端午节**》丛书首发式及"**中国端午节与嘉兴端午习俗**"专家访谈在浙江嘉兴举行。刘魁立、陈勤建、叶涛、刘晓峰、徐艺乙、萧放、郑土有、陈连山、黄涛、刘宗迪、杨秀、张勃、陈志勤、宣炳善、陈果艳、马洪涛、朱樵、祝汉明、陈云飞等专家学者，以及嘉兴市委宣传部部长陈越强、市政府副市长柴永强、市政协副主席王淳等领导出席会议。嘉兴市文化广电新闻出版局局长金琴龙主持了首发式。

2010年6月，中国民俗学会在嘉兴设立全国首个"中国端午文化研究基地"。2011年，端午节（嘉兴端午习俗）被列入第三批"国家级非物质文化遗产名录"。同年 6 月,中国民俗学会与嘉兴市委宣传部、市文化局签订合约,合作编纂《中国端午节》丛书。在历时两年的努力后,《中国端午节》由广西师范大学出版社出版,丛书首发式在嘉兴市举行。

《中国端午节》丛书由清华大学刘晓峰教授、嘉兴市文化局副局长陈云飞任总主编,全套共分六卷,分别为:研究卷(刘晓峰主编)、史料卷(张勃主编)、民间文学卷(萧放主编)、俗文学卷(陈连山主编)、图像卷(张从军主编)和嘉兴卷(杨秀主编),共 216 万字,459 幅图片,对中国端午节进行了全面的总结、深入的挖掘和探索。

2013 年 6 月 9 日,《中国端午节》丛书首发式及"中国端午节与嘉兴端午习俗"专家访谈在浙江嘉兴举行。刘魁立(左二)、刘晓峰(左三)、萧放(左四)等正在接受访谈

● 6 月 22 日,由中国民俗学会与嘉兴市人民政府联合主办的"**人类非物质文化遗产代表作——《中国端午节》出版座谈会**"在北京清华大学举行。中国民俗学会秘书长叶涛、嘉兴市文化局局长金琴龙共同主持了座谈会。乌丙安、陶立璠、刘锡诚、贺学君、刘铁梁、赵宗福、常建华、袁学骏、萧放、万建中、陈泳超、林继富、陈岗龙、项阳、吕韶钧、张从军、尹虎彬、黄涛、孙庆忠、王锦强、吴裕成、王宪昭、张勃、杨秀、朱刚、陈果艳、施爱东、

2013年6月22日,"人类非物质文化遗产代表作——《中国端午节》出版座谈会"与会嘉宾合影

以及来自美国民俗学会的埃米·斯基尔曼(Amy E. Skilman)、安东尼·巴克·布奇特尔里(Anthony Bak Buccitelli)等60余位专家学者参加了座谈会。另外,联合国教科文组织北京代表处文化遗产保护专员杜晓帆、文化部非物质文化遗产司巡视员周小璞出席座谈会并发言。广西师范大学出版社总编辑、北京贝贝特出版公司总经理刘瑞琳,联合国教科文组织亚太地区非物质文化遗产国际培训中心主任杨治,文化部非物质文化遗产司管理处处长荣书琴也出席了座谈会。

中国民俗学会会长朝戈金介绍了中国民俗学会10余年来致力于中国传统节日的调查研究的情况。嘉兴市人民政府副市长柴永强、文化部国家非物质文化遗产保护中心原常务副主任李新风分别讲话。《中国端午节》总主编刘晓峰介绍了该书的编纂情况,《中国端午节》总主编陈云飞介绍了嘉兴市端午文化和该书"嘉兴卷"的调研与编写情况。来自民俗学、节日研究、非物质文化遗产保护领域的专家学者分别就六卷本《中国端午节》的学术价值与社会意义进行了充分座谈。

传统节日是中国民俗学者长期以来一直积极关注的领域。2007年底颁布《国家法定节假日制度调整方案》,增设清明、端午、中秋等传统节日为国家法定假日。中国民俗学会是其中重要的推动者之一。《中国端午节》是学会在节日研究领域做出的新的贡献。

《中国端午节》是一部融文献、田野报告于一体的集成性著作。史料卷、民间文学卷、俗文学卷收入了中国古代典籍、雅俗文学、民间传说、故事、歌谣中有关端午的多方面资料。图像卷收入了不同时代、不同国家各种材质的以端午为核心的各种艺术图像资料;研究卷着力收集了民国以来有关端午节研究最重要的研究论文;嘉兴卷则直接来源于中国民俗学团队的田野报告。

嘉兴卷主编杨秀带领几十位师生组成的调查队伍分成7组深入村镇,对嘉兴地区二区五市县的民俗进行了认真的调查。调查结果表明,历史上人文底蕴深厚的嘉兴地区,直到今天依旧是包括端午节俗在内的各种古老习俗被保护得比较好的地区之一,保存在这里的端午节俗不仅内容丰富,而且在许多地方都与古代文化传统有深层内在的契合,有自己的内在体系,有非常古老的文化传承。

座谈会上,与会领导与专家学者还就《中国端午节》的编纂与合作模式给予充分肯定。大家一致认为,《中国端午节》的编纂出版是中国民俗学会与嘉兴市人民政府精诚合作的结晶,是学术界与政府部门共同关注传统文化、合作保护非物质文化遗产的成功典范。

● 7月15日,由中国民俗学会与辽宁大学联合主办的"2013**中国民俗学学科建设与发展论坛暨辽宁大学民俗学专业成立30周年、乌丙安教授从事学术研究60周年研讨会**"在辽宁大学举行。来自国内外近40所高校以及研究机构的专家学者及研究生共80余人参加了开幕式。乌丙安、朝戈金,以及辽宁大学副校长陆杰荣等出席了开幕式。开幕式由文学院院长韩春虎主持。

开幕式结束后,85岁高龄的乌丙安教授做了题为《堪回首,望将来——我学术生涯的几个小故事》的主题演讲。乌丙安教授精神矍铄,以老照片的新颖形式回顾了他与中国民俗学学科发展的历史典故,也回顾了在从事民俗学研究的历程中,作为一个民俗学者,他个人的命运如何与时代的命运、民俗学学科的发展相连在一起。

在学术研讨单元,与会学者们就民俗学学科发展的热点问题、学科的发展与建设问题、乌丙安先生的学术思想、非物质文化遗产保护等方面的问题展开了研讨。16日,与会学者对国家级及辽宁省级非物质文化遗产保护优秀项目进行了实地考察,来到新民市现场考察国家级非物质文化名录——"新民二人转"的民间传承与培训基地的活动情况,观看了学员们原生态的演出,并拜访了辽宁省非物质文化遗产项目传承人——新民市大民屯镇95岁的回族民间故事家杨久清老人,听杨久清老人现场讲述故事。

2013年7月15日,"2013中国民俗学学科建设与发展论坛暨辽宁大学民俗学专业成立30周年、乌丙安教授从事学术研究60周年研讨会"与会嘉宾合影

● 8月17—20日,由青海省委宣传部、中国民俗学会、青海省社会科学院、中共格尔木市委、格尔木市人民政府和青海省民俗学会共同主办的**"2013年中国昆仑文化国际学术论坛"**在青海省格尔木市召开,来自海峡两岸以及美国、德国、日本、韩国等10多个国家和地区的专家学者参加了论坛的研讨。

论坛开幕式于8月18日在格尔木市会议中心举行,由青海省社会科学院院长赵宗福教授主持,国内外专家学者及相关人士近400人参加。朝戈金以及青海省人民政府副省长辛国斌、格尔木市委书记李国忠先后在开幕式上致辞。叶涛宣读了中国民俗学会关于建立"**中国民俗学会中国昆仑文化研究基**

地"的决定,并由陈勤建向格尔木市市长罗保卫授牌。

中国民俗学会充分发挥全国性学术组织的优势,在加强民俗学的学科建设、扩大民俗学的社会影响方面做了积极的努力。自2010年始,中国民俗学会与中共青海省委宣传部、青海省社会科学院合作,相继举办了2010年"昆仑文化与西王母神话国际学术论坛"、2011年"昆仑神话与世界创世神话国际学术论坛"、2012年"昆仑神话的现实精神与探险之路国际学术论坛"。作为"山宗水源——昆仑文化活动周"主题活动之一的"2013年中国昆仑文化国际学术论坛",是继前三届以昆仑文化为主题的国际学术会议后,又一次将昆仑文化的研究推向更深入的学术盛会。

"2013年中国昆仑文化国际学术论坛"分主旨报告和分组报告两部分,共有近40位中外学者发言。与会专家学者主要围绕昆仑文化与西王母、山神图像、山岳信仰、昆仑神话、旅游资源、民间宗教等不同议题展开讨论。共有5位学者进行了主旨报告,分别是:清华大学中文系赵丽明教授的《青海地区是西南多民族的祖居地》、台湾师范大学国文系郑灿山教授的《昆仑与玉京:方士的仙乡与道教的圣都》、北京师范大学文学院萧放教授的《从信仰之山到情感之山:山岳祭祀礼俗的变迁》、美国印第安纳大学民俗学与音乐人类学系苏独玉教授的《民俗学与文化遗产相互作用下的文化旅游》("Cultural Tourism at the Intersections of Folklore and Heritage")和北京第二外国语学院林越英教授的《雪山、雪山文化与文化雪山——对青海省昆仑雪山旅游的思考》。在分会场研讨中,与会学者以"弘扬昆仑文化、打造昆仑文化品牌"为切入点,主要使用文献、图片、音频等多种介质的资料,运用民俗学、民间文艺学、宗教现象学、旅游社会学、跨文化比较等相关理论与方法,就昆仑文化与山神图像、昆仑文化与风物传说文化遗迹、昆仑神话的精神内涵及其与世界神话比较、昆仑文化与生态旅游的深度融合等方面的内容做了主旨报告和分组讨论。

会议期间,与会学者参加了中国青海昆仑山敬拜大典暨文化活动周开幕式,观摩了格尔木市歌舞团演出的《昆仑诗韵》舞蹈诗表演,同时还对昆仑山口、察尔汗盐湖等地域特色文化资源进行了实地考察。

2013年8月19日,"2013年中国昆仑文化国际学术论坛"与会嘉宾在昆仑山口合影

● 8月19日,中国民俗学会"第七届常务理事会第八次会议"在青海省格尔木市召开。会议由朝戈金主持,陈勤建、叶涛、赵宗福、安德明、刘晓峰、萧放、刘晓春、施爱东等出席,杨秀、陈果艳列席。

叶涛汇报了上半年学会的工作,并就下半年由学会组织的主要活动做了说明。此外还汇报了拟议中的学会下属二级机构的筹备情况,介绍了关于设立"中国民俗学奖"的有关设想。与会常务理事充分肯定了学会秘书处上半年所做各项工作,着重讨论了"中国民俗学奖"的相关问题,并将奖项奖励内容、奖励名额、评审方法等进行了讨论。

● 9月13—16日,由中国民俗学会与内蒙古师范大学共同主办的"**中国民俗学会中国少数民族民俗研究中心成立大会暨2013年中国少数民族民俗研究论坛**"在内蒙古召开。内蒙古师范大学副校长照日格图教授主持了开幕式。叶涛宣读了"中国民俗学会关于成立中国少数民族民俗研究中心的决定",并宣布了研究中心组织机构及人员组成名单。朝戈金与内蒙古师范大学校长云国宏、内蒙古社会科学院副院长毅松分别致辞。开幕式上还举行了中国民俗学会与内蒙古师范大学共建"中国少数民族民俗研究中心"的签字仪式，朝戈金和云国宏分别代表中国民俗学会和内蒙古师范大学在合作协议书上签字，乌丙安、朝戈金、牛森、云国宏共同为研究中心的成立揭牌。来自全国各高校和研究机构的 200 余名师生参加了大会及论坛。

2013 年 9 月 13 日，"中国民俗学会中国少数民族民俗研究中心成立大会暨 2013 年中国少数民族民俗研究论坛"在内蒙古师范大学举行，朝戈金（右一）、乌丙安（右二）等为中心揭牌

"中国民俗学会中国少数民族民俗研究中心"是中国民俗学会的下属专业研究机构，其宗旨是为了更好地研究和保护我国丰富的少数民族民俗资源，为少数民族民俗的调查与研究搭建高水平的学术平台。按照学会章程规定，学会下属研究机构，其领导机构及其人员组成采用任命制，由中国民俗学会秘书处会同相关共建单位双方协商产生。经协商决定：内蒙古师范大学敖其（蒙古族）担任中心主任，马宁（羌族）、马宗保（回族）、江帆（汉族）、阿布力米提·买买提（维吾尔族）、陈岗龙（蒙古族）、岗措（藏族）、邱国珍（汉族）、苏日娜（蒙古族）、吴晓东（苗族）、林继富（汉族）、施立学（满

族)、杨树喆(壮族)、热依拉·达吾提(维吾尔族)、鄂崇荣(土族)、谢沫华(白族)担任中心副主任。聘请乌丙安先生(蒙古族)、郝苏民先生(回族)为荣誉主任,聘请扎格尔教授(蒙古族)担任中心学术委员会主任,毅松(达斡尔族)、赛音乌力吉(蒙古族)、白兰(鄂伦春族)、斯仁巴图(鄂温克族)担任副主任。任命双金(蒙古族)为中心秘书长,沙金(达斡尔族)、额尔德木图(蒙古族)为副秘书长。

本届论坛以"中国少数民族民俗调查与研究的回顾与前瞻"为主题,发表论文主要有:乌丙安《中国少数民族民俗文化之特征》、敖其《开拓进取的十年历程》、杨树喆《广西师范大学民俗学学科十年建设发展纪略》、贺学君《树立民俗研究中的"大文化"观念》、吴晓东《中国南方少数民族史诗的搜集历程》、鄂崇荣《百年来青海民间信仰调查与研究的回顾与前瞻》、施立学《满族发祥地长白山与民俗文化》、叶涛《民族融合与习俗变迁——以山东青州及其周边地区为例》、陈岗龙《关于蒙古族民俗学史的写作》、邱国珍《近年来我国畲族民俗研究述略》、石维刚《蚩尤文化与中国民俗学学科建设的现代建构》、张士闪《口述:交流行为及其语境——以民俗学为视角的讨论》、热依拉·达吾提《田野调查与民众接触:以维吾尔民间达斯坦为例》等,苏日娜、阿布力米提·买买提、岗措、马宁、马兆熙、田甜等也在论坛上做了发言。韩彦斌、尹虎彬、陈岗龙、林继富、扎格尔、杨树喆、热依拉·达吾提等分别担任会议主持人和评议人。学者们就中心今后的工作提出了许多建设性的意见,例如继续举办学术论坛、利用研究中心的平台探讨民族地区民俗学教学与人才培养的相关问题、组织编写民族民俗通用教材、编纂少数民族民俗丛书等,并就研究中心明年论坛举办的地点和主题等进行了讨论。大会闭幕式由贺学君主持,敖其做了会议总结,叶涛就研究中心的发展提出了建议。会议期间,与会学者还考察了阿拉腾毕力格特色文化户、察汗苏力德祭祀文化、成吉思汗祭祀等。

● 9月21—23日,由中国民俗学会、山东省地方史志办公室、山东省民俗学会主办的"中国民俗志编修理论与实践学术研讨会"在青岛召开,计有50余位专家学者与会。朝戈金、刘德龙,以及山东省史志办党总支书记刘娟到会讲话。

与会学者以《山东省志·民俗志》评议稿为实例,采取理论研讨和志稿评议相结合的方式,从学术理论和编纂实务两个方面,围绕民俗志如何深入挖掘民俗资料、如何记述民俗事象发展变化、如何全面反映城市与乡村民俗、如何突出民俗地域特色、如何体现好少数民族民俗、如何把握民俗史与民俗志记述的异同等方面展开深入研讨,并就《民俗志》评议稿观点、体例、内容、记述、资料、行文等方面指出问题和不足,提出大量有针对性的修改意见和建议。

● 10月12—14日,受日本民俗学会、日本东京大学东洋文化研究所的邀请,中国民俗学会陈勤建、叶涛、陈志勤、施爱东四位学者组成代表团,参加了日本新潟大学召开的"**日本民俗学会第65届年会**"。在10月12日下午的"会员总会"上,叶涛代表中国民俗学会向全体参会会员做了年会致辞,简单回顾了两国民俗学界的学术交流传统,表达了面对新形势新问题共同迎接挑战的希望。

代表团的主要任务是参加13日下午的"**非物质文化遗产政策热点·中国——从中国民俗学的经验中学习**"专场国际研讨会。研讨会由东京大学东洋文化研究所菅丰教授实施并主持,在菅丰的题为《为了从中国的非物质文化遗产保护中学习》的开场报告之后,代表团成员分别从中国非物质文化遗产保护政策与民俗学者、民俗学会、地域社会、学术研究的互为影响四个方面,对中国非遗保护现状及其存在问题进行了报告:陈勤建《民俗学者与当今的中国非物质文化遗产保护》、叶涛《中国民俗学会与中国的非物质文化遗产保护工作》、陈志勤《地方的非物质文化遗产保护及其多样性主体的作用》、施爱东《民俗学在非物质文化遗产保护运动中的尴尬处境》。

参加研讨会的还有:日本民俗学会前会长福田亚细男、会长岩本通弥、秘书长小熊诚,日本文化人类学会前会长渡边欣雄,以及参与和研究日本文化保护政策的学者、会员40余人。报告结束以后,会长岩本通弥率先提问,就此展开了日本学者与中国民俗学会代表团之间的学术交锋。虽然日本的非物质文化遗产(无形文化财)保护早在20世纪50年代已经开始,联合国教科文组织的非遗保护政策也受到日本无形文化财保护观念的影响，但就像菅丰在研讨会开始和总结时提到的那样，对于名声在外的日本无形文化财保护政策及其活动，日本民俗学界一直以来并没有展开深入的研究，希望中国民俗学会的经验能够推动日本民俗学界的学术探讨。

2013年10月13日，中国民俗学会代表团一行4人在"日本民俗学会第65届年会"上与日本民俗学会代表合影，从右至左分别为陈志勤、小熊诚、陈勤建、岩本通弥、叶涛、菅丰、施爱东

● 11月5日，中国民俗学网开通"中国民俗学会成立30周年学术研讨会暨2013年年会专区"。本年度年会自6月份发布征文启事以来，收到160多位作者的230余篇应征论文。经秘书处组织专家审阅，入选论文逾200篇。参会论文在"年会专区"陆续上载。论文按作者姓名的汉字音序进行排序。为保护各位作者的知识产权，只有会议正式代表持密码方可阅读附件中的PDF文档。

● 11月14日，中国民俗学会秘书处公布会员信息，发布《**致广大会员**

的一封信》。信中说到:"我会成立30年以来,数千名民俗学学人参与到学会工作中,为中国民俗学学科建设与民俗学服务当代社会做出了积极贡献。但是,由于主观或客观原因,学会与会员之间的联络渠道并不畅通,会员在学会留存的联络方式也存在着诸多差错。为了更好地做好会员的服务工作,学会秘书处自2008年9月起,开始进行**会员会籍复核**工作。学会办公室在人手极其有限的情况下,通过邮局寄发信件、网站公布消息、会议期间发布启事等各种可以利用的渠道,希望与所有的学会会员建立联系。"同时公布了截至2010年底学会登记在册的会员名单,以及2011—2013年度会员表。

信中提到:自 2008 年年底学会网站——"**中国民俗学网**"(www.chinesefolklore.org.cn/)改版以来,学会所有信息均通过网站及时公布,学会网站已经成为学会与会员之间沟通的最佳渠道。自2009年以来,一年一度的学会年会也是通过学会网站公布征文启事、发布入选论文,会议期间通过网络下载论文并阅读,达到了绿色环保、无纸化办公的效果,得到了广大与会学者的积极配合与高度赞赏。

● 11月15—18日,由中国民俗学会主办,福客民俗网、陕西省民俗学会协办的"**中国民俗学会成立30周年学术研讨会暨2013年年会**"在西安举行。来自全国28个省市自治区近百所高校和科研机构的220余位民俗学者出席了会议。

15日上午的开幕式在西安东方大酒店举行,朝戈金、乌丙安、黄道峻、柯杨、刘德龙、赵宗福在主席台就座。出席此次会议的还有陕西省文化厅及西安曲江新区管委会文化局代表刘卫东、宋振华。叶涛主持了开幕式。朝戈金在开幕致辞中说到,本次会议是中国民俗学会成立30年以来,第一次在西北地区召开全国规模的综合性学术会议,这也是学会成立以来规模最大、参加人数最多的一次会议。

开幕式上同时举行了"第八届民间文化青年论坛奖获奖论文颁奖仪式",宣布获奖名单并颁发证书。获奖者为黄洁、叶杨曦、张志娟、刘孟郁、孟令法。另设"第八届民间文化青年论坛特别评审奖",获奖者为程鹏、李倩、李耕、赖芸贞、邵卉芳。

开幕式结束后的大会发言有：乌丙安《非物质文化遗产保护中的文化修复与维护》、林继富《族源记忆与文化认同——以清江流域土家族谭姓为例》、赵宇共《探索传统民俗在现实运用中得到再现与延续的可能性——以西安为例》、施爱东《网络时代的谣言研究》、朝戈金《非物质文化遗产的人文学术维度》。大会发言由刘德龙主持，柯杨评点。

2013年11月15日，"中国民俗学会成立30周年学术研讨会暨2013年年会"在西安东方大酒店举行

学术研讨分4个会场，共31场讨论会，分别为（下面括号内为分会场主持兼评议人）：民俗学与民间文学的理论与实践（王京）、民间信仰的理论探讨与个案分析（叶涛）、民俗文化产业的理论与实践（张朝敏）、民间工艺与民俗文化（陆建芳）、民俗学与民间文学的理论与实践（周福岩）、民间信仰的理论探讨与个案分析（林继富）、非物质文化遗产保护的理论与实践（余悦）、民间工艺与民俗文化（蔡磊）、民俗学与民间文学的理论与实践（江帆）、民间信仰的理论探讨与个案分析（王加华）、非物质文化遗产保护的理论与实践（刘德龙）、民间工艺与民俗文化（祝秀丽）、民俗学与民间文学的理论与实践（段友文）、民间信仰的理论探讨与个案分析（舒燕）、人生仪礼的调查与研究（刁统菊）、节日文化调查与研究（徐赣丽）、节日文化调查与

研究（陈金文）、生活民俗与民族历史变迁（薛洁、黄旭涛）、民间文艺与民俗文化（李跃忠）、民俗学与民间文学的理论与实践（宣炳善）、民间信仰的理论探讨与个案分析（黄景春）、非物质文化遗产保护的理论与实践（张志春）、区域民俗的调查与研究（施立学）、民俗学与民间文学的理论与实践（施爱东）、民间信仰的理论探讨与个案分析（赵德利）、古代文学与民间文学（吕书宝）、区域民俗的调查与研究（曹荣）、少数民族文学研究（冯文开）、民间信仰的理论探讨与个案分析（吴效群）、民俗博物馆与民俗史（梅联华）、区域民俗的调查与研究（董秀团）。

17日下午，学者们考察陕西历史博物馆。傍晚，福客民俗文化投资有限公司董事长张朝敏在位于大雁塔北广场的福客福厨举办大会招待晚宴，与会学者在欢乐祥和的气氛中品尝陕西特色小吃，观看秦地民俗表演，近距离接触陕西传统民俗文化。精彩的华阴老腔、合阳提线木偶等表演吸引了众多民俗学者的眼球与镜头。18日，部分与会学者参加了陕西历史文化考察，主要路线有兵马俑、华清池、乾陵、法门寺等。会议期间，中国民俗学网、福客民俗网、中国社会科学在线、新华网陕西频道、和讯网新闻频道、和讯网商旅频道、西藏民族学院官方网站等多家媒体到会采访并发布或转载新闻稿件。

● 11月16日上午，在"中国民俗学会成立30周年学术研讨会暨2013年年会"开幕式上，赵宗福副会长宣布了成立"**中国民俗文化产业研究中心**"的决议和机构人员名单。该中心是中国民俗学会下属的二级学术机构，旨在依托中国民俗学会的智力资源优势，营造学术研究和交流的和谐环境；开拓民俗文化产业省际、国际合作空间，促进中国民俗文化产业发展；大力推进民俗文化产业的信息化、市场化、集成化、优质化和现代化，积极拓展国内外民俗文化市场，提高民俗文化产业的可持续发展能力。中心主任：刘德龙；副主任：刘晓春、张廷兴、张朝敏、陆建芳、赵宇共、陈华文、唐仲山、梅联华；秘书长：张朝敏。中心设在陕西省西安市福客民俗文化投资有限公司。办公地址：陕西省西安市雁塔南路318号。

● 11月16日上午，新成立的中国民俗文化产业研究中心举行第一次工作会议。与会人员有中国民俗学会刘德龙、叶涛、张朝敏，以及来自全国各地的民俗文化产业专家和民俗文化产业从业者等。与会人员就中心如何开展工作等方面的问题进行了讨论。下午，张朝敏主持了中国民俗学会2013年年会第三分会场"民俗文化产业的理论与实践"，论题包括：张祖群《当前文化产业比较初步研究：六种典型模式比较》、刘德龙《春节民俗：德育教化与产业开发的资源富矿》、段友文《论古村落传统文化资源与创意产业的深度融合——以山西省万荣县阎景村为例》、韩平德《民俗文化"魂"与"体"相结合的辩证关系——简述青岛渔盐古镇韩家民俗村》、高健《民族旅游中的神话——以中国佤族司岗里为例》。

● 11月16日年会期间，朝戈金召集并主持"中国民俗学会第七届常务理事会第九次会议"，到会常务理事有刘德龙、赵宗福、叶涛、余悦、江帆、段友文、李彩萍、林继富、林晓平、施爱东等，杨秀、陆建芳、张朝敏、陈果艳等列席会议。

叶涛汇报了近期学会的工作。会议讨论并通过了《中国民俗学奖评审条例》，责成秘书处启动2013年度中国民俗学奖（青年学术奖）的推荐与评审工作。在讨论过程中，大家就参评成果作者的年龄、评审程序、奖励名额等进行了磋商，达成一致意见。

鉴于学会法人代表刘魁立年龄已经超过国家规定的最高年限，会议通过了朝戈金会长提出的由秘书长叶涛担任学会法人代表的议案，会后将按照国家社团管理部门的规定办理更换法人代表的手续。会议还责成秘书处筹备2014年学会第八次代表大会的相关工作。

● 12月4—5日，"**2013年中美非物质文化遗产论坛暨指导委员会第二次工作会议**"（第五届中美非物质文化遗产论坛暨指导委员会第二次工作会议）在北京郭沫若纪念馆举行。

作为中美民俗学界在非物质文化遗产领域持续交流与合作的重要项目之一，本次工作会议得到了中国社会科学院的专项资助和美国鲁斯基金的支持。出席会议的中方代表有朝戈金、叶涛、黄永林、宋俊华、谢沫华、朱刚等。

美方代表为美国民俗学会当任会长戴安·葛斯定、执行理事长蒂姆·罗仪德、候任会长迈克尔·威廉斯、前任会长比尔·艾伟、俄亥俄州立大学民俗学家芭芭拉·罗仪德等。

2013年12月4日,"2013年中美非物质文化遗产论坛暨指导委员会第二次工作会议"与会嘉宾合影

本次会议议题包括：一、中美民俗学同行及研究机构之间定期召开会议,展示两国优秀的民俗学和非遗研究成果；二、双方合作致力于出版具有前瞻性、革命性的理论成果,阶段性的学科发展报告等；三、共同举办田野学校或工作坊,为青年学者和学生提供专业培训；四、合作开展教师培训、学生培训,实施短期、长期的学术互访；五、定期召开中美民俗学会领导之间的高端会议,共同打造民俗学一级学科的地位。在前期共识的基础上,决定在下一阶段的合作中优先实施：一、共同合作举办非物质文化遗产的专项暑期培训学校,加强中美民俗学者之间的相互理解和交流,为学科的发展培养青年人才；二、推进中美非物质文化遗产论坛相关资料的出版,包括两国民俗

学重要理论和博士论文提要的翻译和相互引介，提升论坛在中美两国的影响；三、继续以学术会议和工作会议的形式推动中美非物质文化遗产在理论和实践两方面的深入合作与交流。

"中美非物质文化遗产论坛"是一个长期的、持续性的合作项目，在形式上立足于中美民俗学界之间的高端交流，同时十分重视民俗学学科的青年人才培养，以及中美民俗学者之间的深入交流，进而推动非物质文化遗产在中美两国的理论和实践发展。该论坛此前已经在中美两国各举办了2届，共4次论坛，举办地分别为中国的广州、武汉，美国的纳什维尔、哥伦布。

本次会议承续了中美合作的重要经验，在参与人员、会议议题、合作模式等方面体现出了较强的延续性，既总结了此前4次中美合作的经验，又为接下来的工作指出了明确的方向。会议期间，美国福特基金北京办事处的新任首席代表高倩倩（Elizabeth Knup）女士特意会见了与会的中美代表，表达了支持中美非物质文化遗产论坛的意愿。

会议结束后，中美民俗学家赶赴浙江嘉兴，参观了当地的非物质文化遗产代表性项目，实地考察了皮影艺术、蓝印花布印染技术、五芳斋粽子、硖石灯彩等非遗项目的传承和保护情况。据中国嘉兴网报道，中美民俗学会一行来到嘉兴非遗经典景区乌镇西栅，认真考察了益大丝号的手工和脚踏缫丝、叙昌酱园的制酱工艺、历史悠久的乌镇水阁等非遗项目，并给予高度评价。

● 12月25日，"花垣蚩尤文化传承保护基地"在花垣县职业中学举行，花垣蚩尤文化研究会及花垣县民族事务局共同为基地授牌。该基地有学员1290名、教师120名，另外还聘请传承人进校园授课。目前开设有苗鼓、蚩尤拳、苗族剪纸及苗绣等课程。花垣县于2010年被中国民俗学会授牌为"中国蚩尤文化研究基地"，此后，陆续成立了花垣蚩尤文化研究会及其下辖的民族工艺美术学会、苗族特技学会、巴代文化学会、民族民间文艺学会、苗族医药学会、民族歌舞学会等。

2014 年

● 1月11—15日，由中国民俗学会、学苑出版社、牡丹江市文化广电新闻出版局共同主办的"第四届海峡两岸民间文化论坛暨中国地域民俗文化研究中心成立大会"在黑龙江牡丹江市召开。

大会开幕式于1月12日上午在牡丹江市世茂假日酒店举行。大陆代表有刘魁立、朝戈金、周小璞、陈勤建、叶涛等。中国台湾地区代表有台湾"清华大学"荣誉教授王秋桂、成功大学人文社会科学院中心教授陈益源、台湾大学台湾文学研究所教授洪淑苓、政治大学中文系教授高莉芬、台湾师范大学教授钟宗宪、中正大学国文系副教授杨玉君等。此外，牡丹江市委宣传部部长闫岩、市政府副市长张海华、市人大常委会原副主任姚寿鹏，以及市委、市政府职能部门的负责同志也出席了开幕式。

开幕式由叶涛主持，朝戈金、闫岩、陈益源分别致开幕词。陈勤建宣布了关于成立"中国地域民俗文化研究中心"的决定。中国地域民俗文化研究中心是中国民俗学会下属的二级学术研究机构，学会任命郭崇林、刁丽伟为中国地域民俗文化研究中心主任，李春园、肖远平、张从军、黄涛、林晓平、刘伟波、黄德烈、王增伟、杨秀为中心副主任，刘伟波兼任秘书长，聘请刘魁立、姚寿鹏为中心名誉主任。秘书处设在牡丹江市海东青文化传播发展有限公司。刘魁立、周小璞、张海华、姚寿鹏为中国地域民俗文化研究中心揭牌。

王秋桂、郭崇林、刁丽伟主持了学术研讨。学者们发表的论文主要有：刘魁立《非遗保护与传承——文化领域的历史性实践》、陈勤建《地域民俗遗产和文化旅游》、洪淑苓《民俗节庆与地方文化——以台南七夕节日活动为例》、钟宗宪《台湾中秋节俗对于传统文化的继承与发展》、杨秀《区域经济影响下的节日文化：以桐乡清明节为例》、宋颖《景颇族"目瑙斋瓦"的文化记忆与"目瑙纵歌"节的现代建构》、郭崇林《区域民俗文化的历史特征及跨世纪转型——基于黑龙江流域民俗文化的思考》、刁丽伟《萨满与萨满文化》、谢景田《从参与"非遗"保护工程的实践中认知萨满文化的价值和意义》、陈益源《越南的福建会馆与福建义山》、高莉芬《汉画西王母图像类型分析及象征考察》、肖远平《文化调适与民俗变迁——基于麻山苗族民俗转型的实证研究》、顾春军《"冥婚"流变考论》、张勃《北京地方志与民俗研究》、张朝敏《地域民俗文化的开发与应用——以白鹿原为例》、张从军《〈暴风骤雨〉与山东民俗》、杨玉君《民间年画中的钟馗形象》、叶涛《东岳泰山信仰在台湾的传播与变异》、吕韶钧《舞龙习俗的地域性、民族性特征与文化认同》、颜翩翩《大甲地区武术传习者的文化实践》、汤立许《对一项非遗的田野考察与分析——以湖北武穴岳家拳为例》、唐仲山《青海藏传佛教民俗文化圈的基本特征》、陈学军《赫哲族民间传统工艺品开发对策刍议》、赵月梅《杜尔伯特蒙古族传统游戏的变迁研究——以黑龙江省杜尔伯特蒙古族自治县布村为个案》、吴小丽《云南白族的宗教信仰特点——以云南喜州镇为例》、黄志强《开滦音乐：中国工业民俗典型的表现形式》、李丹、徐月强《地域文化助推新型城镇化建设浅析》、杨英《两岸"花"汇——南京绒花、台湾缠花之比较研究》、姜波《消亡或重生——传统村落民居修复技艺传承的再思考》等。会后，学者还来到著名的"中国雪乡"体验冰雪文化，领略大自然的壮观与美妙。

"海峡两岸民间文化论坛"是中国民俗学会与学苑出版社，以及台湾相关学术机构共同打造的学术交流平台，是两岸民间文化研究领域的高层次学术论坛。该论坛此前已经举办三届，前三届的研讨主题分别是民间文化理论、民间信仰、民间工艺，前两届主办地点均为北京，第三届举办地点是在台湾的金门县与台南市。经过海峡两岸学者的共同努力，该论坛已经成为展示两岸民间文化研究成果、交流两岸民间文化学术思想的重要平台，对于拓宽两岸民间文化研究领域的交流，尤其是促进两岸民俗学、民间文学学科的建设起到了积极的促进作用，形成了两岸学界在民间文化研究领域最高层次的对话机制。

2014年1月12日，"第四届海峡两岸民间文化论坛暨中国地域民俗文化研究中心成立大会"在黑龙江牡丹江市举行

● 3月10日，中国民俗学会顾问、中国民间文艺家协会退休干部王文宝先生逝世，享年85岁。

● 4月1—4日，**中国民俗学会调研组在嘉兴调研端午、清明节俗文化**。调研组由叶涛带队，由杨秀、张勃、宋颖、陈志勤、陈果艳、施爱东等11名专家学者组成。来到桐乡市洲泉镇清河村开展该市清明习俗调研工作，调研组分别对桐乡市省级非遗项目"双庙渚蚕花水会"及清河村的清明传统祭祀、饮食等民俗进行走访调研。

4月1日上午，调研组与嘉兴当地领导、专家围绕端午文化等非物质文化遗产如何与旅游目的地建设紧密结合，端午文化等非物质文化遗产如何转化为生产力、推动文化产业发展,政府如何在推动端午文化融入旅游、文化产业发展中有所作为等主题进行了座谈。

2014年4月3日,中国民俗学会调研组在嘉兴调研端午、清明节俗文化

4月1日下午,调查组一行赴五芳斋集团考察,并实地参观了粽子传统生产工艺。随后,调查组赴南湖区政府听取情况介绍。4月2日上午至4日上午,调查组先后赴桐乡石门镇、洲泉镇考察清明传统祭祀、饮食等民俗活动。此次调研活动,是为即将在嘉兴举行的端午民俗文化研讨课题中期报告会而做的前期考察。

● 4月19—22日,由中国民俗学会主办、日本民俗学会协办、贵州民族大学承办的"**首届中日民俗学高层论坛**"在贵阳举行。本次论坛主题是"民俗的未来——探求多样化的研究视角和方法"。出席会议的中方代表有朝戈金、刘魁立、陈勤建、叶涛、郭崇林、柴立、王加华、汪文学、施爱东等;

日方代表有福田亚细男、菅丰、小熊诚、俵木悟等。

开幕式在贵州民族大学第一会议室举行。贵州民族大学校长张学立、副校长肖远平,以及该校有关部门及学院负责人、教授代表出席了开幕式。肖远平主持了仪式,张学立、朝戈金、福田亚细男分别致辞。福田亚细男表示,现在的民俗学研究多以各自的研究为基础,这样发展难免会遇到瓶颈,参照其他国家民俗学的研究是突破这个瓶颈和外延的重要手段。我们要充分利用难得的机会,相互检讨,相互促进,相互发展。

2014年4月19日,"首届中日民俗学高层论坛"与会嘉宾合影

本次会议共有19位中日民俗学代表发言,题目分别为:福田亚细男《日本民俗学的现在与从今以后》(《日本民俗学のこれまでとこれから》)、小熊诚《从比较的客体到比较的主体——关于日本民俗学冲绳研究的新视角》(《比较ˆの客体から比较の主体へ——日本民俗学における冲縄民俗研究の新たな研究视角》)、菅丰《民族志研究法的多样化与民俗学》(《多様化する民族志研究法と民俗学》)、俵木悟《民俗学艺能研究中的审美标准》(《民俗学の芸能研究における「审美の基準」》)、刘魁立《生态文明建设与非物质文化遗产保护》、朝戈金《口头诗学:民俗学的一种基础理论》、陈勤建《民俗

学在当下的问题与思考》、叶涛《中国民间信仰研究的学术价值与现实困境》、郭崇林《重出立证·层累分析·历史地理比较》、施爱东《民俗学视角和方法的谣言研究》、王加华《"民""俗"之辨：对当前中国民俗学研究理路的一点反思》、汪文学《黑神崇拜与黔中文化品格》、柴立《旖旎风光传承中华香文化，文化生产助推黔香产业化》。会议间隙，中日民俗学者在肖远平的带领下，参观了该校民族文化展示厅和美术学院师生作品展。

● 6月2日，农历甲午年端午节，由中国民俗学会、嘉兴市委宣传部、中国端午文化研究基地、嘉兴市文学艺术界联合会、嘉兴市文化广电新闻出版局共同主办的"2014端午民俗文化的当代传承学术研讨会"在浙江省嘉兴市梅洲酒店举行。来自海峡两岸以及韩国、新加坡等多个国家和地区的40余位专家学者出席了研讨会。

嘉兴市文化广电新闻出版局局长金琴龙主持了开幕式。朝戈金和联合国教科文组织北京代表处文化遗产保护专员杜晓帆、嘉兴市委宣传部部长陈越强先后在开幕式上致辞。陈勤建和上海财经大学管理学院全华教授分别做了题为《端午民俗意蕴原型当今的存续和创意》《民俗节事旅游问题研究》的主题报告。

学者们重点围绕传统节日的当代传承、传统节日保护与政府职能、传统节日与旅游资源的开发利用、节日与非物质文化遗产等议题展开讨论，探讨传统节俗与新兴节会的融合模式，为传统文化在当代社会的复兴与传承提供参考。会议期间，与会专家还实地考察了南湖区凤桥镇端午民俗活动、月河街粽子博物馆及桐乡民俗文化活动。

自2009年始，中国民俗学会与中共嘉兴市委宣传部、嘉兴市文学艺术界联合会等部门合作，成功举办了"2009中国民俗文化当代传承浙江论坛（嘉兴）""2010中国端午习俗国际学术研讨会（嘉兴）"和"2011端午习俗国际学术研讨会（嘉兴）"等三届学术论坛，部分成果并已结集出版。

● 7月31日，学会秘书处在北京东岳书院会议室召开工作会议，叶涛主持了会议。本次秘书处工作会议主要讨论了第八届代表大会的各项筹备事宜。

根据学会章程和代表大会筹备工作程序的安排,秘书处**着重讨论了第八届理事会理事候选人的推荐程序**。第八届理事会理事候选人的推荐,应充分考虑到第七届代表大会以来中国民俗学学科发展的现状,同时作为群众性学术团体,还要考虑到4年来广大会员参加学会学术活动与参与学会事务性工作的情况。秘书处经过充分讨论,就第八届理事会理事候选人应该具备的基本条件向常务理事会提出了具体建议。本次会议还就第八届代表大会的论文审阅、修改学会章程与起草学会工作报告、会议的各项事务性工作等进行了具体分工。会议还通报了学会二级研究机构"中国服饰文化专业委员会"和"中国香文化研究中心"的筹组情况,叶涛就筹资设立"中国民俗文化基金"等事宜进行了说明。

● 8月10日,由青海省社会科学院和青海省委宣传部、中国民俗学会、格尔木市委市政府、青海省民俗学会共同主办的"2014**昆仑文化与丝绸之路经济带国际学术论坛**"在中国盐湖城——格尔木隆重举行。来自海峡两岸及美国、德国、英国、法国、韩国、乌兹别克斯坦、吉尔吉斯斯坦、哈萨克斯坦、苏丹等10多个国家和地区的专家学者100余人参加会议。

论坛开幕式由赵宗福主持,青海省委宣传部部长吉狄马加、副省长辛国斌、省政协副主席马志伟、格尔木市委书记李国忠、格尔木市长王勇,以及青海省社会科学院副院长淡小宁、孙发平、苏海红等出席了会议。郑土有代表中国民俗学会出席了开幕式。法国国家科学研究院东亚文化研究中心主任雷米·马修、台湾静宜大学专任教授鲁瑞菁、四川大学教授张泽洪、格尔木市长王勇、吉尔吉斯斯坦国家战略研究所所长莫姆诺夫·纳得勒玛玛特分别做了大会发言。分组交流会上,42位专家学者分别围绕昆仑文化与文化建设、丝绸之路经济带建设、文化产业与经济社会发展等主题展开了讨论。

● 8月23—24日,由中国民俗学会和河南大学联合主办的"**民俗学:学科属性与研究范式研讨会**"在河南大学举行。来自文化部、中国社会科学院、北京大学、中山大学、北京师范大学等科研院所和中国社会科学出版社、《中国社会科学报》等新闻出版单位的60余位专家学者参加了会议。朝戈金以及河南大学副校长邢勇、河南大学文学院院长李伟昉在开幕式上致辞。李伟昉在致辞中简要回顾了河南大学文学院近百年的办学历程,介绍了20世纪初以来江绍原、张振犁等学者在文学院开展民俗学、民间文学的教学和研究的情况,并希望学术界能够一如既往地支持河南大学该学科的发展。为期两天的研讨中,与会学者围绕民俗学理论、民俗学学科属性、民俗学学科范式转换、中原神话与民间信仰等议题展开了热烈而坦诚的交流。

2014年8月23日,"民俗学:学科属性与研究范式研讨会"与会嘉宾合影

● 8月27日,"中国民俗学会中国香文化研究中心成立大会"在北京中国棋院会议室隆重举行。刘魁立、朝戈金、周小璞、贺学君、孙亮、石德义、孙山、李旭、王鹏、李春园、杨秀、施爱东等民俗学界与香文化研究和香产业领域的50余位专家学者出席了大会。柬埔寨王国驻中国大使馆副大使兼公使衔参赞努齐望先生、老挝驻中国大使馆一等秘书达拉萨克·拉沙翁先生、德国法兰克福茶艺术中心主任盖哈德先生等到会祝贺。

叶涛主持了成立大会,贺学君副会长宣读了《中国民俗学会关于成立"中国香文化研究中心"的决定》。中国香文化研究中心是中国民俗学会下属的二级专业研究机构,是由中国民俗学会与北京隆和昌商务有限责任公司共建的中国香文化领域的研究机构。朝戈金在致辞中指出,创建具有特色的二级学术研究机构,就是学会近年来积极倡导、着力发展的一项工作。中国民俗学会希望中心在研究中国香文化发展史、挖掘传统经典香方、传承用香品香传统习俗、普及香文化知识、提升广大民众生活水平等方面做出贡献。

学会任命孙亮为中国香文化研究中心主任,李春园、王晓婉、陈鳌为副主任,聘请刘魁立为中心荣誉主任,朝戈金、张晓武、陈云君、石德义、孙山、李旭、王鹏、刘岩、吴清为中心顾问。朝戈金代表学会与北京隆和昌商务有限责任公司董事长孙亮签署了《中国民俗学会中国香文化研究中心共建协议书》,刘魁立向中心主任孙亮颁授中心名牌,周小璞等向中心主任、副主任颁发聘书。

仪式结束后,著名香文化研究专家石德义先生、日本志野流香道次家元蜂谷宗苾先生,分别就中国香文化的历史和日本香道的发展做了专题讲座。

2014年8月27日,"中国民俗学会中国香文化研究中心成立大会"与会嘉宾合影

● 9月5日,"中国牛郎织女传说研究中心换届会议暨非遗背景下民间传说的保护与传承座谈会"在山东省沂源县召开。刘德龙主持了换届会议。朝戈金代表学会致辞。沂源县政府副县长李玲代表县委县政府对中国民俗学会将研究中心设立在沂源县、对专家学者给予沂源牛郎织女传说的关注表达了感谢。沂源县文化局局长张寿玉就沂源县非物质文化遗产保护,特别是牛郎织女传说的保护与传承工作进行了汇报。

学会决定任命**叶涛、李玲共同担任研究中心主任**,聘请张寿玉担任研究中心办公室主任。聘请北京大学陈泳超、台湾大学洪淑苓、山东大学刘宗迪、山东工艺美术学院张从军、台湾彰化师范大学丘慧莹、浙江农林大学毕雪飞、山东建筑大学姜波、山西大学郭俊红、山东大学威海分校赵珊珊、中国社会科学院施爱东为中国牛郎织女传说研究中心研究员。朝戈金为中心主任和研究员颁发了聘书。

仪式结束后，与会学者与沂源县政府和职能部门的领导同志举行了座谈，就沂源县牛郎织女传说的保护与传承等问题进行交流，会后还参观了牛郎织女民俗展览馆、牛郎庙、织女洞、沂源县博物馆等与牛郎织女传说相关的文化景点。

中国民俗学会中国牛郎织女传说研究中心成立于2008年3月，自成立以来，在中国民俗学会和沂源县委、县政府的领导下，研究中心组织全国的专家编纂出版了五卷本《中国牛郎织女传说》，并对沂源县牛郎织女传说进行了全面调研，成功申报了国家级非物质文化遗产名录。同时，研究中心在保护和传承我国非物质文化遗产，宣传地方文化，开发利用民俗文化资源等方面也做了大量工作，得到了学术界的肯定和地方政府的赞赏。

2014年9月5日，"中国牛郎织女传说研究中心换届会议暨非遗背景下民间传说的保护与传承座谈会"在山东省沂源县举行

● 9月16日，"中国民俗学会第七届常务理事会第十次会议"在北京召开，朝戈金召集并主持了会议。叶涛汇报了学会第八届代表大会暨2014年年会的筹备情况。大会征文工作自2014年4月开始，至8月31日结束，共有387位作者的408篇论文符合征文要求。经学会秘书处组织专家评审，共有

284位作者的272篇论文入选。叶涛并就大会的会务筹备工作、会议议程安排等具体事宜进行了汇报。

2014年9月16日,"中国民俗学会第七届常务理事会第十次会议"与会代表合影

学会理事会的工作报告和修改学会章程的报告是历届代表大会的基本内容。叶涛代表秘书处向常务理事会汇报了《中国民俗学会第七届理事会工作报告》的起草情况。汇报大纲包括十个方面的内容：一、对四年工作总的回顾；二、会员管理与组织建设；三、组织学术活动；四、参与国际、国家及各地非遗保护和研究工作；五、促进高校、地方民俗学学科发展与学术普及,提高本学科在国家学术制度层面的地位；六、加强国际学术交流与合作,成为联合国教科文组织咨询机构；七、网站建设；八、财务工作；九、存在的不足；十、未来的发展方向。

施爱东介绍了学会章程修改报告的起草情况,就《关于修改〈中国民俗学会章程〉的报告》（讨论稿）予以说明。施爱东在介绍中特别提出：一是历次代表大会,每一次都对学会章程进行了修订；二是学会在最近四年中取得了非常可喜的成绩，从学会工作重心、学会机构到会员构成都发生了巨大的变化，为了适应这些新变化，许多学会理事提出，应该适当调整学会章程，使之能更好地促进学会发展。新章程依旧应该坚持两个基本原则：一、遵守《民政部关于社会团体登记管理有关问题的通知》，在法规允许的范围内，结合学会实际，以有利于学会团结、稳定、发展为原则；二、尊重学会前辈的创会理想，保持章程作为学会法规的相对稳定性，对于目前以及未来几年尚能适应形势发展的条款，不必改动的部分尽量不作改动。与会各位常务理事对修改章程的报告（讨论稿）进行了充分讨论，讨论内容涉及学会英文名称、学会的业务范围、会员的责任与义务、二级研究机构的名称、会长副会长的基本条件、会长任期等。

朝戈金就第八届理事会理事候选人推荐原则与推荐方法进行了说明。第八届理事会理事候选人的推荐，应充分考虑到第七届代表大会以来我国民俗学学科发展的现状，同时作为群众性学术团体，还要考虑到广大会员参加学会学术活动与参与学会事务性工作的情况。因此，被推荐为第八届理事会理事候选人需同时具备以下三项条件：一、中国民俗学会会员。二、在民俗学教学、科研或普及领域有一定成绩；或者，积极支持中国民俗学会发展，热心学会事务性工作。三、自2010年学会第七届代表大会以来，至少参加过一次由中国民俗学会主办的学术活动。

在充分讨论的基础上，本次常务理事会对以下三个议题进行投票表决：一、《第七届理事会工作报告》（大纲）；二、关于修改《中国民俗学会章程》的报告；三、第八届理事会理事候选人推荐原则与推荐方法。经过实名投票，一致通过了上述议题。本届常务理事会由37位常务理事组成，安德明、敖其、巴莫曲布嫫、曹幸穗、朝戈金、陈岗龙、陈泳超、董晓萍、贺学君、江帆、李彩萍、林继富、林晓平、刘德龙、刘铁梁、刘晓峰、尚洁、万建中、萧放、叶涛、尹虎彬、余悦、张士闪、赵世瑜、施爱东等25位出席了会议，陈华文、陈勤建（授权朝戈金）、段友文、高丙中、郭崇林（授权叶涛）、何彬（授权叶涛）、黄涛、黄永林、刘晓春（授权陈泳超）、徐艺乙（授权叶涛）、赵宗福（授权朝戈金）、郑土有（授权叶涛）请假。按照学会章程规定，本次会议到会 25 人，委托授权 7 人，符合超过半数出席的合法人数的规定，本次会议表决通过的各项议题有效。秘书处朱刚、王尧等列席了会议。

● 9 月 26 日，由中国民俗学会主办，青海省民俗学会、青海省昆仑文化研究会、中共湟源县委共同承办的"**青海·湟源西王母文化论坛**"在湟源县顺利举办。海峡两岸共 20 余位专家学者，以及湟源县各有关职能部门和各界代表共 200 余人参加了论坛。赵宗福主持论坛并做了评点和总结。

出席论坛的还有叶涛、文化部民间文艺发展中心主任李松、台湾成功大学中文系主任高莉芬、台湾胜安宫主任委员吴东明、青海省民俗学会副会长米海萍等。学者们围绕昆仑文化、民间文化保护与传承、西王母信仰、青海昆仑与神话昆仑、台湾西王母信仰发展、西王母信仰与地方文化建设等专题展开了讨论。

● 10 月 10—15 日，"**中国民俗学会第八届代表大会暨 2014 年年会**"在昆明召开，来自全国各地的 260 余名代表出席了这次大会。作为中国民俗学会和美国民俗学会的交流项目内容，来自美国民俗学会的 6 位学者专程前来春城参加了会议的部分活动。

11 日上午的开幕式在云南大学科学馆大会议室举行，叶涛主持了开幕式，陈勤建和云南大学校长林文勋在开幕式上致辞。会长朝戈金因病未能到会，叶涛在开幕式上宣读了朝戈金会长的书面致辞。

开幕式上还举行了"中国民俗学会生命树奖"和"中国民俗学奖·青年学术奖（2014 年度）"的颁奖仪式。"**中国民俗学会生命树奖**"是由巴莫曲布嫫提议，为学会志愿者团队特设的奖项。中国民俗学会自 2008 年底开始招募志愿者，6 年来，志愿者团队在中国民俗学网网站的管理与维护、参与中国民俗学会秘书处的工作、协助一年一度的年会会务工作等方面都做出了无私的奉献。2014 年度的"中国民俗学会生命树奖"是学会首次颁发该奖项，共有 12 名志愿者获得奖励，他们是：苏长鸿（华东师范大学硕士研究生）、周波（中山大学博士研究生）、王学义（山东省邹城文化局工作人员）、彭佳琪（浙江省工艺美术研究所有限公司员工）、张多（北京师范大学博士研究生）、高健（云南大学博士研究生）、林海聪（中山大学博士研究生）、胡玉福（上海大学硕士研究生）、张志娟（北京大学博士研究生）、王娜（山东省威海市群众艺术馆馆员）、黄雯（中央民族大学博士研究生）、邵凤丽（辽宁大学讲师）。此外，本次年会共有13位团队志愿者的论文入选，获得参会资格；他们在学会常务理事何彬的慷慨资助下前往昆明与会，并参与会务工作和分组讨论。

2014年10月11日，"中国民俗学会第八届代表大会暨2014年年会"开幕式上颁发"中国民俗学会生命树奖"

本次年会颁发的"中国民俗学奖"是中国民俗学会设立的最高学术奖项。**"中国民俗学奖·青年学术奖"**专项奖励45岁以下青年学者的学术成果，计划每年奖励一项成果。2014年度的"中国民俗学奖·青年学术奖"是学会首次评选并颁发该奖项。经过中国民俗学会第七届常务理事会常务理事推荐并投票评选，陈岗龙的《蟒古思故事论》获得"中国民俗学奖·青年学术奖（2014年度）"。中国民俗学会荣誉会长乌丙安为陈岗龙颁发了证书和两万元奖金。本届奖金由学会下属二级研究机构"中国香文化研究中心"提供。

开幕式后，陈勤建主持了"中国民俗学会第七届理事会会议"。会议通过了由叶涛代表第七届理事会做学会工作报告、由施爱东代表秘书处做修改章程报告的议案。

接下来正式进入"第八届代表大会大会报告"阶段，赵宗福主持了大会报告。叶涛代表第七届理事会做《中国民俗学会第七届理事会工作报告》、施爱东做《关于修改〈中国民俗学会章程〉的报告》。叶涛在报告中全面回顾了自 2010 年 11 月中国民俗学会第七届代表大会以来学会所开展的工作。报告分为八个部分：一、认真遵守国家社团管理的各项规定，规范会员管理，加强学会管理机构的建设，增强学会活力。二、健全年会制度，积极组织学术活动。三、发挥民俗学学科优势，积极参与国际与国家的非物质文化遗产保护工作。四、加强国际学术交流，建立制度化交流机制。五、中国民俗学网网站建设。六、学会的财务工作。七、本届工作中存在的不足。八、对未来的期望。施爱东在报告中说明了修改学会章程的基本原则，并就修改的内容进行了详细介绍。

刘德龙主持了 10 月 11 日下午的大会讨论。与会会员代表就叶涛所做的《中国民俗学会第七届理事会工作报告》、施爱东所做的《关于修改〈中国民俗学会章程〉的报告》进行讨论，并就两个报告中的有关内容提出了许多建设性的意见和建议。在自由讨论环节，与会代表们先后发言，部分代表提出不同意见，表达了对一些条款的看法。最后经过与会会员代表的表决，通过了上述两个报告。

刘德龙主持了大会讨论之后的中国民俗学会第八届理事会理事选举。与会理事经过表决先通过了选举原则和程序，又经过投票选举，产生了本届理事会。共有 170 名会员当选为中国民俗学会第八届理事会理事。

刘铁梁主持了中国民俗学会第八届理事会第一次会议。经过投票选举，共有 54 名理事当选为中国民俗学会第八届理事会常务理事。

巴莫曲布嫫主持了中国民俗学会第八届常务理事会第一次会议。会议经讨论表决通过了"不预设会长和副会长候选人，由常务理事会无记名投票摸底产生会长候选人，由常务理事无记名投票选举会长和副会长"的选举办法和程序。经过投票选举，朝戈金连任会长，巴莫曲布嫫等 18 位代表当选为副会长。

本次年会未设大会主题发言，10 月 12 日，与会代表分为 6 个分会场分别进行了学术研讨。代表们围绕中国民俗学的学科建设与理论研究、民俗学方法与方法论反思、中国民俗学学科史研究、中国高校民俗学教材建设及教学体系与人才培养、外国民俗学学科建设与人才培养、民俗学与社会发展、民俗学与非物质文化遗产保护、民俗文物与民俗博物馆、传统节日与新兴节会调查与研究、传统礼仪的当代传承与应用研究、中国当代民间信仰的调查与研究、民间文学理论研究、区域民俗事象的调查与研究、区域民俗史与民俗学史研究、中国少数民族民俗调查与研究,以及民俗学、民间文学学科建设与应用研究领域的其他相关议题进行学术研讨。分组讨论中共有240余名学者发表了220余篇论文。

学术专场共设6组,每组4场,共24场,每场约有9位发言人。所有场次都分别设置了主持人和评议人,其中最大的亮点是,本届特设了两组"学生专场",而且大量起用年轻学者担任专场主持人,如耿羽、杨旭东、高健、吴新锋、苏长鸿、周波、张多、张志娟、程鹏等,其中部分主持人还是尚未毕业的在校博士生。这充分展现了学会在培养学术新人方面的决心和举措。

10月12日晚,来自美国民俗学会的学者在云南大学至公堂进行了专场表演。其中比尔·艾伟(美国民俗学会前任会长)、威廉·李·埃利斯(圣迈克尔大学音乐助理教授)、拉里·纳格(作家、导演、教育家、音乐家)、霍华德·萨克斯(凯尼恩大学社会学教授)及朱迪斯·罗斯·萨克斯(凯尼恩大学美国研究项目的附属学者)等5位学者为中国学者表演了二十世纪二十至五六十年代美国最具代表性的乡村民谣。民俗学会新晋常务理事朱刚博士担任现场翻译。10月14日,5位美国学者又在云南民族博物馆为当地中小学生进行专场表演。来自美国民俗学会的苏独玉(印第安纳大学教授,中国花儿研究专家)不仅全程参加了学术专场的分组讨论,还列席了大会开幕式。

会议期间,与会代表参观了云南民族博物馆。10月13日至15日,部分与会学者还参加了在云南的学术考察活动。这次大会得到了云南大学、云南民族博物馆和中国鲁锦博物馆的大力支持。

11日下午,大会按照选举程序产生了学会新的领导班子。

会长:朝戈金。

副会长： 安德明、巴莫曲布嫫、陈勤建、陈泳超、董晓萍、黄永林、江帆、刘德龙、刘铁梁、刘晓春、刘晓峰、施爱东、万建中、萧放、尹虎彬、叶涛、赵宗福、郑土有。

秘书长： 叶涛（副会长兼）。

常务理事： 安德明、敖其、巴莫曲布嫫、朝戈金、陈岗龙、陈华文、陈连山、陈勤建、陈泳超、刁统菊、董晓萍、董秀团、段友文、高丙中、郭崇林、何彬、黄涛、黄景春、黄永林、江帆、康丽、李刚、李彩萍、林继富、林晓平、刘德龙、刘德增、刘铁梁、刘晓春、刘晓峰、尚洁、孙义杰、施爱东、田兆元、万建中、吴效群、萧放、肖远平、谢沫华、徐艺乙、杨秀、杨利慧、叶涛、尹虎彬、余悦、袁学骏、张勃、张朝敏、张士闪、赵德利、赵世瑜、赵宗福、郑土有、朱刚。

理事： 阿布力米提·麦麦提、阿地里·居玛吐尔地、安德明、敖其、巴莫曲布嫫、白兰、白莉、包海青、毕雪飞、曹彦生、朝戈金、陈岗龙、陈果艳、陈华文、陈金文、陈进国、陈连山、陈勤建、陈泳超、陈云飞、陈志勤、崔瑞萍、刁丽伟、刁统菊、董晓萍、董秀团、段友文、高丙中、高健、高伟、高荷红、耿羽、关昕、郭崇林、郭泮溪、韩雷、韩平德、何彬、贺学君、胡芳、胡晶、户晓辉、黄涛、黄景春、黄永林、黄志强、黄泽、霍福、吉国秀、江帆、姜波、康丽、柯玲、李刚、李玲、李扬、李春园、李彩萍、李丽丹、李小玲、李跃忠、林德山、林海聪、林继富、林晓平、刘百灵、刘德龙、刘德增、刘冬梅、刘镜净、刘铁梁、刘伟波、刘文江、刘晓春、刘晓峰、刘秀峰、刘宗迪、柳倩月、陆建芳、吕韶钧、吕书宝、吕微、毛巧晖、梅联华、米海萍、彭金山、彭伟文、漆凌云、热依拉·达吾提、莎日娜、尚洁、沈建东、施爱东、施立学、石维刚、石维钧、史耀增、双金、色音、宋颖、苏长鸿、苏永前、孙芳、孙亮、孙义杰、孙正国、唐仲山、田传江、田兆元、万建中、王贤友、王京、王娜、王加华、王杰文、王宪昭、王霄冰、王学文、王尧、王焰安、王知三、吴晓东、吴效群、吴新锋、吴裕成、萧放、肖远平、谢沫华、徐赣丽、徐艺乙、徐永安、许立、宣炳善、薛洁、杨秀、杨杰宏、杨利慧、杨树喆、杨旭东、杨文龙、叶涛、衣晓龙、尹虎彬、余悦、袁学骏、扎格尔、詹娜、张勃、张多、张礼敏、张朝敏、张从军、张怀群、张启龙、张润平、张士闪、张寿玉、张志春、张宗显、赵德利、赵世瑜、赵宗福、郑土有、周波、周福岩、周金琰、朱刚、朱振华、祝秀丽、祝鹏程。

学会办公室主任：陈果艳。

2014年10月11日，"中国民俗学会第八届代表大会暨2014年年会"在云南大学举行

2014年10月11日，"中国民俗学会第八届代表大会暨2014年年会"与会代表合影

● 10月11日，大会通过《中国民俗学会章程（2014）》，章程全文如下。

中国民俗学会章程
Bylaws of China Folklore Society

(2014年10月11日中国民俗学会第八届全体代表大会讨论通过)

第一章 总则

第一条 本会名为中国民俗学会（英文译名为 China Folklore Society，缩写为 CFS）。

第二条 本会由全国民俗学工作者自愿结成，是群众性的和非赢利性的民俗学专业学术团体。

第三条 本会的宗旨是：团结全国广大民俗学工作者，调查、搜集、整理、研究我国各民族民俗文化，组织开展学术交流，搜集发布学术信息，促进学术发展。本会遵守宪法、法律、法规及国家政策，遵守社会道德风尚。

第四条 本会接受业务主管单位和国家社团登记管理机关的业务指导与监督管理。

第五条 本会的住所设在北京市。

第二章 业务范围

第六条 本会的业务范围：

（一）搜集、整理中国民俗文献资料与田野资料，与国内外各相关部门密切合作，逐步建立中国民俗文化信息资源库。

（二）进行民俗学基础理论研究和专题研究，鼓励和组织民俗学田野作业，传承民俗文化知识。

（三）组织编辑出版民俗书刊，翻译、评介国外民俗学著作。

（四）通过举办培训班、开办网络论坛、组织田野调查等方式，培养民俗学人才；建立中国民俗学队伍信息资源库。

（五）在平等互利的基础上，与海外民俗学会展开学术合作与交流，积极参与相关领域的国际事务，为保护人类共同的文化遗产贡献中国民俗学者的集体智慧。

（六）参与和促进各民族民俗文化的交流和理解，推动海峡两岸民俗文化的交流与互动，为维护国家统一和民族团结做出贡献。

（七）积极参与非物质文化遗产保护工作。

（八）建设中国民俗学会网站，不断更新、维护，使之成为民俗学研究者及爱好者工作交流与学术交流的平台。

第三章 会员

第七条 本会会员分个人会员和团体会员两种。

第八条 申请加入本会的会员，必须具备下列条件：

（一）拥护本会章程。

（二）有加入本会的意愿。

（三）在本会业务领域内具有一定的影响。

（四）从事民俗学的调查、搜集、整理、研究、编辑、教学、评论、翻译，提供或保存资料等方面做出明显成绩。

（五）热心中国民俗学会事务，为学会发展做出贡献。

第九条 会员入会的程序是：

（一）提交入会申请书。

（二）由相关学术单位介绍或本会理事1人介绍。

（三）经秘书处审核、讨论通过，报常务理事会备案。

（四）由秘书处发给会员证。

第十条 会员享有下列权利：

（一）本会的选举权、被选举权和表决权。

（二）参加本会组织的学术活动。

（三）获得本会服务的优先权。

（四）对本会工作的批评建议权和监督权。

（五）入会自愿，退会自由。

第十一条 会员履行下列义务：

（一）执行本会的决议。

（二）维护本会合法权益。

（三）完成本会交办的工作。

（四）按照规定按期交纳会费。

（五）向本会反映情况，提供有关资料。

（六）端正学术态度，尊重学术规范，杜绝学术不端行为。

第十二条　会员退会应提出书面申请，由学会秘书处备案；会员如果2年内既不交纳会费也不参加学会组织的学术活动，视为自动退会，由学会秘书处备案。

第十三条　会员如有严重违反本章程或学术不端行为者，经常务理事会表决通过，予以除名。

第四章　组织机构

第十四条　本会的最高权力机构是会员代表大会。会员代表大会的职权是：

（一）制定和修改章程。

（二）选举理事会，理事会总人数不得超过全国会员总数的15%。

（三）审议理事会的工作报告。

（四）决定本会终止事宜。

（五）决定其他重大事宜。

第十五条　大会决议经到会代表半数以上表决通过之后生效。

第十六条　会员代表大会每届四年。因特殊情况需提前或延期时，须召集理事会表决通过，报业务主管单位审查并经社团登记管理机关批准同意。延期时间最长不超过1年。

第十七条　由理事会选举产生常务理事会，常务理事会总人数不得超过理事会总人数的1/3。常务理事会是会员代表大会的执行机构，在闭会期间领导本会开展日常工作，对会员代表大会负责。

第十八条　常务理事会的职权是：

（一）执行会员代表大会的决议。

（二）选举会长、副会长。

（三）筹备召开会员代表大会。

（四）向会员代表大会报告学会工作和财务状况。

（五）决定设立办事机构、分支机构、代表机构和实体机构。

（六）审议通过各办事机构、分支机构、代表机构和实体机构主要负责人的聘任。

（七）领导本会各机构开展工作。

（八）制定内部管理制度。

（九）决定其他重大事项。

第十九条 常务理事会须有半数以上常务理事出席或授权方能召开，其决议须经到会常务理事的2/3以上表决通过方能生效。

第二十条 常务理事会每年至少召开一次会议；情况特殊的，也可采用通讯形式召开。

第二十一条 本会会长、副会长必须具备下列条件：

（一）坚持党的路线、方针、政策、政治素质好；遵守宪法、法律、法规，遵守社会道德风尚。

（二）学术上成绩突出，热爱民俗学事业，具有奉献精神。

（三）会长、副会长任职期间最高年龄不超过70周岁。

（四）身体健康，能坚持正常工作。

（五）未受过剥夺政治权利的刑事处罚。

（六）具有完全民事行为能力。

第二十二条 本会会长任期一届4年，任期最长不得超过两届。因特殊情况需延长任期的，须经会员代表大会表决通过，报业务主管单位审查并经社团登记管理机关批准同意后方可任职。

第二十三条 本会会长为本会的法定代表人。如因特殊情况，由会长提议，常务理事会通过，可由副会长或秘书长担任法定代表人，报业务主管单位审查并经社团登记管理机关批准同意后，方可担任。

第二十四条 本会会长行使下列职权：

（一）召集和主持常务理事会。

（二）检查会员代表大会、理事会及常务理事会决议的落实情况。

（三）代表本会签署有关重要文件。

第二十五条　本会秘书长由会长提名聘任，报常务理事会备案。

第二十六条　本会秘书长行使下列职权：

（一）主持秘书处和办公室开展日常工作，组织实施年度工作计划。

（二）协调各分支机构、代表机构、实体机构开展工作。

（三）提名聘任副秘书长，报常务理事会备案。

（四）协调提名各办事机构、分支机构、代表机构和实体机构主要负责人，报常务理事会审议决定。

（五）协商决定办事机构、代表机构、实体机构专职工作人员的聘用。

（六）协调与兄弟学会及其他民俗学组织的业务关系。

（七）处理其他日常事务。

第五章　资产管理

第二十七条　本会经费来源：

（一）会费；

（二）捐赠；

（三）政府资助；

（四）在核准的业务范围内开展活动或服务的收入；

（五）利息；

（六）其他合法收入。

第二十八条　本会按照国家有关规定收取会员会费。个人会员会费每人每年100元，多交不限；团体会员会费每年3000元，多交不限。在校学生会员和无工资收入者，会费减半。

第二十九条　本会经费必须用于本章程规定的业务范围和事业的发展，不得在会员中分配。

第三十条　本会建立严格的财务管理制度，保证会计资料合法、真实、准确、完整。

第三十一条　本会配备具有专业资格的会计人员。会计不得兼任出纳。会计人员必须进行会计核算，实行会计监督。会计人员调动工作或离职时，必须与接管人员办清交接手续。

第三十二条 本会的资产管理必须执行国家规定的财务管理制度,接受会员代表大会和财政部门的监督。资产来源属于国家拨款或者社会捐赠、资助的,必须接受审计机关的监督,并将有关情况以适当方式向社会公布。

第三十三条 本会换届或更换法定代表人之前,必须接受社团登记管理机关和业务主管单位组织的财务审计。

第三十四条 本会的资产,任何单位、个人不得侵占、私分和挪用。

第三十五条 本会可设立民俗文化基金,用于奖励和扶持优秀民俗学工作者和民俗学研究成果的传播。

第六章 章程的修改

第三十六条 对本会章程的修改,须经理事会表决通过后报会员代表大会审议。

第三十七条 本会修改的章程,须经会员代表大会通过,经业务主管单位审查同意,并报社团登记管理机关核准后生效。

第七章 终止程序

第三十八条 本会完成宗旨或自行解散或由于分立、合并等原因需要注销的,由理事会或常务理事会提出终止动议。

第三十九条 本会终止动议须经会员代表大会表决通过,并报业务主管单位审查同意。

第四十条 本会终止前,须在业务主管单位及有关机关指导下成立清算组织,清理债权债务,处理善后事宜。清算期间,不开展清算以外的活动。

第四十一条 本会经社团登记管理机关办理注销登记手续后即为终止。

第四十二条 本会终止后的剩余财产,在业务主管单位和社团登记管理机关的监督下,按照国家有关规定,用于发展与本会宗旨相关的事业。

第八章 附则

第四十三条 本章程于2014年10月11日中国民俗学会第八届代表大会表决通过。

第四十四条 本章程的解释权属于中国民俗学会理事会。

第四十五条 本章程自社团登记管理机关核准之日起正式生效。

● 10月14—15日，"国际哲学与人文科学理事会（CIPSH/ICPHS）第31届代表大会"在法国巴黎联合国教科文组织（UNESCO）总部召开，**中国民俗学会会长朝戈金研究员以全票当选主席。这是中国学者第一次担任此类国际学术组织的首席领导职务。**

国际哲学与人文科学理事会执行局新一届执委会由11人组成，包括理事会主席朝戈金（中国）、副主席兼秘书长奥斯特贝克（Luiz Oosterbeek，葡萄牙）、副主席哈克特（Rosalind Hacket，美国）、副主席乌斯特毕克（François Djindjian，法国）、司库蒙大拿（Franco Montanari，意大利），以及6位执委。朝戈金因腰椎不适缺席大会，中国社会科学院国际合作局国际处处长吴波龙出席了大会。

国际哲学与人文科学理事会由联合国教科文组织筹建于1948年10月，并于1949年1月召开第一次全体会议予以正式确认，与国际科学理事会（ICSU）、国际社会科学理事会（ICSS）同为隶属UNESCO的三大国际学术机构。目前，CIPSH有近20个成员组织，联合了世界各地数百个哲学、人文科学等学科的学术组织，其宗旨是"打破学术封闭，消除相互隔膜"。

2014年10月15日，"国际哲学与人文科学理事会第31届代表大会"在巴黎联合国教科文组织总部召开，中国民俗学会会长朝戈金以全票当选该会主席

● 11月5—8日，由朝戈金带队，中国民俗学会部分中青年学者一行9

人应邀赴美参加在新墨西哥州圣达菲市举办的"2014年美国民俗学会年会"。本届年会是由美国民俗学会主办的第125届年会,参会总人数近700人。除美国民俗学者外,来自中国、印度、日本、芬兰、瑞士、英国、加拿大等国的学者也参加了学术研讨。

2014年11月5日,中国民俗学会中青年学者一行9人应邀赴美参加"2014年美国民俗学会年会"

  本届年会以"**十字路口的民俗学**"(Folklore at the Crossroads)为主题,会议组织形式丰富多样,大体分为学术研讨和社交活动两种形式,本届年会还特别根据会员及与会者的建议,增添了更多社交活动的内容。从主旨报告、小组讨论、钻石会议、高层会谈,到出版物展览、纪录片观摩、接待酒会、学术考察,可谓为与会者提供了学术的"饕餮盛宴"。每天的学术研讨分3个时段18个专场在不同会场同步进行,社交活动见缝插针,与会者除了匆忙穿梭于各个分会场外,还有更多的机会在社交活动中切磋学术,建立起学术联系。

  本届年会共有160余场专题讨论,围绕"民俗节日"(Folklife Festivals)、"民俗与信仰"(Folklore and Religion)、"开放存取"(Open Access)、"民俗与文献"(Folklore and Literature)、"女性民俗"(Women's Folklore)、"行业知识"(Occupational Lore)、"民间医药与健康"(Folk Medicine and Health)、"档案、博物馆与收藏"(Archives, Museums, Collections)、"民俗与旅游"(Folklore and Tourism)、"田野调查"(Fieldwork)、"民俗与社区参与"(Folklore and Community Engagement)、"民俗与大众文化"（Folklore and Popular Culture)、"民俗与教育"（Folklore and Education)、"仪式与认同"（Ritual and Identity)、"民间叙事"（Folk Narrative）等诸多议题展开。

作为多边项目"中美非遗论坛"的交流内容，中国受邀学者朝戈金、安德明、宋俊华、陈熙、乌仁毕力格、张筠等人围绕"中国民俗研究与非遗工作"议题组成专题讨论小组，于当地时间11月8日10：15—12：15做了会议发表。小组讨论由美国民俗学会执行理事长罗仪德担任主持。到会参与听会与研讨的中外学者40余人，包括国内民俗学界大都比较熟悉的比尔·艾伟、马克·本德尔（Mark Bender）、苏独玉、张举文等几位学者。

朝戈金介绍了他近期所从事的科研工作和中国社会科学院民族文学研究所的情况。安德明介绍了中国社科院文学研究所民间文学研究室的研究领域与现状，以及他个人的研究方向。宋俊华介绍了中山大学非物质文化遗产保护中心的工作。乌仁毕力格介绍了内蒙古师范大学民间文化研究中心的工作。张筠介绍了她个人关于青海河湟地区方言的研究，以及青海省社会科学院对果洛藏族自治州德昂洒智藏文书法的非遗调查项目进展。陈熙介绍了她在中山大学所从事的与非遗保护相关的工作。在讨论环节，多位学者与小组成员就口头传统与物质文化、民间医药的分类、传统节日进入国家法定假日体系、博硕论文选题、内蒙古民间赛马非遗项目的社区参与、高校专业设置、非遗专业学生就业所发挥的社会功能、非遗与旅游开发、非遗与博物馆、非遗与知识产权等多个话题交换了意见。

这次年会期间，米尔斯（Magarate Mills，俄亥俄州立大学民俗研究中心）和李靖（盖茨堡学院亚洲研究系）与来自中国民俗学会的康丽（北京师范大学）、高荷红（中国社会科学院民族文学研究所）、王均霞（华东师范大学）、王卫华（中央民族大学）一道，联袂组织了"女性民俗"（Women's Folklore）专题讨论组，大家围绕"当代中国女性民俗研究：学科讨论与反思"（The Studies of Women's Folklore in China：A Disciplinary Discussion and Reflection）发表了专题论文。

● 11月22日，中国民俗学会中国民俗文化产业研究中心、南京博物院联合举办的"2014 **中国民俗文化产业现状与前瞻研讨会**"在南京召开。刘魁立、陈勤建、刘德龙、黄永林、叶涛、张朝敏、陆建芳、唐仲山、徐赣丽、梅联华、徐金龙、赵宇共、冯锦文、赵鸣、徐秉方、张廷兴、戚云龙等出席会议。

刘德龙和南京博物院常务副院长黄鲁闽共同主持了开幕式,刘魁立致辞。研讨会论文涉及中国民俗文化产业的各个方面。会议达成以下意向:出版《中国民俗文化产业发展报告》,评选全国"十大民俗文化节庆""十佳民俗文化园区""十大民宿酒店",确立特邀研究员名称,等等。会议期间,与会学者专程到江苏南京博物院参观,在南博老茶馆欣赏了江苏昆曲、评谈,以及由福客民俗文化体验馆特邀演出的秦腔、华阴老腔、木偶戏等传统民俗节目。

● 11 月 28 日,在法国巴黎召开的"联合国教科文组织保护非物质文化遗产政府间委员会第九次会议"上,中国民俗学会竞选成功,进入保护非物质文化遗产政府间委员会新成立的"审查机构",将在 2015—2017 年全面参与人类非物质文化遗产代表作名录、急需保护的非物质文化遗产名录、优秀实践名册及国际援助 4 类申报项目的评审工作。意味着接下来的 3 年中,**中国民俗学会将全面参与联合国教科文组织非物质文化遗产项目评审工作。**

此次入选,说明中国民俗学会作为国家一级学会将在国际层面的非物质文化遗产保护工作中发挥更加重要的作用。朝戈金表示:中国民俗学会将全面参与和配合教科文组织非遗申报"审查机构"的工作,为所有缔约国和《保护非物质文化遗产公约》的利益秉公行事。同时我们也把这当作提升民俗学会履约能力、加强团队建设和促进人才培养的一个难得机会。我们将用好教科文组织和政府间委员会提供的这一平台,一如既往地加强自身能力建设,适时启动相关准备工作。

据了解,在以往的评审工作中,政府间委员会设有两个专门机构,一为附属机构,负责评审申报人类非物质文化遗产代表作名录项目;二为咨询机构,负责评审申报急需保护的非物质文化遗产名录、优秀实践名册项目及 2.5 万美元以上的国际援助申请。本届常会上,政府间委员会根据《保护非物质文化遗产公约》（下称《公约》）第八条第 3 款正式设立的**"审查机构"，将全面取代附属机构和咨询机构的作用**，由 6 位独立专家和 6 家经教科文组织认证的 NGO 构成（截至 2014 年，全球获得《公约》缔约国大会认证的非政府组织共有 178 家）。

2014 年 11 月 28 日，在法国巴黎召开的"联合国教科文组织保护非物质文化遗产政府间委员会第九次会议"上，中国民俗学会竞选成功，进入保护非物质文化遗产政府间委员会新成立的"审查机构"

该机构的产生方式是，会前由缔约国 6 个地区选举组自行协商，各选举组推举的专家不超过 3 位，NGO 不超过 3 家；会上则通过差额竞选，经 24 个委员国匿名投票，从各选举组中产生 1 位专家和 1 家 NGO。根据《公约》秘书处向缔约国发出的通知精神，经文化部推荐，中国民俗学会于 2014 年 9 月通过中国常驻联合国教科文组织代表团向所在选举组第 4 组（亚太地区）正式递交参选材料。会上，中国民俗学会作为本选举组产生的三家 NGO 之一成功胜出，任期为 3 年，将参加 2015、2016 和 2017 三个年度评审周期的工作。

这次出征的学会成员中，巴莫曲布嫫是作为中国政府代表团专家与会的。敖其、杨利慧、朱刚代表中国民俗学会参与了于 23 日举办的"非物质文化遗产 NGO 论坛大会"，并在大会发言，围绕会议主题"非物质文化遗产保护领域中的公共政策制定、立法和可持续发展",重点介绍了中国民俗学会近年来开展的保护工作、学术咨询作用和社会影响,引起与会者的普遍反响,并受到高度评价。此后,以杨利慧教授为团长的中国民俗学会代表团作为观察员全程参与了于24—28日举办的政府间委员会第九届常会,并出席了在会议期间穿插举行的"非物质文化遗产NGO论坛"专题讨论会和工作会议。

他们在介绍中提到:中国民俗学会成立于1983年5月,现有注册会员2041人(截至2014年8月31日),下设6个专业委员会、7个研究基地、6个研究中心;绝大多数会员接受过系统的民俗学专业训练,或来自文化人类学、社会学、民族学、文艺学、艺术学等相邻学科,在民俗学的理论和实践方面积累了长期的经验。自2003年《公约》通过以来,中国民俗学会广泛参与了地方、国家和国际层面的非物质文化遗产保护工作,并于2012年6月在《公约》缔约国大会第四届会议上获得正式认证,可向保护非物质文化遗产政府间委员会提供非遗领域的咨询服务。

● 12月3日,**中国民俗学会指阅微站** App 经两个月的试运行后,宣布正式发布,由中国民俗学会志愿者工作团队和中国海洋大学民俗学专业师生共同维护。中国海洋大学微站团队成员:媛媛、建军、慧川、田雨、英斐、新艳、雨濛;微站学术总监:李扬、施爱东、巴莫曲布嫫;技术支持:李刚。

作为学会的手机端应用,微站专门用于发布中国民俗学研究的前沿学术信息。先行开设的栏目主要有学会动态、学术资讯、热点话题、新刊目录、学人风采、考研问题、藏书楼、悦读窗、民俗影像、论坛花絮、博客文萃等。应用下载网址:http://cutt.com/app/down/666536。来稿邮箱:folklore@126.com(李扬工作团队负责管理)。

● 12月4日,由喀什师范学院、新疆大学民俗文化研究中心、中国民俗学会中国少数民族民俗研究中心联合主办的"**2014年中国少数民族民俗研究高层论坛**"在西北边陲的喀什噶尔召开。喀什师范学院科研处处长姑丽娜尔·吾甫力教授主持了开幕式,喀什师范学院院长艾尔肯·吾买尔致欢迎词,赵宗福代表中国民俗学会致辞,新疆大学人文学院副院长阿布都许库尔·莫拉克教授、少数民族民俗研究中心主任敖其教授也在开幕式上致辞。叶涛、阿布力米提·买买提、金蕊等出席会议。

2014年12月4日，"2014年中国少数民族民俗研究高层论坛"与会嘉宾合影

本次会议的主题是"中国北方诸民族民俗文化研究（东北、华北、西北）"。来自汉族、维吾尔族、蒙古族、藏族、满族、回族、哈萨克族、土族、达斡尔族等9个民族的36名学者和博士生、硕士生参加了会议，共宣读论文18篇。论坛分为4个单元进行发表、评议和讨论。会议发言和讨论主要围绕民间信仰、民间工艺与生活民俗、社会民俗、民间文学与口头传统等几个议题展开。

与会学者在广泛讨论的基础上达成了以下几个方面的基本共识：

一、在少数民族民俗文化的汉文书写方面存在着诸多问题，涉及人名、专名、文类、民俗生活事象和传统知识等方面的概念、术语和专用语汇的使用和表述；应倡导在尊重不同少数民族语言表述规律和文化表达形式的基础上进行准确书写；与此同时，建议学会和中心组织学术力量，通过多方面的协作攻关申报"共同研究"的国家级课题，完成具有科学依据的实证性调研报告，提交政府相关部门，以利尽早建立对少数民族民俗文化和生活世界进行准确书写的学术表述规范。

二、进一步加强北方少数民族民间信仰和宗教仪式的比较研究，为民间信仰类非物质文化遗产的活态传承和保护实践提供更可靠的学理依据，引导民众遵循自身的传统，并使传统文化更好地为我国社会主义文化大繁荣、大发展服务。

三、进一步深化北方少数民族民俗和民间文学的比较研究，为进一步探索民俗生活的实践意义和民间文学的口头传承，创造更大的学术空间。

四、在民俗文化面临着急速变迁的社会转型时期，如何更好地保护和传承民俗和民间文学类非物质文化遗产也是迫在眉睫的问题；但在保护过程中如何处理好民族文化传统与当下实践的关系，值得学界和非遗保护专业机构进一步探讨。

会议期间，与会学者还专程到克州阿克陶县皮拉力乡阿克土村，在维吾尔族村民家中欣赏了96岁达斯坦传承人卡德尔·麦合素提等表演的《艾力甫与赛乃姆》等传统曲目。此外，学者们还考察了喀什大巴扎、高台民居传统建筑等喀什地区特有的地方民俗传统。

2015 年

● 1月11日，中国民俗学会"**中国生肖文化研究中心**"在山西省稷山县宣告成立，"**首届中国生肖文化学术研讨会**"同时在山西省稷山县召开。

朝戈金、乌丙安、叶涛、刘德龙、山西省非物质文化遗产保护中心主任赵中悦、运城市副市长陈竹琴、稷山县委书记乔登州、稷山县县长李亚丽，以及来自北京大学、北京师范大学、中国社会科学院、山东工艺美术学院、中国艺术研究院、北京联合大学、青海民族大学、天津《今晚报》、中国民俗学会民俗文化产业研究中心、中国民俗学会香文化研究中心、中国民俗学会地域民俗文化研究中心、山东省民俗学会、稷山县汾河生肖文化研究会等高校和研究机构的50多名专家学者出席了成立大会和学术研讨会。

刘德龙主持了成立大会。李亚丽、朝戈金分别致辞。施爱东宣读了"中国民俗学会关于成立中国生肖文化研究中心的决定"，刘德龙宣读了"中国生肖文化研究中心领导机构组成暨领导成员聘任名单"。叶涛与稷山县副县长李建民签署了《中国民俗学会、稷山县人民政府关于共建中国生肖文化研究中心的协议书》。由中国民俗学会与山西省稷山县人民政府共建的中国生肖文化研究中心是中国民俗学会下属的二级专业研究机构，旨在组织协调学术力量从事中国生肖文化的搜集、整理与研究、普及与传承等工作，促进生肖文化的学术繁荣与传承弘扬；同时还将积极开拓生肖文化产业发展的新领域。

在成立大会上，朝戈金、乌丙安向研究中心主任孙义杰、李建民，研究中心学术委员会主任吴裕成，学术委员会副主任陈连山、杨利慧、张从军颁发了聘书。朝戈金与乔登州共同为研究中心揭牌，乌丙安与赵中悦等共同开通了"中国生肖文化网"。

学术研讨会上,学者专家们围绕中国传统生肖文化的基本内涵及历史沿革、十二生肖的著作及网站设计、生肖文化发展的现状、产业平台创建和长远战略规划等进行了研讨。与会者希望,中国生肖文化研究中心的成立将通过政府扶持、企业合作、行业协作等方式,团结多方力量,做好中国生肖文化事业,进一步推动和提高我国生肖文化研究水平,并为生肖文化申报非物质文化遗产名录做好准备。

2015年1月11日,"中国生肖文化研究中心"在山西省稷山县宣告成立,同时举行了"首届中国生肖文化学术研讨会"

● 1月30日,中国民俗学会常务理事会经过长达10天的激烈辩论,最终同意以中国民俗学会的名义,将施爱东提议并起草的《**中国民俗学会对于"民间文学艺术作品著作权保护条例"的几点意见**》寄送国家版权局,具体签收人为国家版权局政策法制司许炜处长。

此事源于2014年7月31日,在国家版权局政策法制司与中国文联权益保护部联合举办的"《民间文学艺术作品著作权保护条例(草案)》征求意见座谈会"上,几乎所有与会嘉宾都认为这是一份很不成熟的草案,许多民俗学者如叶涛、万建中、陈泳超、施爱东等均认为该草案极其草率,多处条款内容有悖于(或有害于)民间文学发生、发展和传承规律,并逐一提出修改意见。但是，国家版权局于 2014 年 9 月 2 日以《**国家版权局关于〈民间文学艺术作品著作权保护条例（征求意见稿）〉公开征求意见的通知**》为题，一字不改地将原"草案"公示于国家版权局官方网站，并且要在短时间内"尽快"颁布实施。施爱东看后大惊，当即通过电子邮件将书面意见发送至国家版权局政策法制司邮箱（ncacfgs@126.com），但是没有得到任何回复。于是，施爱东紧急撰写了一份题为《"民间文学艺术作品著作权保护条例"应该缓行》的"要报"，通过中国社会科学院对策信息渠道提交给中央领导。该"要报"获得中央领导批示之后，国家版权局多次约请施爱东进行面谈。

2015 年 1 月 21 日，施爱东带领两名研究生张宪达、刘畅，前往国家版权局，与该局两名技术官员进行了友好会谈。会谈结束时，许炜建议说，如果能够以中国民俗学会的名义，将你们集体意见提交给我们，会比你的个人意见更有效。于是，施爱东向朝戈金和叶涛提出申请，希望能以学会名义提交一份意见书。叶涛建议将意见书发到所有常务理事的邮箱群中，提交大家讨论。讨论稿旋即遭到个别常务理事的反对，双方进行了激烈的辩论。经过广泛征求意见，反复修改，常务理事中计有 22 人发表意见。其中提出意见，并赞成提交"意见书"的常务理事 18 人，发表意见而未表态是否提交"意见书"的 3 人，明确表态反对提交意见书的 1 人。最终决定由陈果艳打印盖章

2015 年 1 月 21 日，施爱东与张宪达（左）、刘畅（右）前往国家版权局与该局技术官员会谈

寄出。意见书附后，以志学者对于国家事务的积极参与。

中国民俗学会对于"民间文学艺术作品著作权保护条例"的几点意见

国家版权局政策法制司：

2014年9月，国家版权局公布了《民间文学艺术作品著作权保护条例（征求意见稿）》，向公众公开征求意见。该意见稿公布之后，我会会员对此极为关注，并据此讨论提出过一些建设性的意见，其中个别会员还曾以书面或者约谈的形式与贵司有过磋商交流。为有助于贵司决策，现经我会常务理事集体讨论，我们将讨论比较集中的几点意见提出供贵司参考。

一、多数民俗学者原则上赞同立法保护"民间文学艺术作品著作权"，但是，在2014年9月公示的"条例"中，部分条款尚欠完善，应该进一步讨论修正。

二、仓促实施保护条例，可能影响到我国各民族民间文化的相互交流和民族团结。民间文化的相互交流与影响，自古以来就是民族融合、民族团结的黏合剂。各民族政治、经济、文化上的密切联系，必然带来民间文化尤其是民间文艺的交流。这种相互学习、相互促进、共同提高的关系，增进了民族团结，活跃了民族文化生活，推动了各民族民间文艺的共同繁荣和发展。

目前对民间文学艺术作品实施的著作权保护，主要是发展中国家面对发达国家而实施的一种文化保护策略，具有明显的文化抵抗色彩。但要特别注意的是，我国是一个典型的多民族国家，地区文化发展极不平衡，如果依据同样的保护逻辑，简单地移用于国内民族民间文化领域，有可能影响到各民族间的文化交流，影响到民族团结。兹事体大，诚望贵司认真加以考虑，对相关条款可能造成的实际影响进行再斟酌。

三、按照2014年9月公示的"条例"，有可能进一步引发或加剧地区之间文化资源的争夺。从目前全国各地在非物质文化遗产申报中的资源争夺现象来看，必须对"著作权人"的"备案"资格进行严格限定，否则一旦"条例"付诸实施，势必导致各地为了抢夺各种"文化发源地"而恶性炒作，阻塞民间文艺交流的民间通道和商业通道，既不利于文化繁荣和文化融合，也会影响到民间文学艺术本身的创新和传播。

四、建议在"民间文学艺术"大概念下进一步区分"民间文学"与"民间艺术"两个子概念。"民间文学"与"民间艺术"具有本质差别,不宜使用同等条款,宜区别对待。民间艺术是民间生活的艺术升华,具有复杂的技巧性,也更具民族特征和地域特征,具有一定的商业价值。但是,民间文学却是我们日常生活的一部分,是我们的生活本身。不仅如此,民间文学还是一种世界性的文学现象,全世界的叙事情节类型基本都是互通的,所不同的只是故事主人公的名称,以及情节母题之间的组合。

在民间文学作品的著作权保护中,我们建议只对民间文学的"精神权利"实行保护,暂不对其"财产权"做出规定。这样做,一方面是为了保障社会公众自由接触和继续利用该作品的利益要求得到满足,一方面也是为了防止由于利益分配的不公或不均,诱发不同族群之间、传承人之间无休止的利益争讼,恶化族群关系,以及传承人之间的冤家关系。

五、在具体的保护条款和表述问题上,我们提出如下几点比较一致也比较重要的意见:

1. "条例"第二条,应遵从《中华人民共和国著作权法》第六条对于"民间文学艺术作品"的限定,不宜扩大为"文学艺术的表达"。"作品"是一种"表达",但"表达"不限于"作品"。"条例"不应逾越《著作权法》所规定的权限。

2. "条例"第二条第一款,可以考虑删除其中的"民间故事、传说",改为"诗歌、歌谣等以言语或者文字形式表达的韵文作品"。其最重要的原因,是因为就传统的口头散文叙事来说,几乎所有的作品都是类型性、世界性的。民间散文叙事的地域性色彩特别弱,跨地域甚至跨文化的特征反而更加明显(关于这个问题,可参见普罗普的《故事形态学》、弗里的《口头诗学》,以及丁乃通的《中国民间故事类型索引》)。基于"创造性活动是权利产生来源"的原则,民间散文叙事作品不仅"权利主体"无法确认,甚至权利主体的"创造性活动"都无法确认,因此我们建议删除对于故事和传说作品的保护,以免诱发本无必要的争讼。

3. "条例"第六条第二款,"禁止对民间文学艺术作品进行歪曲或者篡改",显然是对《著作权法》第十条第四款"保护作品完整权,即保护作品不受歪曲、篡改的权利"的简单移录。但是我们知道,民间文学作品之所以不同于其他任何著作权作品,最突出的特点就是"变异性",变异是民间文学的自然天性,"条例"若不对此进行特别限定,那么,任何一次变异都可以被视作"歪曲或者篡改",因此,必须加上诸如"恶意歪曲或者篡改"等特别限定,防止该条款成为制约民间文学自由创作和变异的桎梏。

4. "条例"第七条,关于民间文学艺术作品"保护期"的问题,应该视使用者所使用"作品"的具体底本的"发表"时间而区别对待,以避免类似这样的情形出现:使用唐代《同贤记》中的"孟姜女故事",却需要向当代"孟姜女故事传承人"交纳"报酬"。应该尽量避免伤害公众自由使用人类共同文化遗产的权利。

5. "条例"第九条,应该对"备案资格"以及"备案文本"进行严格限定,从源头杜绝"恶意备案",以及凭"这一个作品的著作权"备案成"一个作品的著作权"的现象发生。要防止"条例"成为部分机构或组织牟利的工具。

六、以上意见,经过"中国民俗学会常务理事群"(共54人)的热烈讨论。在参与讨论的常务理事中,同意提交《意见书》的比例为81.6%;发表了具体意见,但未就是否提交《意见书》表态的比例为13.6%;不同意提交《意见书》的比例为4.5%。

不同意提交《意见书》的意见主要为:1. 现代的知识产权(著作权)保护把权利声索(申索)的主动权赋予了接力棒的最后一个人(作者),民间文学艺术的著作权保护是这个大格局中的一个平衡步骤。2. "民间文学艺术作品著作权保护条例"立比不立好,早立比迟立好。3. 2014年9月公布的这个版本还是不错的,本"条例"是在利益纠纷发生时寻求法律解决的依据,并不妨碍民间文艺照常演化的生活逻辑。

总之,我们不希望看到因为"条例"的不完善,以及过多经济因素的进入,原本不存在的问题被人为地生产出来,原本纯朴的民风、原本平静的心态、原本和谐的事物被人为地导向以邻为壑,乃至恶意争讼。我们知道,民间文艺作品具有鲜明的"共享性"特点,也正因为这个特点,才使我们的非物质文化遗产保护具有了世界意义。这不仅是民间文化工作者的共识,也是全世界知识界的共识。中国作为一个负责任的大国,一方面应该积极地推进知识产权的有效保护,另一方面也应该为保障公众自由使用人类文化遗产做出更多努力。

在接下来的工作中,我们愿意组织专家组,与贵司法律专家一起就具体条款进行逐项讨论,为促进我国的民族民间文化保护工作做出努力。

此致
敬礼!

中国民俗学会
2015 年 1 月 30 日

● 1 月 31 日,"中国民俗学会第八届常务理事会第二次会议"在北京召开,朝戈金主持会议。杨利慧通报了 2014 年 11 月学会组团出席"非物质文化遗产 NGO 论坛大会"和联合国教科文组织保护非物质文化遗产政府间委员会第九届常会的情况。巴莫曲布嫫介绍了学会参与联合国教科文组织非遗项目评审工作的相关事宜。

叶涛介绍了学会 2015 年年会的有关情况,江帆就辽宁大学参与承办 2015 年年会的筹备与会务事宜做了说明。会议决定,中国民俗学会 2015 年年会将于今年 10 月下旬在辽宁省沈阳市召开,并决定由江帆、叶涛、陈泳超、萧放、安德明组成本届年会工作小组,负责年会议题的搜集、议定等相关事宜。

叶涛通报了学会秘书处下辖办事机构调整情况,就会员管理、会费收缴情况做了说明。学会秘书处下辖机构主要包括办公室、会员部、数字信息部、国际交流部、推广宣传部、编辑部,这些机构将具体负责学会的日常性事务工作。2015 年上半年,秘书处还将组织人力,开始着手进行会员的会费收缴、会员证的制作与发放等工作。

叶涛还就《中国民俗学会二级研究机构管理条例》(讨论稿)的起草背景做了说明。学会自 1994 年以来,已经成立了包括专业委员会、研究基地、研究中心、调研基地在内的 20 个二级机构,希望在对《中国民俗学会二级研究机构管理条例》充分讨论的基础上,形成学会关于二级机构管理的机制。

朝戈金就中国民俗学会第八届理事会**聘任荣誉会长、顾问**做了说明。会议一致通过聘请刘魁立、乌丙安为荣誉会长，聘请白庚胜、段宝林、柯杨、李惠芳、齐涛、陶立璠、叶春生、周星、贺学君为顾问。会议还讨论了成立中国民俗学会学术委员会等其他事宜。

2015年1月31日，"中国民俗学会第八届常务理事会第二次会议"在中国社会科学院民族文学研究所举行

● 5月13日，中国民俗学会2015年学术年会论文征集在线提交系统开通（网址为：http://www.chinesefolklore.org.cn/submit），年会的所有应征论文须直接通过该系统进行提交，学会秘书处将安排专人负责论文的在线提交和管理工作。学会从此不再接收纸本论文。论文征集截止日期为2015年8月31日。

● 5月29日，由中国民俗学会、北京大学民俗研究会和妙峰山镇旅游行业协会联合举办的"**妙峰山与民俗文化暨纪念顾颉刚先生赴妙峰山民俗调查90周年座谈会**"在妙峰山镇香会博物馆举行。来自北京大学、中央民族大学、中国人民大学等单位的学者以及国家税务局研究所研究员、门头沟区和妙峰山镇的主要领导，还有各路香会会首和在京民俗专业部分学生共计30余人参加了会议。

在门头沟区政协领导连春国致欢迎辞之后，顾颉刚之女、中国社会科学院历史所研究员顾潮首先进行了简短发言。她恳切地指出顾颉刚先生和北京大学同仁的妙峰山调查，是受到了"五四"时期民主、科学精神的感召，是第一次现代意义上的民俗学调查。这次田野调查连同《妙峰山进香专号》的出版，可以说给民俗学界带来了震动。希望后辈学者能坚持走下去，让妙峰山香会越来越兴旺。随后，围绕着如何研究、保护和发展妙峰山以庙会为主的民俗文化，与会学者展开了深入的讨论和交流。

为了纪念顾颉刚先生所开创的妙峰山民俗研究传统，5月17日，在北京大学陈泳超教授、王娟副教授，中国社会科学院施爱东研究员的倡议下，北京大学中文系民间文学专业硕博生、中国社会科学院民间文学室硕士生，以及北京大学民俗研究会的骨干成员共20人，从北安河村出发沿着中北香道重走了顾颉刚当年的考察之路。吴新锋向与会人员介绍了这次由他带队的重走之旅。然后通过他切身的体会和今昔的对比，从身体民俗学的视角探讨了不同时空下的妙峰山庙会中的身体参与和心灵异同。北京大学中文系民间文学教研室王娟副教授指出，妙峰山和北京大学渊源颇深，北京大学历代师生的妙峰山田野调查，推动了妙峰山的民俗文化研究。值得一提的是，在下半场的自由讨论环节中，几位香会会首不仅从自身的经历出发对学者们的发言进行了回应，更对香会的传承与发展提出了自己的看法。

● 5月30日上午，"首届中日香文化交流会暨中国香文化研究中心与日本志野流香道战略合作签约仪式"在北京举行。中国香文化研究中心主任孙亮与日本志野流香道次家元蜂谷宗苾，在刘魁立、周小璞、石德义、游本昌等嘉宾及媒体朋友的共同见证下，签署了战略合作协议。

刘魁立指出，中国香文化研究中心和日本志野流香道的战略合作将成为一个标志性的平台，不仅有益于两国各自香文化的繁荣，同时还会促进世界香文化的发展，为整个人类香文化的图景涂上一抹特别光亮的色彩。蜂谷宗苾再次阐明，中国香文化有着数千年的历史，日本志野流香道正是从中汲取了养分，才有了今天的成就。他表示非常愿意将源自中国的香文化带回中国，也希望能为中日香文化交流贡献自己的毕生精力。孙亮表示，中国香文化研究中心未来还将积极开展与国际香文化界的学术交流活动，增进国际民间交流。香文化将成为我国对外文化交流的亮丽名片。交流会为期两天,两国香文化专家学者通过展示香席、专题研讨等形式交流。

2015年5月30日,"首届中日香文化交流会暨中国香文化研究中心与日本志野流香道战略合作签约仪式"在北京中国香文化研究中心举行

● 6月19—20日,由中国民俗学会、嘉兴市节庆活动组委会联合主办的**"二十一世纪民俗节庆文化发展及'嘉兴模式'探索国际学术研讨会"**在浙江嘉兴沙龙国际宾馆举行。来自美国、越南,中国台湾、香港以及北京、上海、浙江、江苏、山东、山西、安徽、甘肃等省市的40余位学者出席研讨会。嘉兴市政府副秘书长王一伟主持开幕式,乌丙安、赵宗福,以及嘉兴市委宣传部常务副部长王国华等在开幕式上致辞。

2013年以来,中国民俗学会与嘉兴市联合实施"二十一世纪民俗节庆的嘉兴模式"重大课题研究项目。2015年是该课题实施的第三年,也是最后一年。本次会议旨在从当前大力弘扬中国优秀传统文化的背景出发,探索传统节日如何成为社会和谐、人心安定、民众欢乐的重要手段,特别注重总结以嘉兴端午习俗为代表的新兴节会在当前社会转型期的积极作用,提炼21世纪民俗节会的"嘉兴模式",为中国传统文化在当代社会的复兴与再造提供理论架构与资料参考。

嘉兴端午习俗于 2011 年列入第三批国家级非物质文化遗产名录。嘉兴是全国首个"中国端午文化研究基地"。端午节已经成为嘉兴最具鲜明代表性的地方特色民俗节日之一。此外,嘉兴还有春节、元宵节、清明节、中秋节、重阳节,以及观潮节、西瓜节、蚕花水会、网船会、灯会、七月七香桥会等形式多样、极富地域特色的传统节会活动。

2015 年 6 月 19 日,"二十一世纪民俗节庆文化发展及'嘉兴模式'探索国际学术研讨会"与会嘉宾合影

● 7 月 30—31 日,"中国民俗学会二级研究机构工作交流会"在黑龙江省牡丹江市召开。会议由叶涛主持,乌丙安、陈勤建、刘德龙、赵宗福、郭崇林、李彩萍、李春园、杨秀、张朝敏、陈果艳,以及来自学会下属 15 个二级研究机构的 30 余位代表出席了会议。

自 1994 年以来,中国民俗学会已经设立各类二级研究机构 22 个,这些二级研究机构所开展的活动在凝聚学会会员、深化专项研究、服务地方社会等方面都发挥了积极作用。为了总结二级研究机构建设的经验,进一步发挥二级研究机构在学会未来发展中的重要作用,中国民俗学会秘书处组织召开了这次二级研究机构工作交流会。

陈勤建在开幕致辞中提出，希望各个二级研究机构，充分发挥各自优势，独立开展调查、研究与应用，在各自领域中做出令社会与学界信服的成就。但是毋庸讳言，也有个别二级研究机构长期不开展活动，名存实亡，甚至更有极个别二级研究机构欺世盗名，做出有损学会声誉的行为。为了加强对于二级研究机构的管理，学会已经制定了《**中国民俗学会二级研究机构管理条例（试行）**》，这将成为未来学会对于二级研究机构进行有效管理的重要依据。

与会的15个二级研究机构代表分别介绍了各自机构近年来所开展的活动情况和未来发展计划。城镇民俗保护、发展与研究专业委员会主任陈勤建介绍了专业委员会从事城镇民俗保护与开发的案例，并就民俗学学科参与城镇建设提出建议。神话与西王母文化研究专业委员会秘书长刘力坤介绍了专业委员会为地方文化建设服务、为天山天池申报世界自然遗产所做的贡献。农业民俗研究专业委员会秘书长许立着重介绍了专业委员会今后的工作计划。民俗学田野调查实践基地（赣县·白鹭村）代表穆昭阳介绍了研究基地村落建设与赣南师院民俗学学科发展的情况。中国生肖文化研究中心主任李建民介绍了中心未来发展的设想。中国端午文化研究基地主任胡晶介绍了基地的管理与运作机制，并重点介绍了基地组织的活动和出版的成果。中国民俗文化产业研究中心主任刘德龙和秘书长张朝敏介绍了中心成立两年来的主要工作。中国蚩尤文化研究基地办公室主任石维刚介绍了基地结合地方中心工作开展学术调研与组织民族文化活动的情况。"万和宫"和文化教育基地代表刘红介绍了基地开展的宣传"和文化"的各类活动。中国昆仑文化研究基地、中国西王母文化研究基地主任赵宗福结合两个基地所组织的学术活动，重点介绍了基地建设与地方文化发展之间的互动与双赢。中国香文化研究中心副主任李春园介绍了中心在挖掘中国传统香文化、开展国际香文化交流方面所做的工作。中国地域文化研究中心副主任刁丽伟介绍了中心在开展课题调研、服务地方社会方面的情况。出席会议并介绍工作情况的还有民俗（民族）博物馆专业委员会、中国牛郎织女传说研究中心。

闭幕式由刘德龙做会议总结。刘德龙指出，二级研究机构在今后的工作中应处理好以下几个关系：第一，要处理好学术研究与经营开发的关系。第二，要处理好全国性和地域性的关系。第三，要处理好独立组织活动与合作、交叉、发挥二级机构合力的关系。会议期间，与会代表还参加了宁安市江西村朝鲜族流头节，考察了渤海国历史遗迹，参观了位于牡丹江师院内的牡丹江自然与历史博物馆等。

中国民俗学会二级研究机构管理条例（试行）

一、中国民俗学会所辖二级研究机构包括专业委员会、研究中心、研究基地、调研基地、研究所等。

二、二级研究机构是隶属于中国民俗学会的非独立法人机构，其冠名必须有"中国民俗学会"字样。

三、二级研究机构所开展的各项活动必须遵守国家关于社团组织管理的各项规定，遵守《中国民俗学会章程》，各机构可根据工作需要制定工作章程，工作章程的各项条款不得违背上述规定和《中国民俗学会章程》。

四、二级研究机构的设立分为学会直属和合作共建两种。学会直属二级研究机构的建立由秘书处提出论证意见，经过常务理事会审批后设立。合作共建的二级研究机构由合作方向学会秘书处提出申请，秘书处组织专家考察论证，在双方协商的基础上，由秘书处就机构设置等内容向常务理事会报备。

五、二级研究机构的领导成员采用任命制。学会直属二级研究机构的领导成员，由学会秘书处提出人选，经常务理事会审批。合作共建二级研究机构的领导成员，由秘书处与合作方充分协商后，人选名单需向常务理事会报备。

六、二级研究机构领导成员的任期一届为三年，可根据工作需要适当缩短或延长，一般不超过五年。

七、二级研究机构的领导成员必须是中国民俗学会会员。二级研究机构的组成人员若申请加入中国民俗学会，可由个人提出申请，经过会员部审核，按照普通会员进行管理。

八、二级研究机构的会籍管理参照团体会员的管理规定。二级研究机构需按照《中国民俗学会章程》和共建协议书的规定，定期向学会秘书处提交年度工作计划和年度总结，按期缴纳团体会费。

九、二级研究机构不得从事与其宗旨不相符合的商业性经营活动，凡是以研究机构名义举行的大型活动均需向学会秘书处报备。

十、二级研究机构不得擅自使用"中国民俗学会"的独立称呼举办活动。

十一、两年内不组织学术活动，不定期向学会提交年度工作计划和年度总结，不按期缴纳相关费用，或有严重违反国家社团管理规定和学会章程规定行为的二级研究机构，经由秘书处组织审核，向常务理事会提交撤销报告，经常务理事会审批后，撤销其机构、停止其活动，并在学会网站上予以公告。

中国民俗学会
2015年7月31日

2015年7月30日，"中国民俗学会二级研究机构工作交流会"与会嘉宾合影

● 9月26日，"钟敬文、陈秋帆骨灰安灵仪式"在北京市昌平区十三陵景区内盘龙台公墓举行。仪式由北师大文学院主持，中国民俗学会在京会员几乎全都参加了仪式。

● 10月23—26日，"中国民俗学会2015年年会"在沈阳召开，来自全国各地的300余名代表出席了本届会议。本届年会共收到335篇符合征文要求的论文，经过秘书处与专家组的审阅，共有255篇论文入选。日本民俗学会会长小熊诚、日本国立历史民俗博物馆松尾恒一教授代表日本民俗学会参加会议。

叶涛主持了10月24日在辽宁大学蔡冠森学术报告厅举行的开幕式。辽宁大学党委书记周浩波致欢迎辞。小熊诚代表日本民俗学会致辞。乌丙安教授发表了亲切而风趣的题为《一手托两家》的致辞，形象地表现了他一方面作为辽宁大学民俗学学科创建者，一方面作为中国民俗学会最年长会员的双重身份，表达了他对辽宁大学民俗学和中国民俗学会真挚的情感。朝戈金的开幕致辞高度评价了辽宁大学民俗学专业，经过老中青三代学人的辛勤耕耘，在学科理论建设、学术人才培养、科研成果发表等多方面都对学会发展做出了重要贡献。

大会发言阶段由黄永林主持，3位发言人分别是江帆（《史诗的演化和演化的史诗：锡伯族口头传统寻踪》）、日本国立历史民俗博物馆松尾恒一（《对日本华侨公墓与后土、土地神的考察——在日华侨群体的地区差异及其相关的信仰、祭祀行为》）、巴莫曲布嫫（《非物质文化遗产的话语系统》）。

24日下午开始进入分场讨论。学术研讨共分7个会场分头展开讨论，讨论主题分别为（下面括号内为分会场召集人）：经济民俗学与应用民俗学（田兆元）、神话主义（杨利慧）、区域民间信仰的调查与研究（叶涛）、妖怪学研究（刘晓峰）、礼仪民俗传统与当代社会生活（萧放）、民间文学、民间艺术、非遗公约指导下的非遗保护（朱刚）、区域与社会组织民俗、民俗记述·身体民俗与节日民俗、仪礼与信仰、非遗保护的理论与实践、理论探讨与学术评介、文献解读·民俗功能与文化变迁等。其中非遗圆桌会议以平等交流的形式与态度为在场学者提供了自由宽松的话语交流方式，使更多声音进入会场之中。

10月24日晚，辽宁省非遗保护中心整合辽宁省表演类非遗项目资源，与辽宁大学艺术学院、辽宁大学文学院协同合作，在新大学生活动中心为与会代表们奉献了"辽海情韵"辽宁省非物质文化遗产专场展演。周福岩教授为大家带来古典吉他演奏——《阿罕布拉宫的回忆》("Recuerdos de la Alhambra")。会后，部分与会学者还参加了北陵公园、沈阳故宫等考察活动，另有部分与会代表在考察活动结束后参观了辽宁大学崇山校区。

2015年10月24日，"中国民俗学会2015年年会"与会代表合影

● 11月14—15日，中国民俗学会中国民俗文化产业研究中心、华中师范大学国家文化产业研究中心联合主办的"**2015文化科技创新与文化产业发展高峰论坛暨中国民俗文化产业发展研讨会**"在华中师范大学举行。中心主任刘德龙在致辞中说到，在大力发展文化产业趋势下，民俗文化产业化开发成为主流，必须处理好保护传承和开发利用、公益性利用与产业化经营、原生态与变异性三个关系，这是民俗文化产业开发的根本立足点。

● 11月30日—12月4日，"**联合国教科文组织保护非物质文化遗产政府间委员会（IGC）第十届常会（10COM）**"在纳米比亚温德和克市举行，中国民俗学会派出由安德明、巴莫曲布嫫、康丽、马千里、彭牧、杨利慧、周福岩、朱刚等8位学者组成的代表团以观察员身份应邀与会。

作为IGC认证的NGO组织，中国民俗学会于2014年9月应《保护非物质文化遗产公约》秘书处发来的邀请组建学会代表团，成员从中国民俗学会"2015年联合国教科文组织非遗项目评审工作小组"中直接产生。11月底，中国民俗学会代表团按期启程前往纳米比亚温德和克市，集体亮相本年度非遗保护领域的两个重要会议。

11月29日,代表团出席了在温德和克先期举办的"非物质文化遗产NGO论坛:非物质文化遗产领域NGO组织的伦理原则"(SYMPOSIUM ICH NGO FORUM: Towards a Code of ethics for ICH NGOs),由彭牧和康丽代表学会在研讨会上做了主旨发言,引起热烈讨论。

29日当晚,保护非物质文化遗产政府间委员会第十届常会承办国纳米比亚在温德和克乡村俱乐部举办盛大的开幕式,纳米比亚霍马斯(Khomas)地区长官罗拉·麦克劳德(Laura Mcleod-Katjirua)女士,保护非物质文化遗产缔约国大会主席阿瓦德阿里萨利赫(Awad Ali Saleh)先生,联合国教科文组织第38届大会主席斯坦利·穆通巴·希玛塔(StanleySimataa)先生,纳米比亚教育、艺术与文化部长卡特里娜-希马尔瓦(Katrina Hanse-Himarwa)女士先后致辞;联合国教科文组织总干事伊琳娜·博科娃发表视频讲话。代表团全体成员领略了"勇敢之国"丰富多彩的非物质文化遗产项目,并与相关的缔约国代表、NGO组织代表和多位在非遗领域颇有建树的专家学者进行了交流。

11月30日,政府间委员会第十届常会正式拉开帷幕。代表团成员认真参会,仔细听取委员会就相关议题展开的讨论和辩论,了解相关缔约国代表及其他观察员的反馈意见。与此同时,大家分工协作,积极跟进会议期间围绕履约报告、项目评审、《操作指南》修正草案、《保护非物质文化遗产的伦理原则》等重要议题展开辩论,并在会下对最终形成的决议进行讨论和分析。代表团成员还轮流参加"非物质文化遗产NGO论坛"在常会期间穿插进行的专题讨论和工作会议,就目前各方关注的焦点问题进行跟踪。

委员会审查机构成立于2014年,其职责范围是负责人类非物质文化遗产代表作名录、急需保护的非物质文化遗产名录、优秀实践名册及国际援助4类申报项目的评审工作。代表团认为,今年是审查机构成立以来首次开展项目评审工作的开局之年,因此这次参会意义重大。一则有利于顺利完成2015年项目评审工作总结,认真履行学会作为审查机构成员的任期内职责;二则有利于切实加强学会在国际层面参与非物质文化遗产项目评审的能力建设,进而提升我国专业学会和专家学者在非遗保护国际合作格局中的学术影响；三则有利于为国家层面的非物质文化遗产保护积累国际环境下的工作经验，促进我国非物质文化遗产领域专业人才队伍的建设和后续力量的培养。

2015年11月30日，中国民俗学会代表团一行8人前往纳米比亚参加"联合国教科文组织保护非物质文化遗产政府间委员会第十届常会"

● 12月27日，"**中国乡愁文化发展研究中心成立大会暨'风铃之约'项目启动仪式**"在北京举行。国家相关部委、北京市有关部门领导以及文化、教育、建筑、生态旅游及民俗研究领域的50多位专家学者和官员出席了会议，与会学者对中国乡愁文化发展研究中心的发展前景寄予厚望。

成立大会由安德明主持，朝戈金、刘魁立、中国乡建院联合发起人孙君发表了热情洋溢的讲话，对中国乡愁文化发展研究中心的发展前景寄予厚望。朝戈金与诗情画意（北京）文化传媒有限公司董事长刘利春就中国乡愁文化发展研究中心的建设签署了"共建协议书"，还共同为中国乡愁文化发展研究中心揭牌。

经共建双方协商，决定由李春园出任中国乡愁文化发展研究中心主任，张玮出任副主任兼秘书长,姜波、刘伟波、姜萌、谢桦标、李春红为副主任;聘请施爱东、孙君为研究中心专家委员会主任;聘请刘魁立、周小璞、阮仪三、朝戈金为研究中心顾问。

据李春园介绍,中心将致力于对中华传统文化的传承发展和对民众生活及民间风俗文化的挖掘、整理和研究,并为民俗文化在农村的生存、发展和传承培育土壤、搭建平台,保存和弘扬我国丰富瑰丽的传统文化。中心成立的同时启动"风铃之约"项目,该项目以"文化存续、农民受益、家园重建、精神引领"为宗旨,计划通过公益活动、项目开展、教育培训等方式,在全国范围内筛选出100个有文化特色、历史底蕴的村落,整合政府、社会和市场资源,帮扶当地农民,经过规范指导、改造提升,建成一批中国民俗文化示范村,并集结成一个文化上各具特色、管理上规范统一的生态联合体。

2015年12月27日,"中国乡愁文化发展研究中心成立大会暨'风铃之约'项目启动仪式"在北京长富宫饭店举行

2016 年

● 3月31日，由中国民俗学会与江苏省民俗学会、江苏省常州市民俗学会、常州旅游商贸高等职业技术学校共建的"**中国民俗学会中国餐饮文化研究专业委员会**"落户江苏省常州市。中国餐饮文化研究专业委员会是中国民俗学会下属的二级专业研究机构，该委员会以保护和传承我国餐饮文化为宗旨，搜集、整理、研究我国丰富的餐饮文化资料，编纂出版相关学术成果。

叶涛主持了由江苏省民俗学会与常州市民俗学会策划组织的大型文化活动"文化江南·魅力常州：文人的江南——传统民俗生活体验"启动仪式。朝戈金与常州市副市长方国强、江苏省民俗学会会长黄鲁闽分别致辞。朝戈金与黄鲁闽、常州市民俗学会会长季全保、常州旅游商贸高等职业技术学校校长秦益霖共同签署了《中国民俗学会中国餐饮文化研究专业委员会共建协议书》。

陈泳超宣读了《中国民俗学会关于成立"中国餐饮文化研究专业委员会"的决定》，刘晓峰宣读了《中国民俗学会关于中国餐饮文化研究专业委员会领导机构组成及其领导成员聘任的决定》。经协商，决定聘请陆建芳担任中国餐饮文化研究专业委员会主任，聘请季全保、秦益霖担任常务副主任，聘请马建鹰、王劲、李志刚、张久明、张朝敏、赵建华、杨旺生、周达志、陈晓卿、梅联华等担任副主任。聘请童方云担任中国餐饮文化研究专业委员会秘书长，王劲、卢宏刚、李铁琦、盛雅琴为副秘书长。陈勤建向专业委员会主任、常务副主任、副主任颁发了聘书，刘德龙向专业委员会秘书长、副秘书长颁发了聘书。同时，中国民俗学会向江苏双桂坊餐饮管理有限公司授予"中国传统餐饮传承基地"的名号，江苏省民俗学会向江苏双桂坊餐饮管理有限公司授予"江苏省非遗保护传承示范基地"的名号。

"文化江南·魅力常州：文人的江南——传统民俗生活体验"活动以展现"常州历史文化，体验江南文人生活"为活动主旨。常州市民俗学会会长季全保就常州饮食文化做主题发言。活动期间，与会者考察了常州市方志馆、常州谱牒馆、常州非遗代表作传承馆（吕公府）、常州双桂坊非遗展馆等，参观了国家历史文化遗址——春秋淹城，与会者还参观了南京博物院非遗馆。常州市的餐饮企业代表新和顺、听松楼、双桂坊、太湖湾等，还分别向与会者展示了技艺纯熟的常州餐饮文化。

朝戈金、叶涛、陈勤建、刘德龙、陈泳超、刘晓峰、黄鲁闽、陆建芳，以及常州市委宣传部部长徐缨，常州市政府副市长方国强，常州市民俗学会会长季全保、秘书长童方云等出席了这次活动。联合国教科文组织驻东亚五国办事处文化遗产专员杜晓帆、美国民俗学会执行会长迪姆·罗仪德、美国民俗学会饮食刊物《文摘》编辑迈克尔·兰格、《文摘》编辑戴安·泰伊、日本民俗学会国际担当理事松尾恒一、韩国文化遗产委员会委员朴尚美、台湾"清华大学"荣誉教授王秋桂、台湾金门大学闽南文化研究所副教授唐惠韵、香港政府非物质文化遗产咨询委员会主席郑培凯等专家学者也出席了这

2016年3月31日，"中国民俗学会中国餐饮文化研究专业委员会成立大会"与会嘉宾合影

次活动。

● 4月15日,农历三月初九,"**第二届中日香文化交流活动暨松声庵香室落成仪式**"在北京中国香文化研究中心举行。刘魁立和日本志野流香道21代传承人次家元蜂谷宗苾先生共同为香室揭幕,中国香文化研究中心主任孙亮先生与来自香界和媒体的朋友们共同见证了香室的落成典礼。

2016年4月15日,"第二届中日香文化交流活动暨松声庵香室落成仪式"在北京中国香文化研究中心举行

孙亮在落成典礼上说,松声庵香室是由日本工匠滨岛先生按日本京都银阁寺弄清亭的规制一比一建置的,从设计到建造完成,经历了近一年的时间,其间得到各界朋友的帮助和支持,见证了中日香文化合作和交流的点点滴滴。他希望香室建成后能够成为中日香文化交流的主流平台。次家元蜂谷宗苾说,香文化在中国有上千年的历史,日本香道只有500年的历史。日本的香文化源自中国,今天又回到中国,他希望松声庵香室成为中日香文化乃至中日文化交流的起点,从今天开始,中日香文化的合作会更紧密。蜂谷宗苾先生将在中国民俗学会中国香文化研究中心主持为期4天的香道交流活动,庆贺松声庵香室建成。

刘魁立说,人类的文化特别是非物质文化包括香道和茶道,都是人类共享的,并在共享中实现彼此的推进。如果没有这种共享性,这个香室是无法建成的。他指出,中国的香文化在唐宋时期传入日本,被日本民众接受并传承至今,成为一种了不起的生活方式,今天这种生活方式又回到中国。中国唯一的志野流香室的建造,是两个流派相互折中的结果,是情感的交流,是心与心的对话。他相信,两个流派的交流将在中国诞生出新的流派。

● 6月9—10日,由中国民俗学会、嘉兴市节庆活动组委会办公室联合主办,嘉兴市委宣传部、市文化广电新闻出版局、市文学艺术界联合会、中国端午文化研究基地办公室承办,市民间文艺家协会、市非物质文化遗产保护中心协办的"'民俗文化与美丽乡村'2016年嘉兴端午国际学术研讨会"在浙江嘉兴举行。这也是2016中国·嘉兴端午民俗文化节的一项重要活动。来自世界各地的40余位学者出席研讨。

2016年6月9日,"'民俗文化与美丽乡村'2016年嘉兴端午国际学术研讨会"在浙江嘉兴举行

为办好研讨会,主办方面向海内外公开征稿,共收到67篇论文,从中评出20篇入选论文,如林继富、梁珊珊的《嘉兴端午节中的水上竞技》,陆艳、

王晓葵的《"美丽乡村"中的民俗文化策略——以嘉兴平湖的实践为例》,王晓涛、朱吏的《传统村落化:民俗文化保护的乡村模式——兼谈嘉兴市传统村落的保护》,吴效群的《村社共同体与新农村建设——河南省信阳市郝堂村经验》,祝秀丽的《文化旅游与乡土社会:皖南宏村的田野研究》,袁瑾的《传统会社组织与美丽乡村文化建设——以嘉兴网船会班口为例》,刘晓的《海宁新仓村美丽乡村建设调查报告》等。同时特邀国内外10多位知名专家及国际同仁如乌丙安、江帆、李彩萍、张从军、日本华人文学笔会会长王敏、日本东京财团上席研究员小松正之、韩国国学振兴院调查委员尹瑛玑、韩国安东河回村落保存会理事长柳汪根、台湾财团法人新北市文化基金会执行长林全洲、台湾东华大学民间文学所博士杨金源等共同出席。

专家们围绕民俗文化在美丽乡村建设中的作用和现实意义、民俗文化在乡村建设中的应用现状与前景、美丽乡村建设的现状调查、民俗文化与美丽乡村的关系探讨、中国美丽乡村建设的民俗文化保护模式、中外乡村民俗文化保护比较研究、嘉兴美丽乡村建设的民俗文化保护策略与途径等课题展开研讨。会议期间,还组织与会专家实地考察嘉兴美丽乡村建设情况。

杨秀等一批民俗学者3年来对嘉兴几个县(市、区)美丽乡村进行了多次调研,成果丰硕。本次研讨会同时也是《二十一世纪中国民俗节庆文化的"嘉兴模式"》首发式。该书由中国书店出版社出版,从前两次研讨会论文中选取了国内外30篇相关研究论文与调查报告,具体论证节庆文化的"嘉兴模式",旨在进一步巩固嘉兴作为全国端午民俗文化重要传承地、中国端午文化研究基地的地位。

● 6月18—20日,为期3天的"**第三届中国神话学与西王母文化研究年会暨新疆非物质文化遗产研究高层论坛**"在石河子大学举行。论坛由中国民俗学会、石河子大学、新疆天池管委会联合主办,石河子大学文学艺术学院院长郑亮教授主持了开幕式。赵宗福、杨利慧、刘宗迪,以及来自台湾的钟宗宪、高莉芬等40多所高校、科研单位的近80名学者参加了会议。两岸学者围绕西王母神话研究专题、中国神话研究专题、非物质文化遗产研究专题展开研讨。

会议的后半场转移到阜康市，与当地政府有关负责人进行了文化访谈，总结了过去10年来西王母神话保护研究的成果，畅谈未来西王母遗产旅游的发展前景。石河子大学新疆非物质文化遗产研究中心与新疆天池管委会在西王母神话田野调查、保护与研究等方面保持了7年多的合作关系；2014年，西王母神话获批进入第四批国家级非物质文化遗产名录便是双方合作的典范。石河子大学新疆非物质文化遗产研究中心副主任吴新锋作为石河子大学一方的合作代表，也是本次会议的主要推动者。

2016年6月18日，"第三届中国神话学与西王母文化研究年会暨新疆非物质文化遗产研究高层论坛"在新疆石河子大学举行

● 7月6—8日，由贵州省文化厅、文化部民族民间文艺发展中心、中国民俗学会、复旦大学、贵州民族大学主办，贵州省非物质文化遗产保护中心和贵州民族大学承办的"2016首届多彩贵州文化艺术节·传统伦理下的非物质文化遗产传承与利用国际学术研讨会"在贵州民族大学举行。开幕式由贵州省文物局局长王红光主持。

出席会议的主要有中国民俗学会刘魁立、朝戈金、叶涛、郑土有、杜晓帆、刘晓春、肖远平、郭崇林、杨秀、周福岩、陆建芳、杜韵红，张小军，孙华，贵州省政协副主席陈海峰，文化部民族民间文艺发展中心主任李松，国家民委民族画报社总编辑李铁柱，贵州省文化厅厅长徐静，贵州民族大学党委书记张学立、校长陶文亮，文化部非遗司保护处副调研员李昱明，中国华夏文化遗产基金会耿莹，以及俄罗斯科学院世界文学研究所民间文学研究室主任弗拉基米尔·克劳斯、韩国首尔大学教授全京秀、韩国霞谷学研究院院长李庆龙、韩国国学振兴院研究员尹瑛玑、日本民俗学会理事松尾恒一、新加坡戏曲学院创院院长蔡曙鹏等30多位来自世界各地的专家学者和文化官员。研讨会得到中国华夏文化遗产基金会的大力支持，基金会理事长耿莹专程来贵州出席会议并深情致辞。

2016年7月6日，"2016首届多彩贵州文化艺术节·传统伦理下的非物质文化遗产传承与利用国际学术研讨会"在贵州民族大学举行

非物质文化遗产保护的伦理问题是一个随着保护进程的推进，日益突出，值得重点关注的学术话题。正如周福岩所说，联合国教科文组织保护人类非遗

的伦理原则问题的提出及相关反思话语的形成,是对保护过程中出现的越来越多的与公约精神相抵牾的商业化、消费品化和去语境化等倾向的一种回应。这种回应实际上承认了公约被曲解和被利用的事实。不过,韩国首尔大学全京秀教授认为国际文化组织中的部分规定也容易误导各国非遗保护的实践,如联合国教科文组织对文化遗产的不恰当架构,可能会对各国非遗的传承产生良莠不齐的影响。而朝戈金则依次对"相关社区、群体和个人在保护其所持有的非遗过程中应发挥主要作用"等12条伦理原则进行了阐释和说明,并指出这些伦理原则对非遗保护工作和民俗学学科建设有重大的指导意义。

对东亚国家的非遗历史及现代运用案例进行分享。为期3天的研讨会还延伸到黎平县地扪侗寨举行,专家们对以侗族大歌、苗族服饰、苗族古歌、苗族史诗《亚鲁王》、苗族芦笙舞、茅台酒酿制技艺等为代表的贵州非物质文化遗产的传承与发展进行了研讨。闭幕式于7月8日在黔东南州黎平县地扪侗寨生态博物馆举行。

● 7月17—23日,由中国民俗学会、内蒙古师范大学、中国社会科学院民族文学研究所、鄂尔多斯市乌审旗党委宣传部主办,内蒙古师范大学非物质文化遗产研究院、内蒙古民俗文化研究基地、鄂尔多斯市乌审旗文化广播电影电视局承办,中山大学非物质文化遗产研究中心协办的"**中美非物质文化遗产保护与实践研讨会暨暑校**"在内蒙古师范大学、鄂尔多斯市乌审旗举行。

来自美国印第安纳大学、范德堡大学、西肯塔基大学、纽约州宾汉顿大学、美国民俗学会、爱达荷艺术委员会以及中国社会科学院、复旦大学、中国民俗学会、内蒙古师范大学非物质文化遗产研究院等的有关专家学者出席了研讨会,其中朝戈金、纳日碧力戈、比尔·艾伟、史蒂文·哈切尔、迪姆·罗仪德、扎格尔、伊丽莎白·塔克、威廉姆斯·安·米西尔、苏日娜等担任授课教授。研讨会由内蒙古师范大学副校长刘九万主持。

内蒙古师范大学副校长赵东海代表内蒙古师范大学致辞,朝戈金代表中国民俗学会致辞。朝戈金说,暑校将会在中美两国交替举办,这将对中美两国,尤其对中国少数民族非物质文化遗产研究力量的快速成长起到促进作用;

通过暑校理论和实践课程设置，希望嘉宾能切身感受蒙古族传统文化的魅力，将蒙古族优秀的文化展现给世界，也希望让中国民俗学界了解晚近国际民俗学发展的理论与成果。美国民俗学会前会长比尔·艾伟在发言中希望通过暑期学校的举办，能够相互了解两国非物质文化遗产方面的差异性，相互学习，进一步深化合作研究，在非物质文化遗产研究理论与实践上产生深远的影响。美国民俗学会执行理事长迪姆·罗仪德表示，希望通过本次研讨会和暑期学校的举办，将美国的非遗研究和实践经验带给大家，同时希望向各位学习中国传统文化与工作方式，希望能够把暑期学校制度化、常态化举办下去。在为期3天的时间里，中外民俗学家共做了12场系列学术报告。来自美国、日本以及中国知名高校和中国社会科学院等科研院所的30余名暑校学员围绕报告内容展开了热烈讨论。

2016年7月17日，"中美非物质文化遗产保护与实践研讨会暨暑校"在内蒙古师范大学开班

7月21—23日，"中美非物质文化遗产保护与实践研讨会暨暑校"转入田野实践阶段，国内外专家学者与学员一行36人赴内蒙古鄂尔多斯市乌审旗进行实地考察和调研。本期暑校学员由来自美国西肯塔基大学、美国俄亥俄

州立大学、美国印第安纳大学、中国社会科学院、文化部民族民间文艺中心、中央民族大学、清华大学、华东师范大学、西北民族大学、内蒙古自治区社会科学院、内蒙古自治区非物质文化遗产保护中心、内蒙古大学、内蒙古艺术学院、呼和浩特民族学院、内蒙古师范大学的青年教师和在读博士生组成。

考察以鄂尔多斯蒙古族民俗文化传承为主线,考察了梅林庙民俗展览室、萨冈彻辰博物馆、乌兰陶勒盖镇"努图克"动植物博物馆、书敖包、毕力贡仓蒙古文图书出版印刷博物馆、木华黎祭祀、"乌审雅图嘎"博物馆、毛布拉格察干苏力德、高正胡日湖敖包、马文化博物馆、苏力德博物馆等地,民俗类别包括蒙古族敖包文化、苏力德文化、饮食文化、传统民间艺术、民族服饰、手工技艺、动植物与生态保护等。

● 7月18日上午,中国民俗学会、日本民俗学会和美国民俗学会三方代表在呼和浩特市内蒙古师范大学盛乐校区召开特别工作会议,就成立"**国际民俗学联合会**"相关事宜进行了讨论,并对章程草案和近期工作的推进做出了细致的协商。三方参会人员有:中国民俗学会会长朝戈金,日本民俗学会小熊诚(会长)、桑山敬己、岛村恭则,美国民俗学会迪姆·罗仪德和比尔·艾伟。会议由朝戈金主持。

2016年7月18日,朝戈金(右一)召集美国民俗学会和日本民俗学会代表就成立"国际民俗学联合会"相关事宜进行商讨

● 7月18日,中国民俗学会中国餐饮文化研究专业委员会在常州提出"**中国常州菜**"的新概念并主持评选出10位常州菜传承人、10家常州菜传承名店。该专业委员会自2016年3月开始履行职责,他们认为目前中国地方菜系的研究和推广远不能满足人民的需要和产业发展的要求,提出要按照名厨、名菜、名点、名宴、名店的"五名"目标来进行地方菜系的命名和传承人、传承名店的评定。

2016年7月18日,中国民俗学会中国餐饮文化研究专业委员会在常州评选"常州菜传承人"和"常州菜传承名店"

● 8月18日,由中国民俗学会、文化部民族民间文艺发展中心、青海省文学艺术界联合会、格尔木市人民政府、青海省民俗学会联合主办的"2016'**昆仑文化与非物质文化遗产国际学术论坛**"在格尔木市隆重举行。来自美国、日本、韩国、新加坡、印度和中国台湾、北京、上海、山东、江西、河南、贵州、云南、内蒙古、陕西、甘肃等国内外的60多名专家、200多名与会者围绕非遗背景下昆仑文化的传承与保护问题展开讲座。

开幕式由青海省文学艺术界联合会副主席周斌主持。叶涛、文化部民族民间文艺发展中心规划研究处处长王学文、格尔木市副市长唐瑞蓉分别在论坛开幕式上致辞。赵宗福、格尔木市政协副主席崔学凯等出席开幕式。

2016年8月18日,"2016'昆仑文化与非物质文化遗产国际学术论坛"与会嘉宾合影

叶涛在致辞中说,自2010年以来,中国民俗学会与青海省相关政府部门和学术机构合作,连续召开了七届学术研讨会,为昆仑文化的学术提升和深度发展奠定了良好的基础。昆仑文化是数千年以来中华民族多民族文化共同繁荣发展的结果,是中国优秀文化的重要组成部分,是在国内国际上有很强的文化影响力和竞争力的品牌文化。在21世纪的今天,我们对于昆仑文化的研究与传承,应该立足当代国际学术发展的最前沿,充分吸收各个领域的最新研究成果,充分利用昆仑文化跨学科、多领域的特点,对昆仑文化的当代价值和世界意义予以充分发掘和全面探讨。

开幕式后,王晓葵主持了大会交流。大会主旨报告分别为:台湾成功大学特聘教授陈益源《非物质文化遗产加强维护之道》、韩国民俗学会原会长罗景洙《韩国非物质文化遗产法指定的意义和未来》、日本民俗学会会长小熊诚《中国传播到冲绳的风水思想》、美国史密森学会负责人罗伯特《史密森研究非物质文化遗产保护》,以及赵宗福《民族文化传统中的昆仑文化传承建构》。

在分组研讨中,与会专家学者就昆仑文化与非物质文化遗产问题展开了多维度、多学科、多领域的深入探究和讨论,交锋不断,气氛热烈。与此同时，部分学者还接受了国内众多媒体的采访。叶涛研究员指出："进入21世纪以来，非物质文化遗产的保护成为人文社会科学界关注的重点，特别是我们民俗学界，在非遗的理论建设与保护实践等方面都走在了学界的前列。本次论坛旨在探讨非遗背景下昆仑文化的历史与现状，为昆仑文化的传承与保护出谋划策。"赵宗福教授表示："昆仑文化也是重要的非物质文化遗产之一，要从昆仑文化的重要发祥地与传承地这一神圣的'文化空间'，深入调查研究多民族多宗教多元文化环境中昆仑文化作为非物质文化遗产的传承发展的'文化表现形式'，理清历史与现状，科学整理各种文本，特别是昆仑文化在当代民族民间的活态传承，在非遗的申报传承和保护利用方面'落地开花'，真正实现昆仑文化的传承和建构。"

论坛之前，与会专家学者应邀参加了"2016年昆仑山敬拜大典"。会后与会代表还考察了昆仑山口自然遗产、青海湖历史文化、塔尔寺佛教文化等。历次昆仑文化研讨会，大都是由赵宗福筹划、组织、实施的。

● 9月9日，由中国先秦史学会、中国民俗学会、山西三晋文化研究会、稷山县委县政府共同主办的"**首届后稷农耕文化研讨会**"在山西省稷山县举行。来自中国社科院、清华大学、北京大学、复旦大学等高校和科研单位的32名专家学者齐聚稷山。中国先秦史学会会长宋镇豪、秘书长宫长为，中国民俗学会副会长郑土有、刘晓峰等学者参加了研讨会。会议之前，与会专家学者到稷王庙、稷山万亩板枣观光示范园参观考察；会议期间还举办了后稷农耕文化书画名家采风笔会邀请展。

● 11月5—8日，由中国民俗学会主办，南京农业大学和江苏省民俗学会承办的"**中国民俗学会2016年年会**"在南京农业大学召开。本次年会共征集到论文510余篇，经过评审，有393篇论文入选，350余名学者出席了会议。这是中国民俗学会自年会制度建立迄止2016年，出席人数最多、规模最大的一次学术盛会。

叶涛主持了在翰苑酒店六楼报告厅举行的开幕式，主席台嘉宾为朝戈金、乌丙安、中共南京农业大学纪委书记盛邦跃、江苏省民俗学会副会长季全保。

2016年11月5日,"中国民俗学会2016年年会"在南京农业大学举行

盛邦跃、季全保、朝戈金在开幕式上致辞。学会副会长陈勤建、刘德龙、尹虎彬、江帆、巴莫曲布嫫、刘晓峰、安德明、萧放、郑土有、施爱东,以及《江苏社会科学》主编李静,南京农业大学人文与社会发展学院院长杨旺生、党委书记朱世桂等出席了会议。

朝戈金在致辞中对中国民俗学会一年来在学科建设、人才培养、服务社会、进行国际合作等方面所做的工作进行了概括性介绍。

在学科建设和人才培养方面,中国大约有70个高校建立了民俗学硕士点或博士点,每年大约有200余名民俗学专业的研究生步入社会,服务民生。在2016年度国家社科基金重大招标项目中,由中国民俗学会学者起草、经中国社会科学院提交的"中国民俗学学科建设与理论创新研究"这一选题得以入选,这是民俗学基础学科建设领域中的一次重大突破。由中国民俗学会与中国社会科学院民族文学研究所共同编纂的《中国民俗学年鉴2015》正式出版,这是中国民俗学基础建设方面的最新成果。

中国民俗学会会员积极参与国家文化建设和非物质文化遗产保护方面的工作,为社会发展和政府服务建言献策。中国民俗学会自2015年起作为联合国教科文组织非遗项目审查机构的成员,参与了非遗项目的审查工作,学会在该项工作中,组织了专门的工作团队,投入了大量人力、物力,学会团队的工作得到了联合国教科文组织和我国业务主管部门的高度评价,学会已经成为我国文化建设,特别是非遗保护领域一支不可忽视的队伍。

在国际合作方面,由中国民俗学会和日本民俗学会、美国民俗学会三国民俗学组织共同倡议筹建的"国际民俗学联合会",正在积极筹备之中,有望近期成立。2016年暑假,由中国民俗学会和美国民俗学联合主办的暑期民俗学培训班,在内蒙古师范大学成功举办。

在过去的一年中,中国民俗学会二级研究机构积极开展多项学术活动,举办过规模不一的多次国内或国际学术研讨会议,特别是中国端午文化研究基地、中国昆仑文化研究中心、茶艺文化研究专业委员会、中国香文化研究中心等,学术活动已经常态化。

在信息化时代,各种传媒手段的广泛运用,对于学科内部建设和学术的社会推广都有着不可忽视的作用。在人力、财力极其困难的情况下,在广大会员的大力支持下,中国民俗学会充分利用各种传媒手段,建立起包括学会官方网站、民俗学论坛、民俗学博客、中国民俗学会微博、民俗学论坛微信公众号、中国民俗学会微信订阅号、中国民俗学APP等完备的网络学术平台,为中国民俗学的学科建设和学术推广做出了重要贡献。

陈泳超主持了开幕式之后的大会主旨发言。主旨发言分别为:陈勤建《开拓增强当代社会治理的民俗软控力》、陆建芳《传统博物馆的民俗展演与非遗保护:以南京博物院为例》、朝戈金《联合国教科文组织〈保护非物质文化遗产伦理原则〉之解读》。

为期两天的学术研讨活动中,**与会学者分散在10个分会场,共有21个专题、分为50个专场**。各场主题分别为(下面括号内为讨论召集人或主持人,括号内多人则表示该主题分为多个场次):非物质文化遗产保护的理论与实践(康丽、周福岩),非物质文化遗产保护圆桌会议(巴莫曲布嫫),手工技艺调查与研究(徐赣丽、毕传龙),乡土传统重建与现代社会治理(萧放、鞠熙),口述史方法、记忆理论与民俗学(王晓葵),文献与民俗(黄景春、肖海明),民间文学研究(隋丽、刘文江、卫才华、毛巧晖、王焰安、米海萍),民俗学理论与方法(宣炳善、王新艳),女性民俗研究(彭牧),社会礼俗调查与研究（杨秀），妖怪学（刘晓峰、祝秀丽），民族文学研究（高荷红、董秀团），民族民俗博物馆专场（陆建芳），餐饮文化调查与研究（童方云），应用民俗学专场（毕旭玲），民间艺术调查与研究（郑土有、石国伟、吉国秀、季中扬），网络民间文学专场（吴新峰），少数民族民俗调查与研究（施立学、黄桂秋），岁时节日调查与研究（毕雪飞、宋颖、杨金源），民间信仰调查与研究（叶涛、田兆元、尹虎彬、江帆、王志胜、赵德利、王加华、袁学骏），村落民俗与乡村建设调查与研究（彭伟文、张士闪），茶文化与社会生活（余悦、朱世桂）。

在余悦的"茶文化与社会生活"专场研讨中，还安排有茶艺展示，来自南京农业大学等 3 个单位的茶艺表演团队，为参加该会场研讨的学者表演了 3 场不同主题的茶艺节目：东篱菊茗、六朝茶礼、逐梦茶缘。会议期间，承办单位为会议组织了精彩的非遗精品展演，来自江苏昆剧院的优秀青年演员为会议奉献了《游园惊梦》和《山门》两折经典昆曲剧目。

2016 年 11 月 5 日，"中国民俗学会 2016 年年会"与会代表合影

● 11 月 27 日—12 月 2 日，"**联合国教科文组织保护非物质文化遗产政府间委员会（下称'委员会'）第十一届常会**"在埃塞俄比亚首都亚的斯亚贝巴联合国非洲经济委员会会议中心召开，来自 121 个国家的 712 名各方代表注册与会。作为保护非物质文化遗产政府间委员会认证的咨询机构，中国民俗学会受联合国教科文组织总干事助理班德林先生和《保护非物质文化遗产公约》秘书处的邀请，于 2016 年 10 月正式组建中国民俗学会代表团。

11 月 26 日，在朝戈金（团长）和杨利慧（副团长）的带领下，安德明、江帆、荆淑坤、康丽、李刚、彭牧、萧放、周福岩等一行 10 人启程赴会；巴莫曲布嫫则随中国政府代表团参会。

学会代表团于27日参加了先期召开的第五届非政府组织非物质文化遗产论坛（The 5th ICH NGO Forum Symposium）。论坛主题是"非政府组织在弘扬非物质文化遗产价值方面所面临的挑战"（Challenges for NGOs in the promotion of ICH values）。各国非政府组织的代表百余人与会，中国民俗学会代表团参与了论坛讨论，并与各国代表进行了广泛交流。27日下午，各国参会代表受邀参加了埃塞俄比亚总统穆拉图·特肖梅（Mulatu Teshome）主持的第十一届常会开幕式，并观看了埃塞俄比亚民间艺术家的表演。

2016年11月27日，中国民俗学会代表团一行11人前往埃塞俄比亚参加"联合国教科文组织保护非物质文化遗产政府间委员会第十一届常会"

从28日开始，常会进入各项议程的审议，通过了各缔约国非物质文化遗产项目的履约和现状报告以及审查机构2016年度工作报告。中国民俗学会联合国教科文组织非物质文化遗产项目评审团队（CFS4ICH）从2015年起承担项目评审工作。2016年，该团队参与了50+1申报项目的评审工作，其中急需保护项目6项（1项同时申请国际援助），代表作项目37项（其中中国项目全程回避），优秀实践项目 7 项。

从 29 日开始，会议进入各类申报项目的逐项审议阶段。

11 月 30 日下午 5 点 30 分（当地时间 12 点 30 分），委员会经过审议，正式通过决议，将中国民俗学会和中国农业博物馆联合申报的"**二十四节气——中国人通过观察太阳周年运动而形成的时间知识体系及其实践**"列入联合国教科文组织人类非物质文化遗产代表作名录。至此，我国入选联合国教科文组织非遗名录的项目增至 39 项；其中，《人类非物质文化遗产代表作名录》31 项，《急需保护的非物质文化遗产名录》7 项，《优秀实践名册》1 项。

作为群体代表，中国民俗学会是"二十四节气"项目的申报主体之一，长期从事相关文献、传统知识及民俗实践的确认、建档和研究工作。在"二十四节气"的申报工作中，中国民俗学会多位学者先后参与了中国非物质文化遗产保护中心（简称"国家中心"）组织实施的申报论证会议和申报片脚本的撰写工作，配合央视 7 频道节目组完成了中英文申报片的录音和解说词的同步上屏工作，并以中国民俗学会的名义为相关工作提供了学术支持和知情同意书。在列入名录后的五年保护计划中，中国民俗学会将为该遗产项目的保护实践提供智力支持，承担起专业学会的责任。

● 12 月 10 日，由中国民俗学会、中国社会科学院民族文学研究所"民俗学重点扶持学科"项目联合召开的"**民俗学专业责任与研究伦理工作坊**"在中国社会科学院民族文学所召开。会议的主要议题为"学术社团的专业责任""民俗学研究伦理""中国民俗学会的伦理规范：动议与制定"。来自山东大学、辽宁大学、中国科学技术大学、北京大学、北京师范大学、中央民族大学、中国社会科学院民族文学研究所和文学研究所的近 30 位学者及研究生如吕微、安德明、户晓辉、陈连山、周福岩、康丽、蔡华、刁统菊、祝秀丽、王尧、张青仁、施爱东等参加了会议。

工作坊由高荷红、巴莫曲布嫫和毛巧辉共同召集。会议分为两个时段，第一个时段刁统菊、祝秀丽、张青仁三位学者分享了各自的田野案例，如"女性田野作业的优势与劣势""实验式田野研究中的伦理问题：以亲子间听讲活动为例"及"民俗学者如何参与非遗保护：来自墨西哥的田野经验"。学者们就田野伦理、成果出版的署名权及学者在调查中是否应该干预民俗活动等问题进行了讨论。第二个时段，来自民俗学和人类学两个学科的学者们围绕会议提供的联合国教科文组织《保护非物质文化遗产伦理原则》，美国民俗学会、美国人类学协会和其他国家和地区的专业学会订立的伦理守则和专业责任声明等11份参考材料，就相关问题进行了热烈讨论。

本次工作坊对中国民俗学会订立自己的伦理守则形成了初步动议，并达成以下共识：中国民俗学会应充分考虑中国民俗学的学科特性，同时结合学者的田野实践及其经验尽早制定相对简洁的伦理准则；在订立过程中需充分考虑尊重调查对象的相关权益，同时也要考虑调查者基于学术研究的相关诉求，还需厘清学科责任、学会责任和学者责任等问题。

2016年12月10日，"民俗学专业责任与研究伦理工作坊"在中国社会科学院民族文学研究所举行

● 12月10日，由中国社会科学院世界宗教研究所、中国宗教学会主办，由中国民俗学会中国地域民俗文化研究中心、牡丹江市民间文艺家学会、牡丹江海东青文化传播发展有限公司承办的"**第二届民间信仰研究高端论坛暨宁安萨满文化学术考察活动**"在黑龙江省牡丹江市召开。来自海峡两岸的40余位学者出席了本届论坛，涵盖宗教学、历史学、人类学、民俗学、社会学、哲学、民族学、建筑学、民间文学等多个学科。牡丹江市宁古塔部分满洲宗

族的族人及萨满文化传承人也应邀与会。

本届论坛与会论文议题涉及民间信仰的合法性、民间信仰与非物质文化遗产关系、丧葬习俗与日常生活、汉满藏民间信仰习俗、中国台湾地区的汉人民间信仰，以及日本和琉球的民间信仰习俗等内容，其中最大的特色是集中探讨了清代至当代东北地区的萨满教文化的特点及其传承情况。论坛现场还集中展示了牡丹江市宁古塔地区的满汉双语族谱原件及各类萨满教祭祀文本。12月11日，与会学者还实地考察了宁安县萨满祭祖习俗。

民间信仰研究高端论坛是中国社会科学院世界宗教研究所打造的学术品牌之一，主要由叶涛、陈进国两位民间信仰研究专家来具体推动。首届民间信仰研究高端论坛于2014年11月在北京召开，以"中国民间信仰的当代处境与发展前瞻"为研讨主题，对于中国民间信仰的调查与研究曾经起到了很好的促进作用。

2016年12月10日，"第二届民间信仰研究高端论坛暨宁安萨满文化学术考察活动"在黑龙江牡丹江市举行

● 12月20日，为推动二十四节气的保护工作，探讨专业学会如何在今后的履约工作中发挥应有的作用，冬至节气前夕，中国民俗学会在中国社会科学院举行"二十四节气保护工作专家座谈会"。在当代语境中怎样准确理解二十四节气？如何发挥二十四节气的文化创造力？学者们对这些保护工作中

的重要问题进行了探讨。文化部非物质文化遗产司巡视员马盛德、中国非物质文化遗产保护中心常务副主任罗微、文化部对外文化联络局国际处副处长赵瑾、中国农业博物馆陈列部主任王应德先后在嘉宾致辞中对中国民俗学会参与二十四节气申报和保护工作给予了高度评价，并就今后的保护工作和履约举措提出了具体的建议。

朝戈金指出，二十四节气保护需要群策群力，构筑多元行动方的保护机制。多元行动方不仅涉及申报材料述及的10个社区、2个群体和9位传承人，根据《保护非物质文化遗产公约》精神及其对保护的定义，政府部门、大众传媒，乃至社会各界都应当被纳入多元行动方。其中基层社区、年轻人和儿童更是确保该遗产项目代际传承的重要力量。因此，这次会议不是简单的学术探讨，而是走向"保护"的再出发。他表示，中国民俗学会将根据文化部的部署和要求，从人力资源配置和制度安排上，考虑在学会的二级机构和专家学者之间组建保护二十四节气的共同行动工作组，同时与中国农业博物馆和河南省登封市、内乡县，湖南省安仁县、花垣县，浙江省杭州市拱墅区、衢州市柯城区九华乡妙源村、遂昌县、三门县亭旁镇杨家村，贵州省石阡县，广西天等县等相关社区一道积极探索，共同努力，以利构筑多元化行动方协同增效的保护机制。

与会学者一致强调二十四节气列入人类非物质文化遗产代表作的重要意义。施爱东认为，二十四节气申遗成功，会让我们唤起许多已经日渐丢失的传统文化，让我们拣回不少传统文化中的冷知识，它们未必是今天物质文明发展的必备武装，但是，理解它们有助于增强我们的文化自信，让我们的生活变得更加诗意和丰满。

陈连山认为二十四节气在中国传统文化中地位重要，是中国人顺应自然方式的根本框架。中国古人强调人的行为与自然变化相一致，因此二十四节气规定了中国人四时的行为标准，至今在人们的生活世界中依然有着非常重要的地位。

刘宗迪高度关注二十四节气于当下的"再创造"，在他看来，在现代条件下，应当用新的表达形式和传播方式，对二十四节气文化中蕴涵的传统智慧进行提炼、升华、传播，让这项古老的农耕智慧在现代社会中获得新的意义和新的生命。

刘晓峰注意到，与申遗成功相伴随，各种媒体平台上开始出现很多欠缺科学依据的提法。比如有人发表文章认为二十四节气起源于对于"十二"这个数字的神圣化，这既不符合二十四节气发展的实际情况，也不符合古代人的认识方式。

安德明进一步指出了关于非遗认识的一个误区：同许多处于濒危状态的非遗项目不同，二十四节气至今鲜活地在中国人的日常生活中发挥着重要影响。这同相关学术界及社会上具有较大影响的把非遗同"濒危性"直接对应起来的认识之间，具有较大的差距。也就是说，一种传统文化事象究竟能否成为非遗，能否列入代表作名录，同它是否处于濒危状态并没有必然的联系，最关键的，反而是它在现实生活中的活态传承。这一点，是二十四节气列入非遗代表作名录在纠正相关认识方面的意义。

萧放认为，传统时间制度与观念代表一种文化归属。在每个节气点，通过共同的仪式活动以及食物，带来一种共同的感受，凝聚大家的认同感。马来西亚为什么搞二十四节令鼓？因为他们意识到二十四节气作为华人族群的文化标志，所能带来的文化认同的精神价值。

王加华认为，在中国传统社会中，以二十四节气作为指导农业生产进程的基本指针，而基于农业生产在民众社会生活中的重要性，农事节律也即农事进程又决定着民众社会生活的节奏，因此从某种意义上来说，二十四节气亦是日常生活的重要指导性时间节点，传统的月令类农书就是这种时间节点作用的最重要体现。二十四节气在民众社会生活中还被赋予了丰富多彩的民俗内涵，如变身为节日、有丰富多彩的节令活动、产生了诸多有特色的饮食习俗等，与民众的娱乐、饮食、仪式活动、身体养生等紧密相关，深深融入了人们生活之中。实用性与节点性、事件化与生活化，可以说是理解二十四节气特点的关键。

彭牧指出，中医关于二十四节气与生命节律和养生的理论表明了个人身体经验和宇宙自然节律之间的内在关联。也正是在这个意义上，二十四节气体现出在标准化的世界时间中，民众身体所保持的不同的时间节律与时间经验。

张勃认为，农业社会向工业化社会乃至后工业化社会的变迁，城市化进程的加快，中国人宇宙观和月令思维模式的变化，使许多人不再相信天象、物候、人事之间可以相互作用相互影响，是二十四节气习俗活动大量消失的重要原因，加之20世纪以来历法变更以及传统文化失忆，造成对二十四节气的价值和意义认识普遍不足，珍视程度不够。

毕雪飞从二十四节气对日本的影响这一角度谈到，二十四节气随着历法于公元552年传入日本，已有近一千五百年的历史，因而已渗透进日本各个领域，成为日本文化不可分割的一部分。今天，二十四节气依然引导着日本人农事，影响着日本人的衣食住行，对日本人的生活有着重要的指导意义。其中，有的被列入国家法定祝日，更多的则在民间节日（节气）中得以传承实践，其他领域，如文学等方面也有对二十四节气的大量表达。从日本的经验看，国家层面的立法，民间层面的践行，媒体与商业宣传推动，特别是传统文化教育实践，对二十四节气的保护与传承会起到极为重要的作用。

杨利慧则强调要"确保社区在保护工作中的中心作用"。她呼吁从《保护非物质文化遗产公约》的立场出发，在二十四节气的保护过程中应当注意以下几个问题：第一，相关社区、群体和个人在保护其所持有的非物质文化遗产过程中应发挥主要作用；第二，该非遗项目的保护及其可持续发展应使社区成为受益方；第三，在代表性社区之外，还应注意对社区的多样性及其相关实践的多样性予以保护。

康丽长期从事性别民俗研究，她认为二十四节气保护工作应当关注相关知识体系的异质性与性别实践的多样性，应特别关注两个问题：一是如何在保护工作中体现对二十四节气知识体系的异质性及其所反映的不同社区文化特性的尊重；二是如何在非遗保护中权衡好推进性别平等与尊重社区性别实践多样化之间的关系。

陈泳超提出"直观展示传统二十四节气的生活方式"的建议，为各个节气提炼出最普遍、最有代表性的活动事项，囊括其生产、生活、信仰乃至政令规训诸面向，制定出一个较为完整系统的《二十四节气传统年中行事表》，这是一个总表。这个总表也可以根据形态学分布分割为几个大的区块，形成几个系列。

巴莫曲布嫫简要回顾了中国民俗学会在非遗领域的既有实践和经验。她说，中国民俗学会老中青三代学者长期深度地参与了地方、国家和国际层面的非遗保护工作，近年来，学会在时间民俗、岁时节令、传统知识及仪式实践，乃至非遗主要领域都形成了学术梯队，积累了相应的智力资源和人才队伍。而成立于2015年1月的"中国民俗学会联合国教科文组织非遗项目评审团队"通过切实参与委员会审查机构2015、2016两个年度共95个国际非遗项目的评审工作（其中中国项目全程回避），稳步推进学会自身的能力建设，尤其是在发现、储备和培养掌握《保护非物质文化遗产公约》话语系统和工作语汇、具备国际评审经验，同时深度参与国内非遗保护实际工作的专家队伍方面取得了相应的进展。

巴莫曲布嫫认为，在国际层面上，通过审查机构项目评审工作的具体实践和实际操演，能够对《保护非物质文化遗产公约》框架下的非遗保护工作机制和委员会的工作方法形成更透彻的理解，对缔约国当下的非遗保护现状、公共政策制定和履约能力形成更广泛的了解，从而拓展学会和相关学者参与国家层面的非遗保护实践和能力建设的可能性进路，为中国非遗研究和保护工作带来国际化的理论视域和可资借鉴的工作方法和操作经验。而在地方和国家层面，2016年1月以来，受文化部非遗司和外联局的邀请，学会依托评审团队的骨干力量正式成立了"文化部非物质文化遗产项目履约报告课题组"，协助相关社区完成了7个急需保护项目和30个代表作项目的履约报告撰稿工作。在定期报告的数据采集、分析、汇总和表述过程中，团队成员对国家层面的非遗保护工作及其实践中的经验和问题，形成了更为切近的理解，由此对传达《保护非物质文化遗产公约》及其《操作指南》的话语系统和工作语汇也有了更为深细的认识。因此，学会这支非遗团队为地方、国家和国际层面的《保护非物质文化遗产公约》实施和非物质文化遗产保护提供智力支持和业务咨询奠定了可靠的学术力量，他们也是参与二十四节气保护工作的智力资源。

最后，巴莫曲布嫫也指出，通过二十四节气保护计划的具体实施，学会从事时间民俗和从事非遗研究的专业力量也当形成一定的整合，进而在《保护非物质文化遗产公约》框架下，结合中国国情和项目自身的属性，在保护实践中寻找最佳方略，为确保该遗产项目的存续力和代际传承做出专业学会应有的贡献。

2016年12月20日，"二十四节气保护工作专家座谈会"在中国社会科学院民族文学研究所举行

● 12月20日，由中国民俗学会、中国社会科学出版社联合召开的"**《中国民俗学年鉴2015》新书发布会**"在北京举行。《中国民俗学年鉴2015》由中国社会科学院民族文学研究所、中国民俗学会共同编纂，朝戈金担任主编，施爱东、巴莫曲布嫫、王尧担任具体编辑工作，全书共143万字，2016年3月由中国社会科学出版社出版。

该书主要对中国民俗学界2014年在理论方法、神话、史诗、传说、故事、民间戏曲与曲艺、歌谣、民间艺术、物质民俗、人生仪礼、社会组织民俗、节日、民间游戏、旅游民俗、少数民族民俗方面的研究论文与著述进行梳理，记述过去一年我国民俗学学科在上述领域的成果进展。朝戈金认为，充分尊重、理解和研究民俗文化，保护非物质文化遗产，必将在进一步提升人民生活幸福感的同时，推进我国文化软实力建设，提高跨文化交流的能力和水平，这也正是编纂《中国民俗学年鉴》的意义所在。

本书共设九个栏目：第一篇"特辑"，选编可能影响中国民俗文化及民俗研究方向的重要文件、重要事件报道以及权威解读。第二篇"热点话题"，选编2014年度及此前几年已经逐渐在民俗学界产生一定影响、积聚了相当成果的学术话题。第三篇**"研究综述"，是全书最重要的部分，由各专业领域的知名学者分头对相关学术成果进行综合介绍与评述**。第四篇"论著评介"，以书评的形式，重点介绍2011年至2014年出版的重要学术专著。第五篇"年度优秀论文"，是对学术评议方式的一种尝试，希望以年鉴一角斑见中国民俗学的年度优秀成果。第六篇"重要论文摘编及摘要"，对2011年以来、以2014年为主的重要论文进行摘要存目。第七篇"优秀学术随笔"，从各大报刊及学术刊物上搜集而来，遴选了最能反映当代民俗文化现状、当前民俗学学术动态，以及学人学术思考的优秀作品。第八篇"学人评介"，集中了一批以著名民俗学者为中心的学术史作品，评议对象均是在学科发展中具有突出贡献的历史人物，或当代著名民俗学者。第九篇"学术活动纪要"，搜集、整理了与民俗学、民间文化相关的重要学术活动和学术会议的报道、纪要、综述等，目的是为了尽可能忠实、全面地记录民俗学领域的重要学术事件、重要学人活动。为便于读者查阅，了解学科关键信息，本书卷尾编有"索引"。

《中国民俗学年鉴》的编纂初衷就是为了系统地记录本学科的发展历程，同时展示优秀成果。我国民俗学者在调查、搜集、整理、研究民俗文化方面，做了大量很有价值的工作。年鉴作为具有持续性的大型资料工具书，记录这些事件和成果，将为民俗学学科建设的后续发展奠定坚实基础，也能彰显这个学科在研究民众知识方面的独特价值和意义，并且有助于更好地传承、保护和研究我国的民俗文化传统，增强中华民族的文化自信。

2017 年

● 1月7日，由中国民俗学会、山东省史志办、山东省政协文史委、山东人民出版社、山东省民俗学会、山东大学文化遗产研究院联合举办的"《山东省志·民俗志》新书发布会暨民俗志书写与民间文化传承学术研讨会"在山东大学召开。刘德龙、刘铁梁、叶涛、郑土有、张士闪、陈泳超、刘德增、张从军、姜波、刘伟波、邱慧莹、张礼敏、李松、王志民、刘爱军、施爱东等近40位文史工作者出席会议。《民俗志》上下两部，共100余万字，主要由山东省社科联、山东省民俗学会完成，内容上起1840年，下至2005年，并以1949年以后的内容为主，对于21世纪的新生民俗现象也有收录。

2017年1月7日，"《山东省志·民俗志》新书发布会暨民俗志书写与民间文化传承学术研讨会"在山东大学举行

● 1月8—10日，由中国民俗学会、沂源县人民政府联合主办，沂源县文化出版局、中国民俗学会中国牛郎织女传说研究中心承办的"**民间文学类非物质文化遗产的保护与传承——全国第三届牛郎织女传说学术研讨会**"在山东省沂源县举行。来自中国民俗学会、中国社会科学院、北京大学、台湾大学、山东大学等多所院校和研究机构的学者，主要就"民间文学类非物质文化遗产的保护与传承"这一论题展开讨论。开幕式由叶涛主持。沂源县委书记王义朴同志致欢迎词，陈泳超代表朝戈金对会议召开表示祝贺，刘德龙致辞。

刘宗迪、陈泳超、施爱东三人均对当今的非遗保护现状提出了一些批评意见。施爱东对仓促实施"民间文艺作品著作权保护"带来的弊端进行了分析。陈泳超针对当下非遗保护中政府的角色提出"无为即保护"的新观点。刘宗迪则呼吁民间文学类的非遗保护要"超越语境、回到文学"。刁统菊则认为民间文学类非遗的保护主要在于唤醒普通民众的文化自觉。董秀团认为民间文学类非遗保护应该"活态传承"，从传承仪式语境、再造文化空间、续接民俗链条等方面着手。来自台湾的洪淑苓、丘慧莹、林仁昱三位教授则分别对古典诗歌、戏曲宝卷以及台湾在日据时期的牛郎织女传说存在情况进行了介绍。

2005年，叶涛带领山东大学民俗学、民间文学专业的师生启动了沂源县牛郎织女传说调查与研究。叶涛指出，探寻民间传说的起源地是无意义的，但探寻传说的在地化过程，讨论传说的传承地却是必需的，更是有意义的。毕雪飞、赵珊珊、储冬爱、袁学骏则对牛郎织女传说在日本、韩国、广东、河北等地传承流变的在地化过程予以介绍。郭俊红对2006年以来全国各地的牛郎织女传说的非遗申报、保护、传承情况予以述评，指出在地方化视域中审视牛郎织女传说，讨论的重点不应该是文本表面所陈述、争论之史实是否正确，而应该转向各地牛郎织女文化的传承者（民众）的情感、意图与认同情境。黄景春、宣炳善、姜波则分别对牛郎织女传说的母题链接、道教信仰以及民间美术中的牛郎织女题材予以讨论。

会议期间，与会学者还考察了沂源县燕崖乡大贤山牛郎织女景区，参观了沂源县博物馆、牛郎织女民俗展览馆和世界爱情邮票陈列馆等。沂源县2008年与中国民俗学会共建了学会二级研究机构"中国牛郎织女传说研究中心",同年沂源县牛郎织女传说成功入选国家级非物质文化遗产代表作名录。

2017年1月8日,"民间文学类非物质文化遗产的保护与传承——全国第三届牛郎织女传说学术研讨会"与会嘉宾合影

● 1月15日,由中国民俗学会、嘉兴市人民政府主办,嘉兴市文化广电新闻出版局、嘉兴市文学艺术界联合会承办的"《运河记忆——嘉兴船民生活口述实录》首发座谈会"在清华大学举行。朝戈金、叶涛、刘晓峰、陈泳超、林继富、陈岗龙、张勃、仲伟民、施爱东等,以及文化部非物质文化遗产司办公室主任荣书琴,嘉兴市政府副秘书长王伟荣,中国民间文艺家协会领导张志学、侯仰军,嘉兴市文化局领导金琴龙、陈云飞、陈双虎等共近30位学者及10余家媒体出席了座谈会。叶涛主持座谈会。与会嘉宾向中国科学院、国家图书馆、清华大学、北京大学、北京师范大学、山东聊城大学的代表颁发赠书。

《运河记忆——嘉兴船民生活口述实录》分上下两册,近50万字,由上海书店出版社出版,收录了嘉兴船民生活口述实录40份。该书是由嘉兴市文化广电新闻出版局、嘉兴市文联与杭州师范大学合作,历时4年完成的国内首部大运河船民生活口述实录。与会学者一致认为本书主题突出,资料丰富,对了解运河文化、历史变迁等留下了珍贵的民俗资料,让人们对船民这个群体产生敬畏之心。

2017年1月15日,"《运河记忆——嘉兴船民生活口述实录》首发座谈会"与会嘉宾合影

● 2月3日,丁酉年第一个节气——立春之际,中国民俗学会、浙江省衢州市柯城区政府联合举办的"**中国立春文化研究中心成立大会暨首届立春文化传承保护研讨会**"在衢州市柯城区中国儒学馆举行。来自中国民俗学会、中国农业博物馆的专家学者,来自浙江省文化厅、衢州市和柯城区的党政领导,以及来自二十四节气申报和保护单位的社区代表共40余人出席了会议。与会民俗学者有刘魁立、陈勤建、刘德龙、叶涛、江帆、郑土有、萧放、刘晓春、陈华文、黄涛、王加华、黄景春、宣炳善、宋颖、陈果艳等。

陈勤建代表中国民俗学会致辞,衢州市柯城区委书记徐利水代表柯城区委区政府致辞。浙江省文化厅非遗处处长胡雁代表浙江省文化厅、中国农业博物馆副馆长苑荣代表中国农业博物馆讲话。郑土有宣读了《中国民俗学会关于成立中国立春文化研究中心的决定》,叶涛与柯城区政府代区长方庆建共同签署了《**中国民俗学会中国立春文化研究中心共建协议书**》,刘魁立与柯城区委书记徐利水为研究中心揭牌。

萧放宣读了《中国民俗学会关于中国立春文化研究中心领导成员的任命书》。陈华文、贵丽青（柯城区常委、宣传部部长）任中国立春文化研究中心主任，吴玉珍（柯城区教育体育文化局局长）、宣炳善任副主任。中心办公室设在柯城区教育体育文化局，吴玉珍兼任办公室主任。刘魁立、徐利水为主任、副主任颁发了聘书。"中国立春文化研究中心"的成立，是中国民俗学会与衢州市柯城区人民政府共同保护节气文化的重要举措，也是作为群体代表的学术组织和作为社区代表的地方政府合作共赢的良好开端。

九华立春祭传承人、梧桐祖殿执事龚元龙在大会上宣读了《保护和传承人类非遗代表作"二十四节气"联合保护行动倡议书》。

成立大会结束后，陈华文主持了首届立春文化保护传承研讨会。萧放、江帆、王应德等三位学者出席了2016年11月在亚的斯亚贝巴召开的教科文组织大会，他们回顾了二十四节气被列入联合国教科文组织人类非物质文化遗产代表作名录的过程。各位学者围绕如何做好二十四节气，特别是立春文化的传承保护工作畅所欲言，提出了许多建设性的意见。

2017年2月3日，"中国立春文化研究中心成立大会暨首届立春文化传承保护研讨会"与会嘉宾合影

大会期间，各位专家学者还考察了柯城区九华乡妙源村的立春活动，参观了孔氏南宗家庙、中国儒学馆、衢州历史文化街区、柯城区非遗保护展示馆等。

● 3月20日，正值中国农历春分时节，中国民俗学会、文化部恭王府管理中心共同主办的"中国二十四节气研究中心成立大会暨学术研讨会"在恭王府举行。朝戈金、刘魁立、叶涛、萧放、黄景春、张勃、李彩萍、王加华、施立学、吕韶钧、施爱东等民俗学者出席了会议。

"中国二十四节气研究中心"作为中国民俗学会的二级研究机构，设立于恭王府办公区，由中国民俗学会与文化部恭王府管理中心共建。中心旨在加强二十四节气的文化研究，挖掘传统民俗文化资源、服务当代社会。研讨会期间，与会学者从二十四节气的文化阐释、文化的推行路径、民俗节气视觉呈现等不同角度展开讨论。

朝戈金在致辞中提出，研究中心成立后将承担更多的研究、推广、宣传、保护、立档等方面的工作。研究中心的职责是多方面的，一方面要通过学术研究来让一些知识点更加明晰、更加精准，另一方面也要加强传统文化在当代社会条件下如何推广的探索。刘魁立在致辞中提到，二十四节气体现了人和自然的关系、人和人的关系、人自身的关系，二十四节气是从人与自然的关系中梳理出来的，规范我们的社会活动、规范我们的生产生活的一个时间制度。孙旭光也在致辞中谈到，恭王府将在非物质文化遗产保护方面，尤其是二十四节气的学术研究、文化探索方面做出更多努力，并按照二十四节气保护的要求、规范来开展各种各样的活动。

朝戈金和孙旭光签订了学会与恭王府的共建协议。朝戈金、刘魁立、孙旭光、陈晓文为"中国二十四节气研究中心"揭牌。施爱东宣读了聘任中国二十四节气研究中心领导成员的决定：朝戈金、孙旭光（文化部恭王府管理中心主任）为研究中心荣誉主任；曹幸穗、巴莫曲布嫫、萧放为研究中心学术顾问；刘晓峰为研究中心学术委员会主任；陈晓文（文化部恭王府管理中心副主任）为研究中心主任；张勃、王加华、黄景春为研究中心副主任；孙冬宁（文化部恭王府中华传统技艺研究和保护中心主任）为研究中心秘书长。

2017年3月20日,"中国二十四节气研究中心成立大会暨学术研讨会"在北京恭王府举行

● 3月25日,中国民俗学网发布《**关于征收会员会费的通知**》。通知强调:会员会费是学会经费的主要来源,缴纳会费是每个会员的基本义务。根据《中国民俗学会章程》第二十八条规定:本会按照国家有关规定收取会员会费。个人会员会费每人每年100元,多交不限;在校学生会员和无工资收入者,会费减半。同时,《中国民俗学会章程》第十二条还规定:会员如果两年内既不缴纳会费也不参加学会组织的学术活动,视为自动退会,由学会秘书处备案。在中研网的大力支持下,中国民俗学会秘书处已完成会员会费网上支付系统的设计,今后中国民俗学会会员会费的缴纳将采用在线支付的方式,通过支付宝接口收缴。会员会费缴纳方式,参见《中国民俗学会会员费缴纳系统说明》,请各位会员积极支持学会的工作,按时缴纳会费。

经过中国民俗学会常务理事、北京中研世纪科技有限公司(中研网)总工程师李刚的努力,完成支付宝接口的开发和测试,**中国民俗学会会员费网上缴费系统正式开通**。网络缴费规则为:

A. 缴费会员需先查询确认自己的会员资格,即在学会网站的"会员信息"中有记录;

B. 凡是从 2014 年开始已经缴纳过会费的会员，系统中均有其缴费记录，记录了该会员的会费有效期；

C. 如果有缴费记录的会员进行缴费，系统会自动给予提示，并从最后缴费年度的次年开始提供 1—7 年的选项。

D. 凡是没有过缴费记录的会员缴费时，系统默认从 2014 年开始提供缴费年度选项。

E. 必须年度相连，不能跨年度间隔缴费。

为了规范会费管理，自 2017 年度起，会费收缴一律采用网上系统，不再接受其他缴费方式。**缴费网址为：http://www.chinesefolklore.org.cn/pay**。据缴费会员反馈，该系统唯一不足之处，是会员缴费只能通过支付宝支付，尚无微信支付功能，无支付宝者只能请家人、朋友或学生代为支付。

2017 年 3 月 25 日，中国民俗学网发布《关于征收会员会费的通知》，并正式开通"中国民俗学会会员费网上缴费系统"

● 4月8—10日,由中国民俗学会、贵州省社科联、贵州民族大学共同主办,贵州民族大学人文科技学院、贵州民族大学酒文化研究院、茅台镇酒文化坊有限公司承办的"**第二届哲学社会科学智库名家·贵州学术年会暨中国酒文化高峰论坛**"在赤水河畔茅台镇举行。来自中国社会科学院、北京大学、清华大学、哈尔滨师范大学、贵州民族大学等高校和科研单位,以及中国民俗学会下属二级研究机构的30余位学者参加了活动。

2017年4月8日,"第二届哲学社会科学智库名家·贵州学术年会暨中国酒文化高峰论坛"与会专家考察贵州民族大学酒文化研究院

在会议开幕式上,朝戈金、贵州省社科联秘书长刘丰泉、贵州民族大学副校长肖远平、贵州省仁怀市委宣传部部长冉世勇分别致辞。叶涛、赵宗福、陈泳超、刘晓峰、郭崇林、张朝敏、李刚、李春园、刘伟波等民俗学者出席了会议。

4月10日,由中国民俗学会与贵州民族大学酒文化研究院共建的"中国民俗学会中国酒文化研究中心"在茅台镇举行了揭牌仪式。该中心依托贵州民族大学酒文化研究院,发挥中国民俗学会学术团体的优势,为提升中国酒文化研究提供了一个新平台。叶涛主持了闭幕式。

● 4月11日,中国民俗学会中国餐饮文化研究专业委员会在安徽省黄山市推出"**中国徽州菜**"的新概念并主持评选出15个传承人和14家传承名店。

● 4月12日,民俗学论坛微信公众号推出新锐专栏《**新青年**》,栏目每周推出一位民俗学青年新秀的学术经历、新作或代表作;栏目主编张多,责任编辑刘洁洁。中国民俗学网、中国民俗学会微信订阅号同步转载专栏。截至2018年10月,该专栏共计推介74位青年学者,其中多数为学会会员。

● 4月28日,中国民俗学会"**中国民俗博物馆联盟筹组大会**"在北京民俗博物馆隆重举行。来自北京、天津等10余个省市的30余名民俗类博物馆和民办博物馆代表,来自中国民俗学会、中国文物学会收藏鉴定委员会、中国民办博物馆联合会的专家学者以及收藏界的相关人士共聚一堂,就拟成立中国民俗博物馆联盟事宜共同出谋划策。朝戈金、叶涛、全国政协常委王伟、中华砚文化发展联合会名誉会长刘红军、国家文物局原副局长张柏、北京市文物局副局长于萍、北京市朝阳区文化委员会主任高春利、中国文物学会收藏鉴定委员会会长王炳新、全国民办博物馆联合会执行主席高兴华等领导和嘉宾出席会议。

该倡议由北京民俗博物馆发起,旨在联合一批藏品丰富、特色鲜明、管理规范、有一定社会影响力的民俗类博物馆,在中国民俗学会的指导下,以联盟为平台和阵地,打破馆际界限,加强民俗博物馆与社会力量的合作,优势互补,资源共享,协同发展,实现共赢。

会议分为开幕式和小型论坛两个环节。上午9点,开幕式在北京民俗博物馆东岳美术馆正式开幕。下午,代表们就民俗博物馆的当代职能、民办博物馆的现状与发展趋势、如何加强国有博物馆与非国有博物馆的合作交流等热点和焦点问题展开讨论。活动得到众多媒体的关注,新华网、中国日报网、中国青年网、中国网、腾讯大燕网、中国台湾网、未来网、中华网、中国文化报、中国环境报、观心艺术生活等二十余家媒体进行了报道。

2017年4月28日,"中国民俗博物馆联盟筹组大会"与会嘉宾合影

● 5月16日,中国民俗学会顾问、兰州大学中文系教授柯杨先生逝世,享年82岁。

● 5月29日,中国民俗学会、嘉兴市节庆办联合主办的"**民俗文化与特色小镇:2017年嘉兴端午全国学术研讨会**"在嘉善县大云镇拉开帷幕。来自澳门大学、台湾金门大学、中国社会科学院、中国艺术研究院、中山大学等院校和研究机构的50余位专家学者和研究生参加研讨会。陈勤建、萧放、杨秀、张从军、陈果艳,以及当地市县镇有关领导祝亚伟、柴永强、金琴龙、武曜云、范国良、倪学庆、陆芸等出席研讨会。

研讨会主题为"民俗文化与特色小镇",旨在彰显中国特色小镇建设中的传统民俗文化内涵与魅力,聚焦当前我国特色小镇建设的热点,研究民俗文化与新型城镇化发展和特色小镇建设融合的策略、途径、机制与模式,从而助力中国更多的特色小镇建立良好的民俗文化生态并获得持久生命力。

本次大会共收到论文和调查报告62篇,学会组织专家评审后,选出20篇参会论文。如刘晓《嘉善巧克力甜蜜小镇调查报告》,彭佳琪、孙蕾、宋凯丽《从"濮家大院"的濮绸到"时尚小镇"的毛衫——濮院毛衫时尚小镇调查报告》，孙以栋、金晓艳、侯雨桐《风尚重塑——海宁许村布艺特色小镇建设策略研究》，王凤娟、朱岩《以文为魂彰显特色小镇个性——嘉兴市特色小镇文化植入路径分析》，王晓葵、黄凡、胡美娟《"无特色"小镇的"特色"之路——余新镇调查》，王晓涛、朱吏《非遗主题小镇：民俗文化与特色小镇融合新范式》，许淳熙《将民俗文化融入特色小镇建设的路径探析》，于奇赫《返璞归真——民俗文化在中国特色小镇建设中的触媒效应》，余晓芬、宫云龙《根植乡村文化特色，打造特色小镇——以丽水遂昌农村电商创业小镇的建设为例》，张锦富《整合文化资源 打造特色影视小镇——关于漱浦镇影视小镇建设的思考》，祝秀丽、苗琳娟《安徽黟县宏村民俗符号的调查研究》等。会议期间，专家实地考察了嘉兴特色小镇建设现状和本土民俗文化风貌，云澜湾4A景区作为大云甜蜜特色小镇的重要组成部分，积极开展了"纵情端午节，祈福双莲泉""国学小状元""东方燃情斗牛"等系列特色活动。

2017年5月29日，"民俗文化与特色小镇：2017年嘉兴端午全国学术研讨会"在浙江省嘉善县举行

● 6月15日，中国民俗学会香文化研究中心组织撰写的《中国香文献集成》新书发布会在北京举办。该书由中国书店出版社出版，是迄今为止规模

最大的古代香学文献集成。来自中国社会科学院、文化部、中国艺术研究院、中国文联、北京中医药大学等相关机构的专家学者出席发布会。

中国香文化研究中心历时两年多,从大量香文化典籍中,按图索骥,征集文献近300种,原样影印,合编为36册,分为古代香文献、本草方剂香文献、域外香文献、民国香文献四部分。朝戈金指出,中国香文化研究中心以复兴中国香文化为己任,旨在挖掘整理中国香文化的优秀成果,通过解析、研究,使这一中国传统文化殿堂中的瑰宝重放异彩。孙亮表示,《中国香文献集成》的整理和出版,是中国香文化研究中心为香学界献上的一份大礼,也是香文化研究中心成立3年来的一个成果总结。年内还计划推出《中国香文化典藏书系》,将中国古代香文献进行专题化的整理和解析。

2017年6月15日,《中国香文献集成》新书发布会在北京举行

● 7月16—27日,由内蒙古师范大学、呼伦贝尔学院、中国民俗学会、美国民俗学会、日本民俗学会联合主办,内蒙古师范大学非物质文化遗产研究院、呼伦贝尔学院科技处、内蒙古师范大学科技处承办的"**2017年非物质文化遗产理论与实践国际学术研讨会暨暑期学校**"在内蒙古自治区呼伦贝尔学院开办。

17日上午9时,暑校开幕式在呼伦贝尔学院图书馆三楼报告厅举行。开幕式由敖其主持。呼伦贝尔学院党委书记韩猛、内蒙古师范大学校长云国宏、朝戈金、美国民俗学会执行理事长迪姆·罗仪德、日本民俗学会代表桑山敬己等先后致辞。朝戈金指出,此次活动是中国民俗学界向国外同行学习的一次机会,同时也方便了这三个国家民俗学相关教学科研机构之间建立合作关系,还为到会的教师和学员个人之间建立学术关系搭建了桥梁。美国学者罗仪德回顾了暑校的筹划经过。日本学者桑山敬己介绍了日本民俗学的特点。

2017年7月16日,"2017年非物质文化遗产理论与实践国际学术研讨会暨暑期学校"在内蒙古自治区呼伦贝尔学院开班

本期暑校旨在通过民俗学及相关领域青年后备人才的专业培训,建立和加强中、美、日三国民俗学研究者之间的学术网络及联系,展开中、美、日三国之间的个案比较和理论分析。活动内容主要分为理论探讨和田野调查两大部分,既有民俗学学科史的梳理(如美国民俗学史)和专题研究(如日本民俗学研究中的"乡村"与"城市"),又有对呼伦贝尔地区少数民族文化传统的实地调研。暑校以村落民俗传统的存续及其变异问题为导向进行授课,不以学分或成绩为标准来衡量学员表现,而是鼓励积极参与发言、讨论及田野考察,并于暑校结业一个月以内向组织方提交一份研究报告或相关学术论

文。朝戈金、李松、迪姆·罗仪德、桑山敬己、霍华德·L．萨克斯、纳日碧力戈等10多名教授分别授课。学员分别来自中、美、日三国，共30多人。敖其在总结发言中将学术演讲讨论部分归纳为四个方面：一、地域文化与综合研究；二、学术史研究；三、非遗保护的经验研究；四、传统与变迁。

暑校授课主要语言为英语，因此要求学员具备较强的英语听说能力。中方招生过程中共收到33份申请，经中国民俗学会秘书处组织专家进行资格审查，最终确定录取8位学员，名单为：玉兰（北京大学）、蒋海军（华中师范大学）、李广（云南大学）、于倩（浙江大学）、张帆（武汉大学）、焦学振（中央民族大学）、马千里（中国社会科学院）、刘隽敏（美国哥伦比亚大学）。

● 8月9日，由中国民俗学会、美国民俗学会、日本民俗学会联合发起的"**国际民俗学会联合会**"（International Federation of Folklore Societies，简称IFFS）于比利时列日市首届世界人文学术大会"民俗学与非物质文化遗产研究：历史、理论和方法"（Folklore and Intangible Cultural Heritage Studies：Comparing History, Theories, and Approaches）分论坛上正式宣布成立。**迪姆·罗仪德担任临时会长，安德明、桑山敬己担任临时副会长**。联合会将在后续的工作中筹备成员大会并正式选举产生新的领导机构。

该分论坛由美国民俗学会执行理事长迪姆·罗仪德召集，日本民俗学会国际事务负责人桑山敬己发表论文《何谓非物质文化遗产的"文化"：教科文组织文化路径的批评性反思》（"What is 'Culture' about Intangible Cultural Heritage：A Critical Reflection on the UNESCO Approach to Culture"），迪姆·罗仪德发表论文《美国民俗研究：昨天与今天》（"American Folklore Studies：Yesterday and Today"），安德明发表论文《20世纪70年代以来的中国民俗学：成就、困难和挑战》（"Chinese Folklore since the Late 1970s：Achievements, Difficulties, and Challenges"）。国际哲学与人文科学理事会（CIPSH，世界人文学术大会主办方之一）主席、中国民俗学会会长朝戈金，美国民俗学会会长凯·特纳（Kay Turner），日本民俗学会前任会长小熊诚，以及参加世界人文学术大会的各国相关学者，参加了这次论坛并见证了国际民俗学会联合会

(IFFS)的成立。

国际民俗学会联合会的成立是长期酝酿与协商的成果。近 10 年来，中美日三国民俗学会互派代表参加学术年会、联合培养青年学者、合作组织学术会议，展开了多项活动，其中，美国民俗学会中美专业交流项目、首届非物质文化遗产保护理论实践国际研讨会暨暑期学校等都富有成效。2015 年起，经国际哲学与人文科学理事会主席、**中国民俗学会会长朝戈金倡导，中、美、日三国民俗学会开始酝酿协商成立联合会**。

美国民俗学会执行理事长罗仪德对朝戈金的倡导表示赞赏并大力支持，计划在联合会成立后的接下来半年左右，正式邀请更多国家的民俗学会加入联合会，还将申请加入国际哲学与人文科学理事会。展望联合会的未来发展，罗仪德认为，三国民俗学会作为联合会的创始成员，在未来将开展多方位合作。在起始阶段，由于资金问题，合作规模处于适中水平，将召开会议并出版学术作品。如果要开展更大规模的合作项目，比如饮食传统的国际合作项目，就需要通过联合会申请更多资金的支持。安德明说，作为联合会，它应该是各个国家民俗学会的联盟组织。一方面，它有责任在世界范围内积极推动、引领民俗学在理论、方法以及取向等各方面的长远发展；另一方面，要在尊重不同国家民俗学会及其学术传统的前提下开展各项工作。因此，相互尊重、平等协商必然是其最基本的工作理念。积极酝酿并筹备举行世界民俗学大会，为不同国家和地区的民俗学者提供一个广阔多样、深入充分的学术交流平台，是其重要工作内容。

关于中美两国民俗学的不同之处，罗仪德表示，中国有国家层面上的文化部，而美国没有；中国有更具组织性和策划性的文化政策项目，而美国却没有；中国民俗学研究得到了政府资金的大力支持，而在美国私有部门对艺术与文化的资金支持占据更大比重。因此，美国的民俗学研究缺乏全国统一的项目。

安德明认为，经过多年努力，中国民俗学者在学术视野、理论储备、研究方向和语言能力等许多方面，都已达到了可以与美国、日本同行平等对话的水平。中国民俗学会成功当选联合国教科文组织非遗申报"审查机构"成员后，深度参与到世界各国非遗项目的评审工作之中，积累了丰富的工作经验和理论思考，因而在一定程度上能够提出并讨论一些美日两国同行未注意到的问题。

2017年8月9日，由朝戈金（中）倡议发起的"国际民俗学会联合会"于比利时成立。左起：安德明、小熊诚、朝戈金、罗仪德、桑山敬已

●8月27日下午，中国民俗学会主办，中国香文化研究中心、北京沉香协会联合承办，江西省香文化研究院协办的"**黄庭坚与中国香文化研讨会暨**

2017年8月27日，"黄庭坚与中国香文化研讨会暨香圣黄庭坚铜像揭幕仪式"在中国社会科学院举行

香圣黄庭坚铜像揭幕仪式"在中国社会科学院举行。

与会人士围绕黄庭坚与中华香文化展开研讨，朝戈金、江西省碟谱黄庭坚文史研究专业委员会会长黄金火、日本香道志野流第 21 世次家元蜂谷宗苾、陈泳超、北京中医药大学教授李良松、黄庭坚第 35 代孙黄君、中国社会科学院研究员陈才智、孙亮、北京沉香协会会长孙山等嘉宾先后发言，学者们通过集体研讨，一致同意推举黄庭坚为"香圣"。研讨会结束后，央视《中华诗词大赛》周冠军裘江诵读《香圣赋》，众嘉宾为"香圣黄庭坚铜像揭幕"。孙亮表示，2017 年是中国香文化研究中心成立 3 周年，3 年来中国香文化研究中心一直致力于研究和梳理中华香文化的相关文献和文化脉络，本次研讨是中国香文化研究中心与北京沉香协会共同发起的整理和挖掘香文化内涵的又一举措。

● 10 月 27—31 日，由中国民俗学会、贵州民族大学主办，贵安新区花溪大学城管委会、贵州民族大学人文科技学院、贵州民族大学民族学与社会学学院承办，中国民俗学会中国酒文化研究中心、国家民委人文社科重点研究基地南方少数民族非物质文化遗产研究基地、教育部民族教育发展中心民族民间文化教育传承创新重点研究基地（高等院校）参与协办的"**中国民俗学会 2017 年年会**"在贵阳市花溪大学城贵州民族大学新校区举行。本次年会共收到应征论文 568 篇，经过秘书处组织学者进行审阅，共有 479 篇论文入选，其中到会发表的有 324 篇论文。来自中国大陆、澳门、台湾的 340 余名专家学者出席了会议。朝戈金、乌丙安、叶涛、刘德龙、肖远平、袁学骏、尹虎彬、刘晓峰、陈连山、张士闪、林晓平、李刚、巴莫曲布嫫、江帆、杨利慧、杨秀、董秀团、施爱东等出席了本次年会。

叶涛主持了 28 日上午的开幕式。贵州民族大学校长陶文亮致欢迎词。朝戈金在开幕致辞中，对一年来中国民俗学会在学科建设、人才培养、服务社会、国际合作等方面的工作做了详细介绍。他表示，在过去的一年里，中国民俗学会积极参与国家社会发展与文化建设事业，努力加强国际学术合作，在国际平台积极发声，取得了令社会各界关注的成绩。此外，中国民俗学会在数字化建设方面做出进一步实践，实现了会员管理、会费征缴、学术会议

2017年10月28日,"中国民俗学会2017年年会"在贵阳花溪大学城贵州民族大学新校区举行

征文及与会代表沟通等工作的全程数字化管理,走在了全国学术组织的前列。学会下属各二级研究机构积极开展多项学术活动,举办过规模不一的多次国内或国际学术研讨会议。学会充分利用各种传媒手段,建立起包括学会官方网站、民俗学论坛、民俗学博客、中国民俗学会微博、民俗学论坛微信公众号(截至2018年9月,公众号用户数已破30,000)、中国民俗学会微信订阅号、中国民俗学APP等完备的网络学术平台。中国民俗学会志愿者团队为网络平台的建设和学术推广做出了重要贡献。

开幕式最后一个环节是"缅怀——向民俗学前辈致敬!"在过去的一年中,有几位为民俗学发展做出贡献、付出心血的学会会员离开了我们,这其中就有学会顾问柯杨教授。大会播放了由兰州大学文学院学生制作的缅怀柯杨教授的视频——《花儿上》,不足3分钟的视频深深地感动了在场的各位代表。

集体合影之后,刘德龙主持了大会发言,3位学者的大会发言分别为:肖远平《非物质文化遗产保护的伦理困惑》、王京《二十世纪八、九十年代中国日本民俗(学)研究综述》、巴莫曲布嫫《中国民俗学会参与联合国教科文组织非物质文化遗产项目评审工作总结（2015—2017）》。

为期两天的学术研讨活动中，与会学者分散在9个会场，共分44个时段进行研讨，各时段主题分别为（下面括号内为讨论召集人或主持人，括号内多人则表示该主题分为多个场次）：非物质文化遗产保护理论研究（江帆、朱以青、吕韶钧）、二十四节气调查与研究（杨秀）、岁时节日调查与研究（肖海明、毕雪飞）、神话主义与朝向当下的神话学（杨利慧）、民歌及其调查（宋颖）、文学与民俗（朱世桂）、文献与民俗（米海萍）、民间信仰调查与研究（叶涛、杨金源、董秀团、刘伟波、施立学）、外国民俗学（王京）、民俗史与民俗学史（王霄冰）、民俗学与民间文学理论研究（宣炳善、彭伟文、刘文江、陈连山）、都市民俗调查研究（王志胜、童方云）、民间文学调查与研究（高荷红、邵凤丽、王焰安、袁学骏）、应用民俗学理论研究（梅联华、黄景春）、村落民俗与乡村建设调查与研究（张士闪、林晓平、杜韵红、林全洲）、民间手工技艺调查与研究（孙心乙、马知遥）、少数民族民俗调查与研究（白莉、阿布力米提·买买提、文忠祥）、人生礼仪调查与研究（王海娜、龙晓添）、民间艺术调查与研究（王为华、卫才华）、妖怪学研究（刘晓峰）、非物质文化遗产保护圆桌会议（马千里）。

会议期间，代表们还在贵州民族大学新校区学生活动中心大礼堂欣赏了由贵州民族大学艺术学院师生演出的大型彝族歌舞剧《历》。会议结束后，部分代表兵分三路，分别考察了民族村寨——西江千户苗寨、青岩古镇、黄果树瀑布等。

● 10月27日，"中国民俗学会第八届常务理事会第四次会议"在贵阳召开，朝戈金主持了会议。共有24位常务理事出席了本次会议，秘书处部分副秘书长列席了会议。

肖远平首先代表贵州民族大学欢迎大家莅临贵阳，并介绍了2017年年会的筹备情况。叶涛秘书长向常务理事会汇报了学会一年来的工作，副秘书长杨秀汇报了新会员审核及会员管理情况，副秘书长李刚汇报了学会网络平台运营及学会管理工作数字化建设的情况。

朝戈金会长就学会参与筹组并成立国际民俗学学会联合会的情况进行通

报。巴莫曲布嫫就学会三年来参与联合国教科文组织人类非遗名录审查情况进行总结。

会议讨论了学会二级机构的设置和管理。二级研究机构在促进学科发展、增强学会凝聚力、深化专项研究、服务地方社会等方面都发挥了积极作用，但也有个别二级研究机构长期不开展学术活动，甚至长期不与学会联络。会议一致通过秘书处的建议，决定对两个二级研究机构予以撤销、对两个二级研究机构给予整改警告。会议还讨论了关于学会党组织建设、学会挂靠单位变更、筹备明年第九届代表大会等问题。

● 10月27日下午，由文化部恭王府博物馆、中国民俗学会指导，中国二十四节气研究中心、山东省平度市人民政府主办的"**中国二十四节气与养生美食高峰论坛**"在平度市举行。刘魁立、文化部非物质文化遗产司原巡视员马盛德、文化部恭王府博物馆党委副书记杨仲怡、中国烹饪协会会长姜俊贤、山东省政协原常委于冲、同济大学设计创意学院党委书记范圣玺等出席，平度市委书记张杰等平度市主要领导与会。马盛德、刘魁立、范圣玺、杨尚辉、顾萍、贾云峰等分别做了题为《二十四节气申遗对非遗保护工作的现实意义》《中国人的时间制度》《节气生活的设计》《二十四节气与健康》《二十四节气食养》《平度美食旅游的发展及思考》的主旨演讲。

● 11月2日，中国民俗学网发布《**中国民俗学会常务理事会：就二级机构予以撤销或警告的通告**》，宣布从即日起撤销"燕京民俗研究和开发专业委员会"和"建筑民俗文化专业委员会暨西江工作站"。

在10月27日中国民俗学会第八届常务理事会第四次会议上，就不遵守学会章程和共建协议、长期不组织学术活动、长期不与学会联系的二级机构给予撤销或警告等问题进行了讨论，一致同意根据《中国民俗学会章程》和《中国民俗学会二级研究机构管理条例》的相关规定，撤销学会下属二级研究机构"燕京民俗研究和开发专业委员会""建筑民俗文化专业委员会暨西江工作站"名称和机构，此后凡以上述机构名称举办的活动均与中国民俗学会无关。会议还决定，给予"'万和宫'和文化教育基地""中国钱王传说研究中心"两个二级研究机构警告,限期自本通告公布半年内予以整改。

自 1994 年以来,学会已设立各类二级研究机构 26 个(撤销 2 个后还有 24 个),作为学会组织建设和学术研究布局不可缺少的重要组成部分,这些二级研究机构在增强学会凝聚力、深化专项研究、服务地方社会等方面都发挥了积极作用。希望各二级研究机构、各个共建单位,努力加强组织建设和人才培养,积极组织各类学术活动,为民俗学的学科发展和服务社会做出贡献。

为便于学会会员和社会各界了解中国民俗学会组织机构的相关情况,现以成立时间为序,将**中国民俗学会二级研究机构的名录**公布如下:

中国民俗学会二级研究机构名录(2017)
民俗(民族)博物馆专业委员会(1994)
河北赵县龙牌会调研基地(1999)
城镇民俗保护、发展与研究专业委员会(2002)
农业民俗研究专业委员会(2002)
茶艺文化研究专业委员会(2003)
民俗教育专业委员会(2007)
中国牛郎织女传说研究中心(2008)
"万和宫"和文化教育基地(2009)
神话与西王母文化研究专业委员会(2009)
中国端午文化研究基地(2010)
中国蚩尤文化研究基地(2010)
中国西王母文化研究基地(2011)
中国钱王传说研究中心(2011)
民俗学田野调查实践基地(2012 赣县白鹭村)
中国昆仑文化研究基地(2013)
中国少数民族民俗研究中心(2013)
中国民俗文化产业研究中心(2013)

中国地域民俗文化研究中心（2014）

中国香文化研究中心（2014）

中国生肖文化研究中心（2015）

中国乡愁文化发展研究中心（2015）

中国餐饮文化研究专业委员会（2016）

中国立春文化研究中心（2017）

中国二十四节气研究中心（2017）

（说明：以上二级研究机构的名称在使用或书写中均须在名称前冠以"中国民俗学会"的字样。）

● 12月4—9日，"**联合国教科文组织保护非物质文化遗产政府间委员会（下称'委员会'）第十二届常会**"在韩国济州国际会议中心举行。中国民俗学会代表团一行10人作为观察员应邀参会。代表团团长杨利慧，副团长朱刚，团员为安德明、巴莫曲布嫫、荆淑坤、康丽、李刚、李扬、马千里、周福岩和。

2017年12月4日，中国民俗学会代表团一行10人前往韩国参加"联合国教科文组织保护非物质文化遗产政府间委员会第十二届常会"

本次常会共 23 项议程，如：审查委员会和《保护非物质文化遗产公约》秘书处报告，审查缔约国报告，审议审查机构 2017 年度评审周期的工作报告，审议促进审查机构和申报国之间对话的程序，审议非正式特设工作组的报告，讨论非遗项目从名录中移出的机制和非遗项目在不同名录中转移的机制，讨论紧急情况下的非物质文化遗产应对措施，认证新的非政府组织并复核已认证的非政府组织及其资质，确定委员会第十三届常会的时间和地点，进行委员会十三届常会主席团成员选举，等等。

中国民俗学会（以下简称"学会"）于 2014 年当选为委员会审查机构成员，任期 3 年（2015—2017）。本年是学会在任期内最后一次参加委员会常会，也是学会承担国际非遗评审工作的收官之年。本届常会期间，学会作为委员会业已认证的非政府组织首次提交的定期报告（即履约报告）通过了委员会有关其咨询地位的资格复核；中国政府提交的 7 个急需保护的非物质文化遗产名录项目的履约报告也通过了委员会的审议。学会非遗工作团队在参与国家层面的履约实践中取得了一定的经验。

12 月 9 日下午，**朱刚代表中国民俗学会发言**，简要回顾了学会三年来参与国际非遗评审的收获，强调了坚持审查机构独立性与专业性的重要意义。学会代表团除了参与并详细记录委员会常会的会议内容外，还安排代表参加了常会期间穿插举办的非物质文化遗产非政府组织论坛的活动。学会代表结合中国实践简要介绍了国家级非物质文化遗产代表性项目名录机制和中国非物质文化遗产代表性项目代表性传承人的认定制度等。

● 12 月 22 日上午，中国民俗学会、浙江省三门县人民政府联合主办的"**中国冬至文化研究中心成立大会暨 2017 冬至文化论坛**"在三门县举行。刘魁立、陈勤建、叶涛等民俗学者，以及文化部非遗司管理处调研员张晓莉、中国农业博物馆副馆长苑荣、浙江省文化厅副厅长陈瑶、台州市副市长吴丽慧、三门县县委书记杨胜杰等出席了会议。

中国冬至文化研究中心是中国民俗学会与三门县人民政府共建的二级研究机构。中心将以保护和传承冬至文化为宗旨，搜集、整理、研究冬至文化资料，编纂出版学术成果，开展相关民俗文化资源的调查与研究，从事冬至民俗文化产业的开发与利用，促进地方文化建设，积极为地方文化深挖掘、提水平、上层次做贡献。

2017年12月22日，"中国冬至文化研究中心成立大会暨2017冬至文化论坛"在浙江省三门县举行

成立大会由三门县委宣传部长俞茂昊主持，杨胜杰、陈勤建、张晓莉、苑荣、陈瑶等先后在大会上致辞。刘晓峰宣读中国民俗学会关于成立中国冬至文化研究中心的决定。叶涛与三门县县长李昌明签订共建中国冬至文化研究中心协议书。郑土有宣读关于任命中国冬至文化研究中心领导成员的决定。巴莫曲布嫫向中国冬至文化研究中心主任陈连山、祁晋（三门县副县长），以及副主任张勃、黄涛、李道和、陈钱明（三门县文化广电新闻出版局局长）颁发聘书。中心办公室设在三门县文化广电新闻出版局，陈钱明兼任办公室主任。刘魁立、吴丽慧共同为中国冬至文化研究中心揭牌。

学术论坛由张勃主持，陈连山、郑土有、黄涛、陈华文、陈梦麟，以及征文获奖作者代表先后发言，刘晓峰进行学术总结。会后参观非遗主题小镇，观看了非遗项目展示展演。

● 12月29日，"中国民俗学会第八届常务理事会第五次会议"在中国社会科学院民族文学研究所召开。朝戈金主持了会议。本次会议主要有四项议程：一、听取秘书处2017年学会工作汇报，重点由叶涛做《中国民俗学会2017年工作总结》，巴莫曲布嫫做《非遗工作团队总结》，李刚做《中国民俗学会2017年互联网平台工作汇报》；二、叶涛介绍2018年学会工作计划；三、讨论变更学会挂靠与主管部门事宜；四、其他需要通报的事宜。朝戈金、江帆、刘铁梁、刘德龙、陈连山、袁学骏、尹虎彬、陈岗龙、朱刚、刘晓春、林继富、赵宗福、赵世瑜、刘晓峰、董晓萍、巴莫曲布嫫、叶涛、杨秀、刁统菊、康丽、杨利慧、张勃、李刚、陈泳超、陈华文、李彩萍、敖其、张朝敏、刘德增、施爱东等30位常务理事出席了会议，周福岩、陈果艳等列席会议。

2017年月12月29日，"中国民俗学会第八届常务理事会第五次会议"在中国社会科学院民族文学研究所举行

● 12月，由中国民俗学会中国乡愁文化发展研究中心和中国地域民俗文化研究中心联合组织实施的**"记住乡愁——留给孩子们的中国民俗文化"系列丛书**，第一辑共23种由黑龙江少年儿童出版社正式出版。该丛书立足于民俗文化的全面发掘和整理，力求点面结合，全方位呈现中国传统民俗文化。

该系列丛书目前已经入选"十三五"国家重点图书出版物出版规划，丛书是秉承习近平总书记关于"乡愁"的重要论述，结合当前形势的需要而策划的，是献给孩子们的民俗普及读物。学会荣誉会长刘魁立先生担任编委会主任兼主编,叶涛、施爱东、李春园担任编委会副主任,编委会成员还有刘伟波、刘晓峰、刘托、孙冬宁、陈连山、张勃、林继富、杨利慧、萧放、黄景春等。

丛书第一批计分三个专辑共23册,包括"传统节日辑(一)"9册(刘晓峰主编):《清明节》《端午节》《七夕节》《中秋节》《重阳节》《二十四节气》《元宵节》《中元节》《春节》;"传统节日辑(二)"8册(林继富主编):《彝族火把节》《藏族雪顿节》《傣族泼水节》《蒙古族那达慕》《苗族四月八》《白族绕三灵》《壮族三月三》《布依族六月六》;"民间游戏辑"6册(陈连山主编):《冰雪游戏》《荡秋千》《捉迷藏》《放风筝》《角色游戏》《跳房子 跳皮筋》。该丛书还将陆续推出民间演艺、口头传统(一)、口头传统(二)、民间礼俗、传统营造、传统雅集、民间信仰、生肖祥瑞、民间技艺等九辑共120种图书。

2017年12月,"记住乡愁——留给孩子们的中国民俗文化"系列丛书第一辑出版

2018 年

● 1月25日,《光明日报》公布2017"中国非遗年度人物",中国民俗学会副会长巴莫曲布嫫(中国社会科学院民族文学研究所研究员)、荣誉会长乌丙安(辽宁大学民俗学教授、国家非物质文化遗产保护工作专家委员会副主任)入选。本次评选是在文化部非遗司的业务指导下,由光明网主办、中国移动咪咕文化协办。推选活动于2017年11月初启动,通过专家推荐、各省市文化厅局推荐以及个人自荐等多种形式,共收到有效推选1229人次。经过网友投票、专家评议等多个环节,最终推选出10位2017"中国非遗年度人物"。

● 2月4日,中国民俗学会、浙江省衢州市柯城区人民政府、中国立春文化研究中心联合主办的"中国立春文化与二十四节气学术研讨会"在衢州市举行。刘魁立、萧放、巴莫曲布嫫、高丙中、苑荣、张晓莉、陈瑶、徐利水、贵丽青、何晓文等出席了开幕式。柯城区区委书记徐利水代表区委区政府致辞,苑荣代表中国农业博物馆致辞,萧放代表中国民俗学会致辞,张晓莉代表文化部非遗司致辞,陈瑶代表浙江省文化厅致辞。

开幕式结束后的三场主旨演讲分别为:刘魁立《从冬至大如年说到新年不是节》、高丙中《二十四节气遗产保护与现代国家时间制度》、巴莫曲布嫫《非物质文化遗产保护与可持续发展》。

以浙江省衢州市柯城区九华立春祭等为代表的二十四节气项目于2016年被列入联合国教科文组织人类非物质文化遗产代表作名录。本次研讨会旨在更好地研究立春文化与二十四节气文化,扩大其影响与传播,进一步推动民众的文化认知与文化认同,促进相关文化旅游与文化产业的健康发展。

2018年2月4日,刘魁立在"中国立春文化与二十四节气学术研讨会"上做主旨演讲

● 3月1—5日,中国民俗学会荣誉会长刘魁立应邀代表中国民俗学会前往列夫托尔斯泰的家乡土拉市参加俄罗斯"**第四次全俄民俗学者大会**",在全体会议上作为国外学者代表致辞,并在分组会上做题为《非物质文化遗产的保护与传承》的学术报告。

● 3月12日,中国民俗学网公布"2018年中美日民俗学与非物质文化遗产暑期学校:招生启事(申请截止时间3月30日)"。本期暑校是由美国民俗学会、中国民俗学会及日本民俗学会联合主办的"2018 **年民俗学与非物质文化遗产暑期学校:社区如何向他者展示自身**"(2018 Summer Institute on Folklore and Intangible Cultural Heritage:"How Communities Present Themselves to Others"),暑校将于2018年6月2—12日在美国新墨西哥州圣达菲市高级研修学院(The School for Advanced Research,SAR)举办。本期暑校得到亨利·鲁斯基金会(the Henry Luce Foundation)的资助。

2018年3月1日,中国民俗学会荣誉会长刘魁立在俄罗斯"第四次全俄民俗学者大会"全体会议上致辞

暑校教员从美国民俗学会、中国民俗学会及日本民俗学会推荐的学者中选聘,同时还将吸纳为短程教学活动特聘的相关学者。学员选拔则从中、美、日三国的民俗学专业在校研究生,或新近入职的青年民俗学专业人员中进行选拔。其中从中国报名者中拟选拔两名学员。本期暑校教学内容与培训方式:本期暑校将以个案研究为重心,集中讨论社区如何创造、协商、塑造、审查、改变及评价他们自身的展示方式,以及他们如何向他者展示其自身的文化表现形式。教员授课、学员发表、讨论及田野考察将交叉进行。其中,每位学员必须结合自己的研究工作,围绕本期暑校主题进行一小时的非正式发言,并参加对其发言的后续讨论。按预期,本期暑校将包括为期8天的专题演讲、发言及讨论,以及为期3天的田野实践(圣达菲与新墨西哥州北部的农村和

小镇）。暑校工作语言为英语，学员须具备良好的听说能力，并为其英语发言准备PPT演示文件或讲稿。美国民俗学会从亨利·鲁斯基金会提供的资助中安排专项经费以承担学员的国际和国内旅行、住宿、膳食及当地交通费用。

截至2018年3月30日，学会共收到32份申请材料（包括美国民俗学会转回本会的两份申请）。4月1—2日，中国民俗学会秘书处组织专人对申请人的报名资格和申请材料予以初审，共有9位申请人进入复审范围；4月3—4日，通过电话约谈方式分别对9名候选人进行了资格复审；4月8日，通过专家组讨论，最终录取两名中国学员；4月10日上午，专家组再次通过电话约谈，与录取学员进行了最后确认。最后入选的学员为：程鹏（上海社会科学院文学研究所助理研究员）、央吉卓玛（中国社会科学院民族文学研究所博士后研究者）。

● 3月17—19日，中国民俗学会叶涛、黄景春、李刚、张勃、宣炳善等7位学者前往浙江省遂昌县考察人类非物质文化遗产项目"班春劝农"，遂昌县委宣传部部长郭劲松，以及邱战洪、张仪辉等县领导陪同考察。按照联合

2018年3月18日，中国民俗学会同仁在浙江遂昌考察非物质文化遗产项目"班春劝农"

国教科文组织对非物质文化遗产项目传承保护的要求，作为二十四节气保护社区之一的遂昌县，有传承保护"遂昌班春劝农"的责任和义务。民俗学者们先后到石练班春劝农广场、蔡相庙、独山古寨、汤显祖纪念馆等地考察。汤显祖任遂昌知县时，兴教劝农，给遂昌留下了一段佳话，如今遂昌的班春典礼，也是以汤显祖为原型，带领官员班春。3月19日，"**遂昌班春劝农传承保护工作座谈会**"在遂昌县政府召开，会议还邀请旅游委员会、农业、教育等部门参加，从县域范围内如何提升和保护"班春劝农"听取了学者意见。

● 3月21日，由中国民俗学会中国二十四节气研究中心主办的"**2018春分祈福学术研讨会**"在恭王府举行。朝戈金、刘魁立、叶涛、萧放、陈连山、杨秀、张勃、陈晓文、马盛德、孙冬宁等近30位学者参加了讨论。会议期间观摩了恭王府的春分祈福活动。

2018年3月21日，"2018春分祈福学术研讨会"在北京恭王府举行

● 4月9日，中国民俗学会非遗工作团队会见正**随新加坡总理李显龙访华的新加坡国家文物局局长章慧霓**（Hwee Nee CHANG）和非遗项目官员陈莉

莉（Kelly TAN）一行。双方在恭王府中国二十四节气研究中心举行了"非遗保护座谈会"。朝戈金首先致欢迎词，重点介绍了中国民俗学会在非物质文化遗产保护工作中的成绩。章慧霓表示，新加坡于2018年2月22日批准《保护非物质文化遗产公约》，成为第177个加入该公约的国家。此行专程拜访中国民俗学会可谓"取经"之行。非遗团队成员向来宾分享了参与国家和国际层面履约工作的经验。双方就两国非遗保护实践和《保护非物质文化遗产公约》名录申报机制进行了深入交流。参加会谈的有朝戈金、巴莫曲布嫫、叶涛、安德明、陈晓文、孙冬宁、央吉卓玛等。

2018年4月9日，中国民俗学会非遗工作团队与新加坡国家文物局来宾合影

● 4月14日，中国农业博物馆、中国民俗学会、浙江省民俗文化促进会等单位共同主办的"遂昌'班春劝农'传承保护研讨会"在遂昌县元立国际饭店举行。刘魁立、陈华文、王加华，以及浙江省文化厅副厅长陈瑶、丽水市文广出版局党组书记叶锦伟、副局长许卫东，遂昌县委书记毛建国、常务副县长许积标等出席研讨会。副县长邱战洪主持会议。学者们就"班春劝农"发生的文化土壤、流变过程、核心价值和其对当地文化传统的影响以及当代

价值进行了研讨。

● 4月23日，中国民俗学会向中共北师大文学院党委会提交《**关于加强中国民俗学会党的组织建设暨支部委员选举结果的请求报告**》，报告中提到："遵照北京师范大学《关于进一步加强挂靠我校学术社团管理工作的通知》和《北京师范大学学术类社会团体管理办法》的规定，我会已确定文学院为北京师范大学校内托管单位。"中国民俗学会党支部选举陈果艳、康丽、叶涛等3名同志为支部委员，经过协商，拟由叶涛同志担任支部书记，康丽同志担任组织委员，陈果艳同志担任宣传委员。

● 5月5日，中国民俗学会秘书处在中国民俗学网发布"中国民俗学会第九届代表大会暨2018年年会：征文启事"。代表大会将于2018年11月下旬在广州市召开。本届会议继续坚持以文参会的原则，将从应征论文作者中确定与会代表。

年会不接收纸质论文。所有应征论文，均直接通过"中国民俗学网·第九届代表大会专区"的在线投稿系统提交。论文提交网址为"http://www.chinesefolklore.org.cn/submit"，每位会员只能够提交一篇应征论文。论文必须是未发表过的原创作品。学会秘书处将组织专人对应征论文进行审阅，并于2018年9月下旬向入选论文作者寄发会议正式通知。

● 6月18—20日，由中国民俗学会与嘉兴市节庆办联合主办，嘉兴市委宣传部、市文化广电新闻出版局、市文学艺术界联合会、中国二十四节气研究中心、中国端午文化研究基地办公室承办的"**2018中国·嘉兴二十四节气全国学术研讨会**"在嘉兴举行。

2017年12月始，会议主办方即在网上展开征文活动，截至2018年4月30日，共收到应征论文和调查报告62篇，评出入选论文20篇。征文作者之外，还有叶涛、刘晓峰、陈泳超、李刚、张从军、顾希佳、小熊诚（日本）、杨秀、毕雪飞、祝秀丽、陈果艳等来自全国高校、科研单位和基层文化部门的专家学者共50余人出席了研讨。

研讨会开幕式由嘉兴市副市长邢海华主持，嘉兴市委宣传部部长祝亚伟以及叶涛分别致辞。开幕式上还举行了入选论文颁证仪式和《"民俗文化与特色小镇"2017嘉兴端午全国学术研讨会论文集》首发及赠书仪式。闭幕式由嘉兴市文化广电新闻出版局副局长胡晶主持,刘晓峰做学术总结。

本次研讨会是以节日节气为主题进行的时间文化研究,学者们围绕着"中国二十四节气形成史及其内部结构""二十四节气的文化精神与中国社会""中国二十四节气对人与自然与社会关系的调和"等主题展开讨论,大会主旨演讲为刘晓峰的《中国时空序论》、陈泳超的《传统节序生活二题》、李刚的《中国民俗学会在二十四节气申请"人类非遗名录"中的工作介绍》。会后,学者们观摩了"二十四节气与民俗风情"嘉兴市美术作品大展,实地考察了嘉兴地方的民俗文化。

2018年6月18日,"2018中国·嘉兴二十四节气全国学术研讨会"在浙江嘉兴举行

● 7月11日,中国民俗学会荣誉会长、辽宁大学教授乌丙安先生逝世,享年89岁。

● 8月18日,"2018·**昆仑山敬拜大典**"在海拔4300米的昆仑玉珠峰脚下举行。玉珠峰是昆仑山东段最高峰,敬拜大典由中国民俗学会、格尔木市人民政府、青海民俗学会、青海昆仑文化研究会共同举办，同时得到了社会各界的积极响应和大力支持。祭典活动主要由中国民俗学会副会长赵宗福组织实施。出席祭典的有叶涛、陈泳超、张士闪、高莉芬、铃木规夫（日本），以及来自英国、韩国、日本等多个国家及中国台湾的200多位专家学者。

18日11时18分，敬拜大典正式开始，仪仗队在9名青年手举黄绫宝盖，9名青年手举龙凤彩旗的引领下，手捧丰收五谷、百果、圣水宝瓶、雪白哈达和青稞美酒依次走上祭台敬献。敬拜大典由张士闪主持，陈泳超颂读祭文。大典礼成后，到场的各宗教界代表、文化界代表、企业界代表和各地游客分别上台向昆仑进行敬拜。

2018年8月18日，"2018·昆仑山敬拜大典"在格尔木的昆仑山玉珠峰脚下举行

格尔木市委、市政府把昆仑文化作为培育城市文化的重要内容，规划建设昆仑山世界地质公园，成立昆仑文化研究院，组织开展昆仑文化旅游节、昆仑文化学术研讨会等系列活动，打造西王母瑶池、梦幻盐湖、胡杨林等一批重点昆仑文化旅游景点景区。同时，筹划编排《昆仑魂》《天幕》等一批具有地方特色的神话史诗剧和电影作品。

● 8月27日，中国民俗学会"**中国香文化研究中心成立四周年庆典暨**

《香志·香圣黄庭坚》新书发布会"在北京珠市口东大街铁山寺文化中心举行。出席庆典的有来自中国社会科学院、北京大学、清华大学、北京师范大学、湖南大学等高校和科研院所的专家,还有北京市石景山区文化主管部门领导,以及国内香文化界同仁、日本的香学研究者、其他兄弟艺术门类的专家、北京中研世纪科技有限公司等合作伙伴、新闻界的媒体朋友。上午举行开幕式,下午,与会嘉宾举行了茶席与香席雅集,亲身感受中国传统香文化的魅力,共同体验了中国香文化的博大精深。

2018年8月27日,"中国香文化研究中心成立四周年庆典暨《香志·香圣黄庭坚》新书发布会"与会嘉宾合影

朝戈金在致辞中提到,香文化研究中心成立4年来,在学会的指导下取得了诸多引人瞩目的成绩,为学会二级机构的建设探索出一条可行的道路,尤其是在香文化类非物质文化遗产保护工作中,中心取得实质性进展,在和香制作技艺的保护、传承与研究上有所突破。安德明也在致辞中对中心新近发表的科研成果《中国香文化的学术论域和当代复兴》等系列论文表示了赞赏。

中心主任孙亮强调，中心自成立以来，始终以和香制作技艺这项非物质文化遗产代表性项目的保护为核心工作，通过科研、出版、公益、生产性保护等多举措并重，取得了良好效果。同时中心积极开展国际交流合作，为落实国家文化战略做了大量实际工作。《香志》是香文化研究中心推出的系列专业丛书，每一期设计一个主题，由知识产权出版社编辑出版。下一步，中心将在中国民俗学会的指导下，继续致力于香文化的保护、研究、推广和传承工作，为中国香文化的当代复兴和首都非物质文化遗产保护事业做出更大贡献。

● 9月4日，彭丽媛在钓鱼台国宾馆芳华苑出席"中非携手抗艾 共享美好未来"主题会议并发表致辞，与会的还有来华参加**中非合作论坛北京峰会**的37位非洲国家领导人夫人。会后，彭丽媛与外方嘉宾共同欣赏了中国非物质文化遗产展示。中国民俗学会中国香文化研究中心受邀参加此次展示活动，为中外嘉宾展示了"和香制作技艺""茶道"等多项非物质文化遗产项目，受到外宾赞赏。

2018年9月4日，中国香文化研究中心主任孙亮正在向非洲嘉宾展示香道文化等非物质文化遗产项目

● 9月7日，中国民俗学会中国乡愁文化发展研究中心应邀访问俄罗斯联邦文化部主管非物质文化遗产保护工作的"俄罗斯民间创作之家"。创作之家副

2018年9月7日，刘魁立（右三）、李春园（右二）访问"俄罗斯民间创作之家"

2018年9月7日，刘魁立（右三）、李春园（右一）访问"高尔基世界文学研究所"

主任杜卡乔娃代表出访的主任欢迎中国学者到访,并介绍了俄罗斯非遗保护情况和非遗数据库建设情况。学会荣誉会长刘魁立,副秘书长、中国乡愁文化发展研究中心主任李春园就中俄民间文化界进行学术交流的前景与俄方交换了意见。参访期间俄方邀请中国学者参观了俄罗斯民间创作成果的展示。

同日,中国民俗学会中国乡愁文化发展研究中心应邀访问俄罗斯科学院"高尔基世界文学研究所",该所现任所长保伦斯基和前任所长库杰林共同出席会见。刘魁立、李春园就双方开展民间文化交流和研讨活动交换了意见。

● 9月21日,由中国对外友好合作服务中心和北京市妇女对外交流协会共同主办的"文明对话论坛2018年度盛典"在中国人民对外友好协会大院举行,朝戈金、刘晓峰代表中国民俗学会,作为顾问单位出席盛典,刘晓峰主持了"传统节日的当代价值"高端对话环节。本届文明对话论坛以"让爱随行,和美与共"为主题,由"传统节日与现代文明"年度主题论坛、"让爱随行"公益活动与"和美与共"中外友人中秋音乐会等单元组成,凸显国际化色彩和元素,着力打造论坛影响力,树立品牌形象,以民间力量推动人类命运共同体的构建。朝戈金在发言中说,文化是在传承中发展的,没有历史

2018年9月21日,参加"文明对话论坛2018年度盛典"的中外嘉宾共同放飞和平鸽

连续感的民族,不光会失掉过去,也会失掉创新性发展的源泉。老百姓的智慧拥有无穷的创造力,他们不仅是文化的持有人,还是推动文化进化的主要力量。只有千灯互照万象共升全民族的参与,才是文化繁荣的根本保证。

文明对话论坛于 2016 年 2 月在北京成立。该论坛是一个由民间机构发起组织的、国际性的文化交流交往平台。论坛以民间力量为主体,通过跨地区、宽领域、多角度对人类文明进行集中交流、展示与探讨,推动文化创新及国际交往与互动,扩大中华文明在全球的影响力。截至 2018 年,该论坛已经连续举办三届,中国民俗学会均作为顾问单位予以支持。首届"文明对话"论坛——"中华节日嘉年华·2016 元宵"系列活动于 2016 年 2 月 22 日在北京桂公府举行,朝戈金、陈连山等代表中国民俗学会出席。第二届"文明对话论坛 2017 年度盛典暨中秋节日嘉年华"活动于 2017 年 9 月 29 日在中国人民对外友好协会金色大厅举行。